全国创意农业精品教材暨乡村振兴丛书
2020年教育部新农科研究与改革实践项目支持

昆虫创意产业

曹成全◎主编

INSECT CREATIVE INDUSTRY

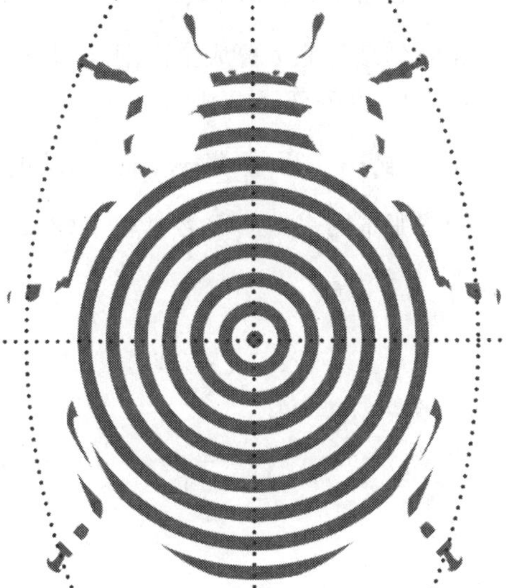

中国農業大學出版社
China Agricultural University Press

内 容 简 介

全书分为两篇，第一篇 昆虫资源概述，主要内容包括认识昆虫、昆虫分类、昆虫产业特性、昆虫产业基础、昆虫产业领域；第二篇 昆虫创意产业理论与实践，内容包括创意产业、昆虫创意产业理论和昆虫创意产业实践。本书收集了大量的案例，阐述了昆虫创意产业在乡村振兴、休闲旅游、康养产业、食品产业、研学科普、文化产业、仿生行业中的应用，可以作为农林院校昆虫产业类选修课程的教材，也可以作为昆虫产业企业的参考书籍，为企业的创意性提升提供启发。

图书在版编目(CIP)数据

昆虫创意产业／曹成全主编. —北京：中国农业大学出版社，2021.3
ISBN 978-7-5655-2539-1

Ⅰ.①昆… Ⅱ.①曹… Ⅲ.①昆虫-养殖业-产业发展-研究-中国 Ⅳ.①F326.33

中国版本图书馆 CIP 数据核字(2021)第 055632 号

书　　名 昆虫创意产业
作　　者 曹成全 主编

策划编辑 张 玉　　**责任编辑** 张 玉 申海涛
封面设计 李尘工作室
出版发行 中国农业大学出版社
社　　址 北京市海淀区圆明园西路 2 号　　**邮政编码** 100193
电　　话 发行部 010-62818525,8625　　读者服务部 010-62732336
编辑部 010-62732617,2618　　出 版 部 010-62733440
网　　址 http://www.caupress.cn　　**E-mail** cbsszs@cau.edu.cn
经　　销 新华书店
印　　刷 北京鑫丰华彩印有限公司
版　　次 2021 年 3 月第 1 版　2021 年 3 月第 1 次印刷
规　　格 787×1 092　16 开本　12.75 印张　320 千字
定　　价 39.00 元

编写人员

主　编　曹成全（乐山师范学院）

副主编　王谢爽（石探记科学家团队）

杨　洲（广西艺术学院）

王圣印（浙江农林大学）

参　编　姚　俊（中国林业科学研究院资源昆虫研究所）

高子博（吉林大学）

姜顺日（好医生药业集团有限公司）

秦明轩（中昆虫业湖北生物科技有限公司）

序

在传统农耕过程中，人类将作物上出现的昆虫笼统地作为“害虫”对待，导致对昆虫产生认知上的偏见。从自然属性看，昆虫与人类的关系是多角度、多层次的，除了极少种类昆虫会造成危害之外，绝大多数种类具有对自然的生态服务功能，还有一些对人类具有巨大的贡献。

中国对家蚕、蜜蜂的利用有几千年的历史，在昆虫的资源利用、产业开发和文化发展方面都具有深厚沉淀。近二三十年，中国的昆虫资源化和产业化取得了可喜的成绩，在科研、教学和产业等方面都取得了较大进展。

《昆虫创意产业》一书试图以创意产业的思维重新审度传统昆虫产业，以拓展价值和创造需求为营销重点，以延伸昆虫产业链和提升昆虫产品附加值为目标，将昆虫学与美学、艺术学、农学、材料学等多学科交叉，将昆虫产业与康养、食品、环保、旅游、文创、影视、教育、仿生等诸多产业深度融合，构建昆虫产业与一、二、三产业交叉融合的现代产业体系，最终实现资源优化配置。昆虫创意产业，是昆虫产业与创意产业结合的产物，是一种新型的昆虫产业经营方式，能极大地延伸昆虫产业的产业链，拓展昆虫产业的辐射面，提升昆虫产业的附加值，从而极大地释放昆虫产业的能量。

该书主编曹成全是我的得意门生之一，他在 1999 年本科实习期间就开始学习、探索昆虫资源产业化问题，二十多年来坚持昆虫资源产业领域的研究。他师从印象初院士，2008 年博士毕业后远赴四川，充分发掘当地特色资源，开创了爬沙虫、萤火虫等特色资源昆虫研究，并积极探索昆虫产业化。十多年来，他在完成教学任务的前提下，坚持科研和产业相互促进的发展方向，主动思考了昆虫产业的很多问题，探索出了“昆虫创意产业”的独特思路，并在大量的产业基地建设中践行和完善该产业理论。曹成全提出“昆虫创意产业”的理论雏形和实践案例，这对于推进昆虫产业发展具有积极的探索意义和推动作用。

欣闻学生主编的《昆虫创意产业》即将出版，我欣然作序，算是对年轻一代的鼓励和鞭策，也希望更多的从业者多思考、多探索，逐步完善和推动昆虫产业，更希望“昆虫创意产业”的思路能积极地促进中国昆虫产业的快速发展。

刘玉升

2020 年 9 月 30 日

目录

第二篇　昆虫创意产业理论与实践

绪 论

——给昆虫产业加入创意元素

我的昆虫产业化道路——

1999 年，在山东农业大学植物保护学院读大三的时候，刘玉升老师带领我走进了昆虫产业化的大门；2001 年，被保送硕士研究生时，我主动选择了刘玉升老师作为我的导师，志愿从事昆虫产业化工作（2001—2003 年保留硕士研究生学籍，做了两年辅导员工作）；2005 年，硕博连读的时候，我跟随中国科学院印象初院士从事蝗虫分类研究，但也仍然涉足着昆虫产业化工作。2008 年，我博士毕业后来到四川省的乐山师范学院工作，到校伊始就建设了几个简易棚子，开始养殖蝗虫、蝴蝶、黄粉虫、蟑螂等昆虫。养殖一年后，我猛然发现自己已经从北方的山东省迁到了西南的四川省，周围的气候、物种、文化、产业等都发生了重大变化，我应该"老树发新芽"，因地制宜地开始自己的选择和新的产业。2009 年，在接触昆虫产业满 10 年之际，我基本确定将药食两用的爬沙虫和经典的景观昆虫萤火虫作为我毕生研究的产业化物种。发展这两种昆虫符合四川省乃至中国大力发展康养和旅游等产业的大势，且这是独一无二的新颖昆虫产业。同时，我还要把攻读博士学位期间所学的昆虫分类的知识运用到昆虫产业化中去，对产业化的物种，尤其是其幼虫进行分类，从而推动产业化进程。

从 2009 年到 2020 年，我对爬沙虫和萤火虫的人工繁育和产业化不间断地研究和摸索。这期间，在"无远弗届，越挫越勇"的精神指导下，我在一个没有硕士点的普通地方本科师范院校的平台上，从无数次的失败、挫折乃至嘲讽和打击中站立起来，将养殖技术日臻完善，产业化模式和经验不断成熟。终于，十年磨一剑，2019 年年初，在乐山高新投资发展（集团）有限公司投资入股的支持下，我注册成立了四川虫生生物科技有限公司，下海从事昆虫产业。

我的昆虫产业化体会——

跟随导师几年，在中国昆虫学会昆虫产业化委员会等组织任职了几年，做昆虫产业化学术研究十几年，亲身在昆虫产业化浪潮中摸爬滚打近 20 年，多次考察美国、日本、韩国、泰国等国家和中国台湾、香港等地区的昆虫产业，我对中国乃至其他几个国家的昆虫产业有了一定的了解，也对昆虫产业有了较为深刻的体会。

尽管历届前辈在当时的时代背景下，"冒天下之大不韪"，筚路蓝缕地开拓出中国的昆虫产业，使得目前中国已经在多地产业化开发多个昆虫种类，并产生了很多较为成功的案例，但昆虫产业仍然是喜忧参半，发展水平和经营状况参差不齐，即使经营得较好的企业，也没有充分发挥出应有的产业潜力。真正的昆虫产业前景远不止此，是我们自己的思维约束和限制了昆虫产业真正的市场潜力。做昆虫产业的人很少，懂创意产业、具有创意思维的人很少，两者兼而有之的人更少，所以，两者迟迟没有结合而诞生“昆虫创意产业”这样的新业态。

我始终认为，作为一种难得的巨大的绿色生物能源，昆虫产业是个朝阳产业，大有可为，潜力无限。而且，只要打开思路，突破时间和地域的限制，昆虫产业会迅速爆发。这么特殊的一个产业，一定要会“玩”才行，否则不易做大。昆虫产业要系统化，不能单看昆虫，要放到整个大农业背景下；不能单看昆虫产业，要放到整个大产业背景下。各级政府和学术界，应该允许和激励更多的专家学者、民间爱好者和企业家进行多方面的尝试和探索，这样才能使昆虫产业百花齐放，群星灿烂。要鼓励创新和冒险，很多时候，谁先创新和冒险，可能谁就是先行者。当今社会，需要我们拥有这样的冒险精神、探索精神、创新精神、不服输精神、唯真理精神。

目前，昆虫产业走到了十字路口上，到了该“蝶变”的时候，必须要找到对症下药的“方子”，才能激活甚至挽救当前的昆虫产业。时代发展呼唤新的业态、新的思维、新的学科和新的理念。在这种形势下，“昆虫创意产业”应运而生，昆虫产业要以全新的面貌迎接一个新时代的到来。

原来的昆虫产业多数是“就虫谈虫”“养虫卖虫”，而“昆虫创意产业”则是要用系统和综合的思维来看待昆虫产业，让昆虫产业与一些看似与昆虫无关的产业交叉融合成为新型或新兴产业，或者将原来的产业通过创意性的产品研发、产业链延伸和创意性营销而全面提升昆虫产业附加值，进而全面激发出昆虫产业的潜力和弹性。

我的“昆虫创意产业”概念提出及本书的写作说明——

之前很多与昆虫相关的专著多为昆虫资源/资源昆虫或昆虫生产产业化的书籍，从内容上来看，都是教读者如何养虫子，基本没教如何卖虫子，更不要说创意性地销售进而发展昆虫创意产业。在上述背景和认识下，作者尝试提出一个崭新的产业思维和概念——昆虫创意产业。尽管资历很浅，学识浅薄，经验不够，实践不深，但在出版社和一些同仁的鼓励下，还是想不揣浅陋出版《昆虫创意产业》，主要目的是：先提出这个观点，希望能对昆虫产业有一定的促进作用，听听专家和企业家们对此的反馈和意见，然后在产业实践中查缺补漏，肯定积极的方面，完善不足的地方，最终促进我国的昆虫产业走得更稳、更快、更好，让昆虫产业焕发出新的魅力。

基于上述想法，本书在写作上更强调的是与创意有关的产业和产业发展思维，而不是具体的昆虫养殖和开发技术等，这也与以前的那些昆虫产业类专著有所区别，所以本书的写作提纲分为两篇：第一篇侧重于昆虫产业相关的基础理论，概述了昆虫的基本知识、产业特性、产业基础及昆虫产业的领域，没有阐述任何昆虫物种的养殖和开发技术；第二篇则集中阐述了昆虫创意产业的理论体系，用案例阐述了昆虫创意产业在乡村振兴、休闲旅游、康养产业、食品产业、研学科普、文化产业、仿生行业中的应用，由于上述产业内容很难严格界定区分，所以，有些内容或许有一点交叉。

需要说明的是：昆虫创意产业只是刚刚起步，收录的案例都是有一点创意元素的昆虫创意产业雏形，很多昆虫创意的想法也只是简单提及，这是因为一方面很多想法还不成熟，更没有企业做成熟；另一方面是有些想法涉及知识产权或核心技术，只能点到为止，所以书中这些简单的案例和构想仅供大家参考。昆虫创意产业不仅能在上述昆虫行业中应用，还可以在其他更多领域中应用。因此，本书只是抛砖引玉，相信更多成熟的、精彩的昆虫创意产业案例会在以后越来越多，越来越好。也希望读者从本书的一些创意元素中获得启发，举一反三，将“昆虫创意产业”的精髓运用到自己的企业或研究中去，进而创造出更多典型的做法和案例，同时，也希望给其他类似产业的创意性转型和改造提供参考。创意产业不仅是创意思维或软思想，还需要一些技术的进步，才能真正推出更有创意和高附加值的产品，比如高科技含量的蝴蝶工艺品的制作、萤火虫的很多高科技技术应用等。

创意无限，商机无限，产业无限。当前昆虫产业遇到的很多瓶颈问题其实都是因为思想和眼光的束缚，只要加入创意思维，掌握昆虫创意产业的一些理论和方法，最大化地扩大昆虫产业的内涵和外延，最大限度地延长产业链，就能突破很多藩篱，做大、做强昆虫产业，实乃为“昆虫创意产业”——昆虫产业发展到一个历史阶段、再次腾飞所必需的新的产业概念。目前，昆虫创意产业还没有成型，最多算是刚开始萌芽，缺乏人才、案例和经验，还需要大量的实践去验证昆虫产业的效果，丰富内涵，共同推动昆虫创意产业发展，改变“养虫子不赚钱”的窘况，最终大力促进昆虫产业的跨越式发展，让昆虫产业释放崭新的魅力，真正地造福人类。

希望更多的专家学者投身研究昆虫创意产业，更多的院校愿意培养昆虫创意产业人才，政府出台更多的政策和资金支持昆虫创意产业，更多的企业积极探索和丰富完善昆虫创意产业，同心协力培育和做强昆虫创意产业品牌，进而让中国成为昆虫创意产业的发祥地。希望昆虫产业的推进中，相关机构的成员不能是“专家唱主角、企业家当配角”，应该大力提高企业家的分量、比重和质量；要想大踏步地推进昆虫创意产业，不能只是一些“小”企业、人物、专家在做，甚至不能只是一些搞昆虫的人在做昆虫产业，还要联合搞文创的、做仿生的等看似与昆虫无关的人群一起做。

本书提出了一种较为新颖的昆虫产业思维。昆虫创意产业是一个综合性很强的产业概念，由于知识面限制和撰写时间仓促，本书还有很多不完善的地方，恳请各位读者包容缺点的同时不吝赐教，这里权当抛砖引玉。若是说得没道理，请大家批评，若是有道理，但不够完善，也恳请大家一起讨论雕琢。总之，最终目标都是为了挖掘昆虫资源，推动昆虫产业。本书旨在为读者带来启发和打开一扇窗户，“昆虫创意产业”是首次提出，成功的案例数量目前还不多，更多真正的昆虫创意类企业以后会逐步兴起。所以，从这个意义上讲，希望本书第二篇中的实践案例可以成为同行们的灯塔，起到启迪和参考作用，而不是仅仅教授给读者现成的、成熟的做法和答案。

本书的出版得到了“全国创意农业精品教材暨乡村振兴丛书”总主编章继刚先生和中国农业大学出版社的鼓励，受到了我的硕士生导师刘玉升教授和博士生导师印象初院士的支持，同时受到了多位专家学者和产业同仁的鼎力支持。石探记科学家团队成员王谢爽老师编写了第一篇的第一至四章，并提供了大量有关昆虫创意研学科普的案例内容；广西艺术学院在读硕士生杨洲同学撰写了第二篇第六章和第八章第六节的内容，并就昆虫创意产业在乡村振兴、研学科普、休闲旅游、仿生行业中的应用提出了很多创新性的理论观点；浙江农林大学的王圣印老师编写了第一篇第五章的内容；吉林大学在读博士生高子博同学撰写了第八章第七节的内容；中国林业科学研究院资源昆虫研究所姚俊老师编写了蝴蝶创意产业的内容；好医生药业集团有限公司姜顺日博士撰写了美洲大蠊创意康养产业的内容；中昆虫业湖北生物科技有限公司秦明轩董事长撰写了昆虫创意养殖器具以及昆虫创意产业在乡村振兴、研学科普、休闲旅游中的部分应用案例等内容；书中其余内容由主编曹成全撰写，并由曹成全负责统稿。同时，还要感谢以下单位提供了各类昆虫创意产业的素材：四川虫生生物科技有限公司、四川金楠山谷农林科技有限公司、四川省六足元农业科技有限公司、好医生药业集团有限公司、阿坝州黑金园农林有限责任公司、山东省蚕业研究所、山东在源生态农业发展有限责任公司、山东共鸣农业发展有限公司、山东省乐陵市孟氏渔业有限公司、昆明中林观赏昆虫科技开发有限公司、普洱市思茅区罗森园林设计咨询有限公司（天森蝴蝶）、贵州省遵义市凤冈县人民政府、贵州小蝗人生态农业有限公司等单位，感谢中国农业大学彩万志教授提供部分昆虫绘图、中国科学院动物研究所助理研究员兼石探记科学家团队负责人陈睿博士对本书的写作和出版给予大量宝贵的建议和支持、四川省农业科学院植物保护研究所刘昌华老师提供部分试验昆虫产业的资料、北京烹饪协会王云先生和通化师范学院食品科学与工程学院陈宇璇同学提供部分食用昆虫的资料、野生动物摄影师张铭先生提供萤火虫的拍摄技术资料。

这应该是昆虫业界非常少数的“另类”著作。本书侧重产业，而不是养殖技术，而且是侧重创意产业——这是与之前专著最大的不同，作者不仅有昆虫科研工作者，还有各行业的昆虫产业企业家、政府和昆虫爱好者，还邀请了仿生学博士和文化产业硕士参编，其层次、行业、学科等的跨度鲜见，这也说明和体现了这本书的综合性和特殊性。本书可以作为农林院校昆虫产业类选修课程的教材，也可以作为昆虫产业企业的参考书籍，为企业的创意性提升提供启发。

我深知，我是站在历届前辈的肩膀上并在多位同行的支持下才得以发展。谨以此书献给并致敬我的导师——印象初院士和刘玉升教授，献给并致敬所有为中国乃至世界的昆虫产业披荆斩棘、开疆拓土的先辈们，献给并致敬所有出版昆虫产业书籍的专家和亲自下海的昆虫产业企业家，献给并致敬所有为昆虫产业奋斗、贡献、呐喊、助威的人！感谢乐山师范学院的资助，感谢四川省高等教育人才培养质量和教学改革项目“基于昆虫产业的地方高校‘三创’人才培养研究”和教育部新农科研究与改革实践项目“学科交叉融合和校企合作推动的昆虫创意产业人才培养探索实践”等课题的支持。

曹成全

2020 年 10 月 1 日

第一篇

昆虫资源概述

第一章 认识昆虫

第一节 昆虫的定义及易淆物种

人们平时说的“虫子”范围广泛，其中就包括蜱螨、马陆、蜈蚣、蜘蛛、鼠妇等，似乎觉得那些小型无脊椎动物都叫“虫子”，甚至以为“昆虫”只是“虫子”的正式书面用语。其实，不是所有我们称为“虫子”的动物都真正属于“昆虫”，例如上述那些被称为“虫子”的蜱螨、马陆、蜈蚣、蜘蛛、鼠妇，全都不是昆虫。

一、昆虫的定义

昆虫，是节肢动物门六足总纲昆虫纲所有动物的统称，主要特征如下：身体分为头、胸、腹三部分，有且只有 6 条腿，骨骼包在身体外部(外骨骼)，通常具有两对翅膀(图 1-1)；其他特征还有：头部是取食与感觉的中心，具有口器和触角，通常还有复眼和单眼；胸部是运动与支撑的中心，翅和足均在胸部；腹部是生殖与代谢的中心，其中包括生殖系统和大部分内脏以及无行走功能的附肢。

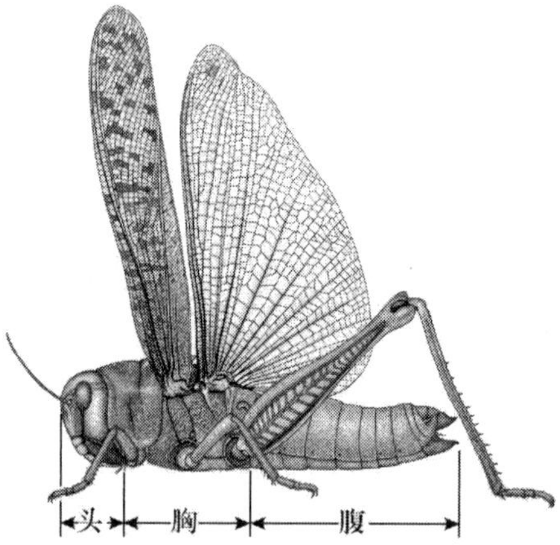

图 1-1　东亚飞蝗 ***Locusta migratoria manilensis*** **(Meyen)**(仿彩万志)

针对上述定义，需要做如下说明：

(1)在以前，科学家们认为只要有 3 对足(6 条腿)的动物就是昆虫，昆虫被简单地称为六足动物，但随着对昆虫系统发育研究的不断深入，原来属于昆虫纲的原尾目、弹尾目、双尾目分别被升级为原尾纲、弹尾纲、双尾纲，并与昆虫纲并列，统称“六足总纲”，所以，现在说“只要有 3 对足(6 条腿)的动物就是昆虫”，是不正确的，至少是不严谨的。

(2)“所有昆虫(除卵之外的所有虫态)都是有且只有 6 条腿”，是正确的。需要提醒的是：很多毛毛虫等幼虫似乎有很多的“腿”，但其实很多都是腹足或臀足(这些都“假腿”)，真正的“腿”还是只有 6 条；另外，还有一些成虫(比如某些蛱蝶)的前足很短，退化严重，一般都隐藏起来，基本不用来行走，看似好像只有“四足”，但其实也还是“六足”。

(3)昆虫“通常具有两对翅膀”的含义：很多昆虫有两对明显的翅(分为前翅和后翅)，也有一些昆虫只有一对翅(称为“双翅”，例如双翅目昆虫的一对后翅退化成了“平衡棒”)或者无翅，但所有昆虫的胚胎里都有“两对翅膀”的基因，只是在发育过程中，部分昆虫没有将其表达出来，变成了只有一对翅或无翅的种类。

二、昆虫的易淆物种

常与昆虫混淆的“虫子”，基本都是属于节肢动物门这一大家族的。节肢动物门是世界上第一大生物家族，包括现生的螯肢亚门、甲壳亚门、多足亚门和六足亚门四大家族。

蜘蛛、蝎子、蜱、螨、盲蛛、避日蛛等均属于螯肢亚门蛛形纲，是日常生活中最常被误认为昆虫的一类节肢动物。与昆虫的头、胸、腹三个体段不同，螯肢亚门身体可分为头胸部与腹部前后两个体段。

虾、蟹、鼠妇均属于甲壳亚门软甲纲。由于甲壳类在部分形态结构上与昆虫所属的六足亚门具有高度相似性，如具有分为前、中、后三部分的脑，头部第一体节具触角，具有相似结构的复眼等，部分学者将它们合并为有颚亚门。但由于生活环境的差异，虾蟹尤其是海洋虾蟹并不会成为人们口中的“虫子”；而陆地生活的鼠妇（又被称为潮虫或西瓜虫），则常常被误认为是昆虫的一员。

蜈蚣、蚰蜒（yóu yán）、马陆均属于多足亚门，和蛛形纲共同构成陆生节肢动物的两支，其中，蜈蚣和蚰蜒是人们日常最熟悉的唇足纲动物。与昆虫纲的头、胸、腹三个体段不同，唇足纲可分为头部与躯干部，体节数可由十几节到一百多节不等。除末端两个体节外，每个体节均有一对附肢，所以也常被称为百足纲。所谓唇足纲，意思就是第一对附肢特化形成了颚足，用于捕食而非行走。马陆所属的倍足纲除部分体节例外，每个体节均有两对附肢，又名千足虫。

除此以外，常被误认为昆虫的动物还包括蚯蚓、蜗牛、蛞蝓（kuò yú）等小型无脊椎动物，它们与昆虫的亲缘关系并不如上述的其他节肢动物密切。

第二节 昆虫的身体结构

昆虫的身体分为头、胸、腹三部分。

一、头部

头部是昆虫体躯的第一个体段，是昆虫的取食与感觉中心，着生有触角、口器、复眼和单眼等器官。

1. 触角

触角是昆虫头部一对向外延伸的感觉附肢，从基部到端部一共有三节，分别为：最基部的柄节（scape），中间的梗节（pedicel），以及最后由若干亚节组成的鞭节（flagellum）（图1-2）。不

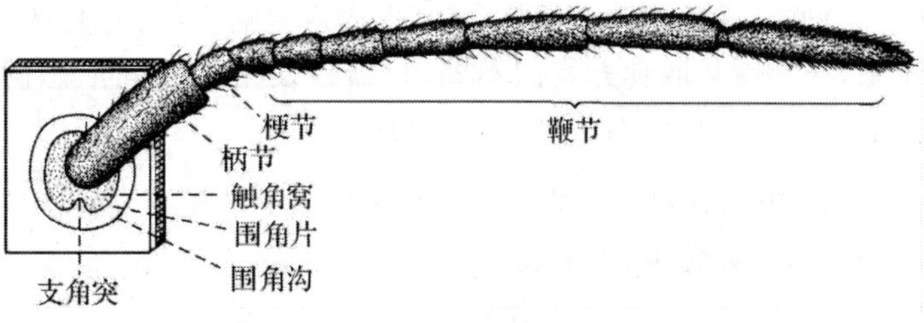

图 1-2 昆虫触角的基本构造（仿彩万志）

同种类的昆虫，触角会发生不同形态的特化，因此，触角常常作为识别昆虫种类和性别的重要特征。

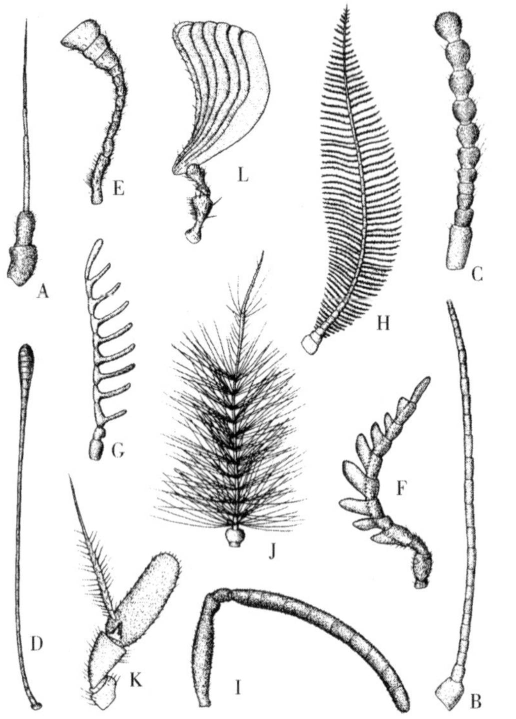

图 1-3　昆虫触角的基本类型(仿彩万志)
A. 刚毛状；B. 丝状；C. 念珠状；D. 棒状；E. 锤状；F. 锯齿状；G. 栉齿状；H. 羽状；I. 膝状；J. 环毛状；K. 具芒状；L. 鳃状

常见的触角类型有(图 1-3)：

(1) 刚毛状　触角短，柄节与梗节较粗大，鞭节细似刚毛。如蜻蜓、蝉。

(2) 丝状　触角细长，除柄节、梗节较粗外，其余各节形状及大小相似，向端部渐细。这是昆虫中最常见的触角类型，如蝗虫、天牛。

(3) 念珠状　柄节长，梗节小，鞭节各亚节近似圆球形，如同一串念珠。如白蚁。

(4) 棒状　基本结构与丝状触角类似，近端部数节膨大如棒。如蝴蝶。

(5) 锤状　似棒状，触角较短，鞭节端部突然膨大。如郭公虫。

(6) 锯齿状　鞭节各亚节端部呈锯齿状向一边突出。如部分叩甲。

(7) 栉齿状　鞭节各亚节向一侧显著突出，如同梳齿。如部分叩甲。

(8) 羽状　鞭节各亚节向两侧突出呈细枝状，整体状如鸟类羽毛。如蛾类雄虫的触角。

(9) 膝状　柄节较长，梗节短，鞭节各亚节形状及大小相似，与柄节呈肘状弯曲。如蜜蜂、蚂蚁。

(10) 环毛状　鞭节部分亚节具一圈细毛。如雄性蚊类或摇蚊的触角。

(11) 具芒状　鞭节不分亚节，较柄节和梗节粗大，其上有一刚毛状或芒状触角芒。为蝇类所特有。

(12) 鳃状　鞭节端部几节扩展成片，形似鱼鳃。如金龟甲。

2. 口器

口器是昆虫的取食器官，其基本构造包括 5 部分：上唇、下唇、上颚、下颚、舌。不同种类的昆虫，因食性与取食方式的不同，口器也发生了不同形态的特化，常见的口器类型包括以下 9 种。

(1) 咀嚼式口器　凭借发达且坚硬的上颚用来嚼碎固体食物，是昆虫中最原始、最基本的口器类型。如蝗虫、锹甲、蚂蚁等。

(2) 刺吸式口器　是取食植物汁液或动物血液的昆虫所具有的既能刺入寄主体内又能吸食寄主体液的口器，为同翅目、半翅目、蚤目及部分双翅目昆虫所具有，虱目昆虫的口器也基本上属于刺吸式。

(3) 嚼吸式口器 一部分高等膜翅目昆虫所特有的一类口器。其下颚和下唇特化成可用于吸食液体食物的管状，上唇和上颚保持咀嚼式口器的形态，兼具咀嚼和吸食两种功能。如蜜蜂。

(4) 虹吸式口器 鳞翅目昆虫成虫(除少数原始蛾类外)所特有的一类口器，具有一条能卷曲和伸展的喙，适于吸食花管底部的花蜜。

(5) 舐吸式口器 双翅目蝇类昆虫所特有的一类口器。上颚、下颚均发生退化，下唇特化形成喙，呈筒状，上唇和舌盖在喙表面的槽上，形成食物道。喙端部膨大形成两个唇瓣，表面具有多条环沟。取食时，两片唇瓣平贴在食物上，液体食物经唇瓣上的环沟流入口中。

(6) 刮吸式口器 见于双翅目蝇类幼虫中。此类口器十分退化，外观仅见 1 对口钩。取食时，先用口钩刮食物，然后吸收汁液和固体碎屑。

(7) 捕吸式口器 为脉翅目昆虫的幼虫所独有，显著特征是成对的上、下颚分别组成一对刺吸构造，因而又有双刺吸式口器之称。

(8) 锉吸式口器 为缨翅目昆虫蓟马所特有，各部分的不对称是其显著特点。

(9) 刺舐式口器 为吸血性双翅目虻类昆虫所特有。虻类昆虫刺破动物的皮肤后，唇瓣即贴在伤口处，血液即通过横沟流向前，由上唇和舌形成的食道进入口中。

3. 复眼

复眼是昆虫重要的视觉器官，由许多六角形的小眼组成。每个小眼仅接受单方向的光刺激，形成一个像点，不同小眼形成的像点拼合成一幅图像。小眼数量越多，视野越广。不同种类的昆虫小眼数量差异极大，如家蝇的一个复眼约由 4 000 个小眼组成，蝴蝶、蛾类的一个复眼通常能达到 12 000～17 000 个小眼，蜻蜓目昆虫的一个复眼有 10 000～28 000 个小眼。

此外，部分类群的复眼形态结构发生了不同程度的特化。如，突眼蝇的复眼位于头部两侧极长的眼柄上，豉甲的复眼一分为二，分为上、下两半，生活在洞穴里的类群复眼退化及消失。

4. 单眼

昆虫的单眼是一种比较简单的、仅能感知光线强弱而无法进行成像的一类感光器官，包括背单眼和侧单眼两类。昆虫的背单眼为成虫和不全变态昆虫的若虫所具有，位于其额前上部，多为 3 个或 2 个，有的只有 1 个或无单眼；而侧单眼仅存在于全变态类昆虫的幼虫中，位于头部两侧，每侧有 1～7 个不等。

二、胸部

胸部是昆虫的运动中心，分为前胸、中胸和后胸三个体节。每个体节具一对足，分别为前足、中足和后足。对于大多数有翅亚纲的昆虫来说，中、后胸上各具有一对翅，分别为前翅和后翅。中、后胸常被统称为具翅胸节，是掌管昆虫飞行能力的关键部位。

1. 胸部体节

由于昆虫的前胸与飞行功能无关，因此结构比较简单。大多数的昆虫的前胸常比具翅胸节小得多，如大部分蜻蜓目、鳞翅目、膜翅目、双翅目、蟾(xiū)目等昆虫。另外，由于前胸不受飞行功能的制约，具有形态特化的可能性，而由于受行走功能的限制，前胸形态结构的变异常常发生在前胸背板上。

大多数的昆虫前胸背板结构简单，常为一狭片。鞘翅目、半翅目、直翅目、蜚蠊(fěi lián)目昆虫的前胸背板较为发达，可能起保护作用。对于前足具有除行进以外的特殊功能的类群，前胸背板常常极其发达，有时还会在形态上发生特化，如使用前足进行捕猎的螳螂、使用前足进行挖掘的蝼蛄，它们的前胸背板均很发达，部分螳螂的前胸背板两侧还会发生不同程度的延展。有些前胸与求偶有关的类群，如犀金龟的前胸背板上常会特化形成一至多个突起，角蝉的前胸背板上会形成各种形态各异的突起。见图 1-4。

对于大多数有翅亚纲的昆虫来说，具翅胸节的背板、侧板和腹板均很发达，并且彼此紧密连接，整体形成一个闭环的飞行支持结构，内部附着有飞行和行走所需的肌肉。

2. 足

昆虫胸部各体节着生有一对胸足，着生在各胸节侧腹面基节窝内，以关节和体躯相连。成虫的足由6 节组成：基节、转节、腿节、胫节、跗节和前跗节。大部分昆虫的足是适于行走的器官，由于生活环境的差异，足的功能与形态发生了适应性的特化。根据其结构和功能的不同，可以将其分为不同的类型(图 1-5)：

(1) 步行足　昆虫中最常见的一类足，主要功能是行走，同时还有帮助捕食、清洁、抱握雌虫等功能。对于诸如步甲、虎甲、蜚蠊等奔跑速度极快的昆虫，有些昆虫学家还专门将其称为疾走足。

(2) 跳跃足　通常由昆虫的后足特化而成，腿节极其粗壮发达，内部有强大的肌肉，适于跳跃，胫节一般较为细长。如蝗虫、跳甲、跳蚤的后足。

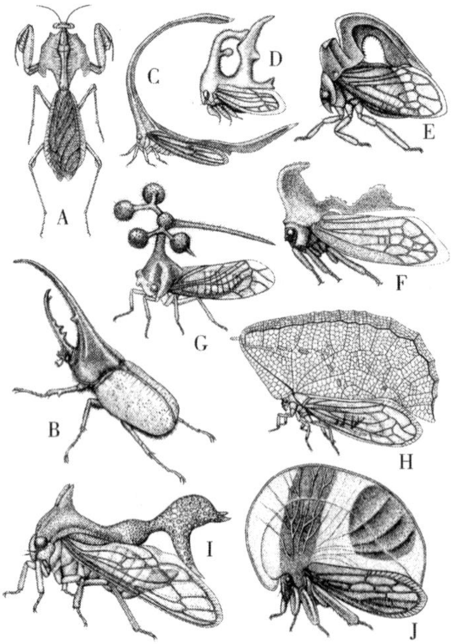

图 1-4　几种前胸背板特化的昆虫(仿彩万志)
A. 螳螂；B. 犀金龟；C～J. 角蝉

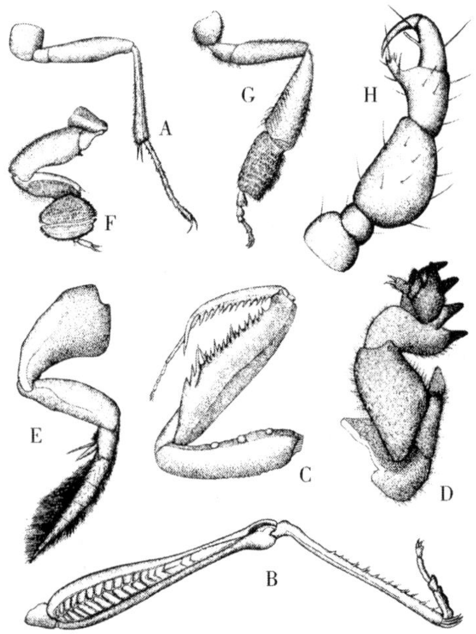

图 1-5　昆虫胸足的基本类型(仿彩万志)
A. 步行足；B. 跳跃足；C. 捕捉足；D. 开掘足；E. 游泳足；F. 抱握足；G. 携粉足；H. 攀握足

(3) 捕捉足 通常由昆虫的前足特化而成，基节较长，腿节发达，胫节与腿节上具有齿或刺，形成一个捕猎结构。如螳螂、猎蝽的前足。

(4) 开掘足 通常由昆虫的前足特化而成，足粗短且宽扁，腿节或胫节前缘具齿，适于在泥土中挖掘。如蝼蛄和蚤蝼的前足。

(5) 游泳足 通常由昆虫的后足特化而成，主要功能是游泳，足扁平，其上具细毛，适于在水中划水。常见于各类水生昆虫，如龙虱、仰泳蝽的后足。

(6) 抱握足 通常由昆虫的前足特化而成，跗节极其膨大，形成吸盘状，交配时用以抱握雌性。如龙虱雄虫的前足。

(7) 携粉足 通常由昆虫的后足特化而成，第一跗节长且扁，其上具密集的毛，用于采集及携带花粉。如蜜蜂的后足。

(8) 攀握足 各节较粗短，跗节仅一节，内弯的前跗节与胫节外缘的指状突起构成钳状结构，用于夹住人、畜的毛发。如虱类的足。

3. 翅

大部分有翅亚纲的昆虫具有两对翅(少数一对)，翅的出现赐予了昆虫飞行的能力，是昆虫繁盛的主要原因，也使得昆虫成为地球上最早起飞的动物。不同种类的昆虫具有不同质地、形态的翅，常见的类型有(图 1-6)：

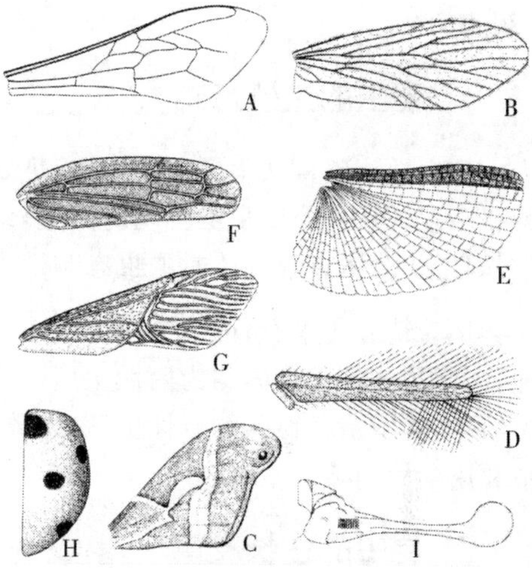

图 1-6 昆虫翅的基本类型(仿彩万志)
A. 膜翅；B. 毛翅；C. 鳞翅；D. 缨翅；E. 半覆翅；F. 覆翅；G. 半鞘翅；H. 鞘翅；I. 棒翅

(1) 膜翅 昆虫中最常见的一类翅，膜质，薄而透明，翅脉清晰可见。如蜻蜓、草蛉、蜜蜂的前后翅。

(2)毛翅 膜质，翅面与翅脉具密集的毛，多为不透明或半透明。如毛翅目昆虫的翅。

(3)鳞翅 膜质，其上密被鳞片而外观多不透明。如蛾、蝶类的翅。

(4)缨翅 膜质，透明，翅脉退化，其上具缨状长毛。如蓟马的翅。

(5)半覆翅 臀前区革质，其余部分膜质，翅折叠时臀前区覆盖住臀区域轭区起保护作用。如大部分竹节虫的后翅。

(6) 覆翅 革质，多不透明或半透明，主要起到保护的作用。如蝗虫、叶蝉的前翅。

(7) 半鞘翅 基部革质，端部膜质。如大部分蝽类的前翅(所以，蝽类属于半翅目)。

(8) 鞘翅 全部骨化，坚硬，翅脉完全不可见，主要用于保护后翅及虫体。如甲虫的前翅。

(9) 棒翅 或称平衡棒，呈棍棒状，能起感觉与平衡体躯的作用。如双翅目昆虫与雄蚧的后翅，捻翅目昆虫的前翅也可归入此类。

三、腹部

胸部是昆虫的代谢和繁殖中心。一般包括 9～11 节及 1 尾节，但 1 尾节多在胚胎期及原始昆虫中出现。腹部的结构较为简单，每个体节包括一个背板和一个腹板，侧板极不发达。前 8 个腹节每侧着生有一个气门，是昆虫的呼吸器官。

腹部大部分体节的附肢完全退化，仅 8～9 节附肢特化成为外生殖器及一对尾须。雌性的外生殖器称作产卵器，雄性的外生殖器称作交配器。雄性的交配器可分为两大类型：一类是比较原始的昆虫，如蜉蝣目昆虫为代表的雄性交配器，它们具有成对的阳茎；另一类是多数有翅亚纲昆虫所具有的雄性交配器，它们的阳茎为单一的管状或叶状。不同种类昆虫的雌雄外生殖器结构差别非常大，是昆虫分类的重要形态特征。

第三节　昆虫的生物学特性

昆虫的生物学是研究昆虫个体发育中生命特性的科学，如昆虫的生殖方式、发育方式、生活史等。

一、昆虫的生殖方式

昆虫的生殖从从不同角度来分，可划分为不同的类型。从产生后代的虫态来分，可分为卵生和胎生。大部分昆虫类群均为卵生，即后代个体离开母体时的虫态为卵；少数部分类群为胎生，即后代个体离开母体时的虫态为幼虫或若虫。

从受精方式来看，可分为两性生殖和孤雌生殖。两性生殖是昆虫生殖方式中最常见的一种，大部分的昆虫类群均为两性生殖。孤雌生殖的特点是雌性个体的卵无需受精也能发育成为后代，属于一种特殊的有性生殖，大致可分为 3 种类型：偶发性的孤雌生殖、经常性的孤雌生殖和周期性的孤雌生殖。

二、昆虫的生长发育

昆虫的一生是指从新个体离开母体到性成熟产生后代为止的发育过程。完全变态的昆虫需要历经卵、幼虫、蛹和成虫四个发育阶段，各发育阶段在外部形态和内部结构上大不相同，食性与生活习性等方面也差异甚大，例如鳞翅目、鞘翅目、膜翅目等昆虫。不完全变态的昆虫只经历卵期、幼期和成虫期三个发育阶段，其中蜻蜓目昆虫的幼期水生，其形态、生境、食性等与成虫期具有明显的差异，这类昆虫的幼期阶段称为稚虫；直翅目、半翅目、螳螂目等昆虫幼期和成虫期在形态、生境、食性上差异不大，这类昆虫的幼期阶段称为若虫。仅有极少种类的昆虫还保留较为原始的变态发育类型，如石蛃和衣鱼为表变态发育，即初孵幼体已具备成虫的特征，胚后发育仅是个体增大，性器官成熟等，成虫期仍能脱皮；蜉蝣为原变态发育，即稚虫转变为真正的成虫期之间，还需经过 1 个亚成虫期。

下面以完全变态昆虫为例，阐述不同虫态的生物学特性：

1. 卵

昆虫的卵较小，从外至内依次为卵壳、卵黄膜、原生质、卵黄及卵核。有些昆虫类群的卵单生，有些昆虫类群的卵则聚集成块。多数昆虫在产卵方式上表现出对其生活环境的高度适应性，例如，竹节虫的卵拟态植物的种子，螳螂、蜚蠊的卵包裹在坚硬的卵鞘内，草蛉的卵悬挂在一根细丝的顶端，巨齿蛉的卵块外包一些白色保护物质，等等。这些产卵方式都是昆虫为了保护自己的后代不受天敌或同类的侵害而做出的适应性进化。部分昆虫类群为了给后代提供生存之便，会将卵产在幼虫食物来源上或附近，例如植食性的昆虫通常将卵产在植物表面或体内；蜾蠃(guǒ luǒ)筑巢后，捕捉猎物并将其麻醉后放入巢穴内，再在巢穴内产卵，幼虫从卵中孵化后即可享用可口的食物；广翅目昆虫的卵块一般产在水沟上方的桥底或附近的植物上，一龄幼虫孵化后即可掉入或很快爬到水中取食。

2. 幼虫

全变态昆虫种类繁多，生活环境差异显著，幼虫形态和习性相较于不完全变态昆虫的若虫和稚虫更为复杂，依据足的数量，可将幼虫划分为 4 大类。

(1) 原足型幼虫　幼虫孵化时，有的腹部分节还没完成，胸足仅为简单的突起，它们全部为寄生性，常见于广腹细蜂科、环腹蜂科某些昆虫早龄幼虫。又分为寡节原足型幼虫(图 1-7A)和多节原足型幼虫(图 1-7B)。

(2) 多足型幼虫　幼虫除均有胸足外，还具有多对腹足，常见于鳞翅目、大部分脉翅目、长翅目昆虫。又分为蛃(bǐng)型幼虫(图 1-7C)和蠋(zhú)型幼虫(图 1-7D)。

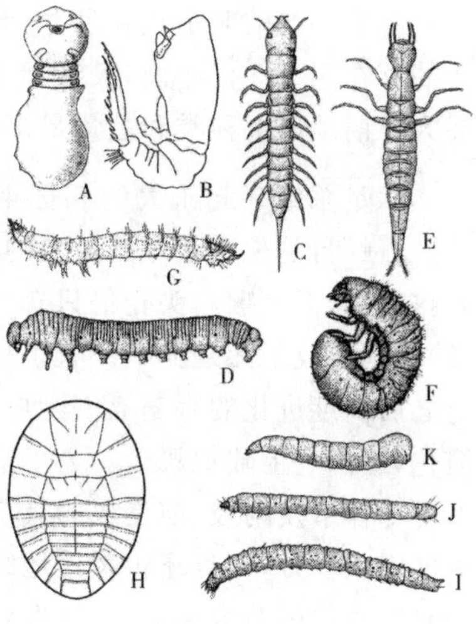

图 1-7　幼虫的类型(仿彩万志)

A. 广腰细蜂幼虫；B. 环腹蜂幼虫；C. 一种鱼蛉幼虫；D. 一种叶蜂幼虫；E. 一种龙虱幼虫；F. 日本金龟子幼虫；G. 沟线角叩甲幼虫；H. 一种扁泥甲幼虫；I. 一种毛蚊幼虫；J. 一种盗虻幼虫；K. 一种家蝇科昆虫幼虫

(3) 寡足型幼虫　幼虫胸足发达，但无腹足，常见于鞘翅目和部分脉翅目昆虫，如瓢虫、步甲、金龟、草蛉等幼虫。又分为步甲型幼虫(图 1-7E)、蛴螬型幼虫(图 1-7F)、叩甲型幼虫(图 1-7G)、扁型幼虫(图 1-7H)。

(4) 无足型幼虫　幼虫胸部和腹部均无足，常见于双翅目、蚤目和部分膜翅目昆虫。又分为全头无足型幼虫(图 1-7I)、半头无足型幼虫(图 1-7J)、无头无足型幼虫(图 1-7K)。

3. 蛹

全变态昆虫的末龄幼虫在摄取了足够营养，并经过一段时间的发育后就开始化蛹。昆虫的蛹大致可分为 3 大类：

(1) 离蛹　又称裸蛹，附肢和翅不贴附在身体上，可以活动，腹部各节也能活动。鞘翅目、膜翅目、长翅目、毛翅目、脉翅目、广翅目、鳞翅目轭翅亚目昆虫的蛹属于此类，其中脉翅目和毛翅目、广翅目昆虫的蛹甚至还可以爬行及游泳。

(2) 被蛹　附肢和翅紧贴在身体上不能活动，腹部各节不能扭动或仅个别体节能动。大部分鳞翅目、鞘翅目隐翅甲科的蛹属于此类。

(3) 围蛹　蛹体本身为离蛹，不同之处在于蛹体被由第 3 或第 4 龄幼虫所蜕的皮形成的蛹壳给包裹在内。双翅目环裂亚目昆虫的蛹属于此类。

4.成虫

完全变态昆虫的幼虫或不完全变态昆虫的若虫或稚虫，最终成长发育成为成虫。成虫的形态和大小基本不再发生改变，它们发育出幼期所不具备的完整的前、后翅，因此具有更加敏捷的活动能力和更加广阔的活动空间。交配和繁衍是成虫期最重要的功能和任务。

第四节 昆虫的演化历史

古老动物的明星代表恐龙，诞生的时期比昆虫还晚了2亿多年。恐龙在地球上称霸一时，大约存在于2.5亿年前，灭绝于0.65亿年前，昆虫却经历史上多次灭绝事件存活至今，而且发展为目前地球上种类和数量最多的动物群体。

六足总纲兴起于大约5亿年前，而到了志留纪伊始(大约4.4亿年前)，真正的昆虫诞生了。石蛃目是现存最原始昆虫的代表，生活在潮湿的落叶、朽木、蚁巢中。虽然它们已经有了外露口器，但上颚与头壳仍只有一个关节，属于原始的单髁类。它们和家中常见的衣鱼(缨尾目)共同组成了无翅亚纲。衣鱼相较于石蛃目更为高等，它们的上颚与头壳之间具有双关节，与之后高度进化的有翅亚纲昆虫相同。昆虫最早的祖先是在水中生活的，后来，昆虫肢体功能演化，逐渐登上陆地舞台。为了适应陆地生活，它们的身体构造发生了巨大变化，由原来的较多环形体节及附肢，演变成为具有头、胸、腹三大段的体态。这个演化过程经历了2亿～3亿年的漫长岁月，而且还将缓慢地继续演变下去。早期的昆虫从小长到大都是一个模样，所不同的只是身体的节数在变化，性发育由不成熟到成熟。那时它们在体躯上没有明显的可用来飞翔的翅，原来的多条腹足也没有完全退化。

大约4亿年前的泥盆纪，昆虫进化出了具有飞行能力的双翅，成为地球上最早飞上天空的动物。过去的主流学说主张昆虫的翅起源于胸部的侧背叶，但现在越来越多的证据表明翅其实更可能起源于水生昆虫的气管鳃。古老的有翅昆虫家族曾经在石炭纪和泥盆纪是盛极一时的优势类群，演化出了以巨脉蜻蜓为代表的巨型远古昆虫。然而，这支历史悠久的家族如今只剩下两支：蜻蜓目和蜉蝣目。

3亿年前，一个新的进化分支，多新翅总目出现了。这个分支自出现以来一直“人丁兴旺”，并且在二叠纪大灭绝事件后开始繁盛。多新翅总目的祖先一支演化出了缺翅目和革翅目，另一支则演化出了襀(jì)翅目、直翅目、蛩(qióng)蠊目、螳螂目、竹节虫目和网翅总目。网翅总目的祖先是一群类似“蜚蠊”的昆虫，但随着时间的推移，一支进化出了捕捉足，演化出了纯粹的肉食者——螳螂目；另一支则演化出了蜚蠊目的蟑螂，扮演着分解者的角色。蜚蠊目在演化后期开始出现强烈的木食性和社会倾向，以至于其中一支演化出了真社会性的白蚁。过去，白蚁曾被独立划分为等翅目，但现代的分类学研究显示等翅目其实属于蜚蠊目。

大约3.7亿年前，半翅目(包含了蝽和蝉，以前是两个目)及其近亲缨翅目(蓟马)开始出现，同时演化而来的还有用来进食流体的刺吸式口器(半翅目)和锉吸式口器(缨翅目)。它们和之前出现的昆虫，以及随后演化出来的啮虫目(啮虫和寄生性虱)一样，属于不完全变态昆虫，即幼期阶段和成虫阶段相似，均无蛹期。

大约在2.9亿年前，这是昆虫演变最快的时期，在这段时间内，许多不同形状的昆虫相继出现，但大多数种类多属于渐进变态的不完全变态类型。在以后的世代中，又有些种类的昆虫从幼期发育到成虫，无论从身体形状到发育过程都有明显的变化，成为一生中要经过卵、幼虫、蛹、成虫四个不同发育阶段的完全变态类群。

为什么石炭纪成为昆虫的发轫期？这与当时的自然环境有着极为密切的关系。在多种复杂的关系中，与植物的关系最为密切，因为当时大多数种类的昆虫主要以植物为食。石炭纪时期，大自然中的森林树木已是枝繁叶茂，郁郁葱葱，而且为植物提供水分的沼泽、湖泊又星罗棋布，这就为植食性的昆虫提供了生存和加速繁衍的良机。在此过程中，植食昆虫与植食性的大动物之间，以及以昆虫为食的其他动物之间，展开了一场生与死的激烈竞争。在这场求生的殊死搏斗中，并非体大、性猛的种类获胜，反而是许多体形小、食量少、繁殖力强的种类胜出，尤其是以植物为食的昆虫，获得了飞速发展的良机。

昆虫在地球上的生存与发展并非一帆风顺，也曾经历过几次大的起伏。其中比较突出的一次大的毁灭性灾难，发生在距今2.3亿～1.9亿年前的中生代。那时地球上的气候发生了突如其来的变化，生机勃勃的陆地由于干旱而变成不毛之地，森林绿洲只局限于湖泊岸边和沿海地区的小范围内，这就使植食性昆虫失去了赖以生存的食源。在此过程中，原来生活于水域中的部分爬行动物，由于水域的缩小而改变着水中的生活习性及身体结构，演变成了会飞的以捕食昆虫为主的始祖鸟，这就使在森林、绿地间飞翔的部分有翅昆虫失去了生存的领空，但是也有适应性极强的昆虫种类，它们仍然借助于自身的种种优势，顽强地延续着自己的种群。

接下来，昆虫的演化进入了完全变态的阶段。大约1.45亿年前，白垩纪早期，被子植物开始了辐射进化，改变了地球生态系统的外貌。随之而来的是昆虫的一次爆炸性的演化，这次演化奠定了四大完全变态昆虫类群在地球上的绝对优势：膜翅目、鞘翅目、鳞翅目和双翅目。其中膜翅目的祖先首先分化出来，成为被子植物的主力传粉昆虫。其次演化出来的是鞘翅目和它的近亲们：其中一支是脉翅总目，包含了蛇蛉目、脉翅目和广翅目；另一支包括了鞘翅目和它们的近亲捻翅目。鞘翅目是地球生物中最成功、种类最多的类群，这和它们进化而来的一身坚固却又轻便灵活的铠甲密切相关。最后的一支昆虫，分化出了鳞翅目和它的近亲毛翅目，双翅目和它的近亲长翅目及蚤目。依据最新的系统发育研究结果，科学家们认为跳蚤是从长翅目祖先演化而来，蚤目应降级为蚤次目，现在的完全变态类昆虫从11个目减少为10个目。

在1.3亿～0.65亿年前的白垩纪，随着地球上近代植物群落的形成，特别是显花植物种类的增加，各种依靠花蜜生活的昆虫种类(如鳞翅目昆虫)以及捕食性昆虫(如螳螂目等昆虫)便与日俱增；随着哺乳动物及鸟类家庭的兴旺，靠营体外寄生生活的食毛目、虱目、蚤目等昆虫也随之而生，这样便逐渐形成了五彩缤纷的昆虫世界。

第五节 昆虫与人类的关系

早在智人出现以前，昆虫与环境中的动植物已经建立了悠久且相互依赖的关系。人类的出现，尤其是农业和工业发展给其他生物带来了巨大的影响，加之昆虫的种类多，数量大，分布广，昆虫与人类间形成了复杂且密切的关系。

昆虫与人类的关系是十分复杂的，构成复杂关系的主要因素之一是昆虫的食性异常广泛：昆虫中约有48%是植食性的，取食各类植物；约有28%是捕食性的，捕食其他昆虫和小型动物；约17%的昆虫取食腐败的生物有机体和动物排泄物；约3%的昆虫是寄生的，寄生在其他昆虫动物体外和体内。当然也还有很多种类的昆虫是杂食性或未知的。

昆虫对人类的重要性是无法估量的。一些昆虫自身的产物，如蜂蜜、蚕丝、白蜡等是人类的食品及工业的原料；昆虫又是2/3有花植物的花粉传播者，为人类带来了丰硕的果实；一些昆虫能分解大量的废物，把它们送回土壤完成物质循环；一些昆虫对维持某些动植物之间的平衡起着重要作用。从某种意义上说，昆虫是人类生存的主要竞争者，它们大量地毁掉人类的粮食及农产品，世界上每年至少有20%～30%的农产品被昆虫吃掉，它们还破坏房屋建筑，传播多种人畜疾病，造成人畜死亡。上述资料为我们大致画出了昆虫的益害轮廓，但这些只不过是自然现象，而人的益害观是从对人的经济利益的观点出发的，因而要复杂得多。

一、昆虫对人类的危害

说起昆虫，人们往往觉得昆虫会对人类的衣、食、住、行及健康等方面造成各种危害，因此对其深恶痛绝。这些被统称为“害虫”的昆虫，主要是危害人类生产的农林害虫和危害人类生活的卫生害虫，其他的害虫还有诸如白蚁等，许多建筑物、桥梁、船舶、家具等木材都因白蚁而损毁。

1. 农林害虫

农林作物长期饱受害虫危害，导致作物产量下降、品质降低，任其发展会引发严重的粮食危机等社会灾难。

据联合国粮食及农业组织(FAO)报道，全球五种重要作物(水稻、小麦、棉花、玉米、甘蔗)每年因虫害的损失达2 000亿美元。在世界范围内，头号农业害虫还当属蝗虫，其中沙漠蝗和飞蝗是两种危害最为严重的蝗虫。1958年，非洲索马里约4亿只沙漠蝗虫群扩散达1 000平方千米，一天可吃掉8万吨粮食，相当于40万人口一年的口粮。而东亚飞蝗是我国历史上多次蝗灾的主角，据史书记载，从公元前707年至1949年的2 000多年间，我国发生的蝗灾多达800多次，平均每2～3年就有一次大蝗灾。

除农作物以外，森林及木材亦常遭受昆虫的危害。我国常见的森林害虫有400多种，其中小蠹、天牛、松毛虫等危害最为严重。例如，小圆胸小蠹在我国的寄主植物多达100多种，可造成三角枫、茶树、杨树、樟树、栎树等树种的大量死亡。松毛虫全国每年发生面积达200万～270万公顷，减少木材生长量270万～380万$米^3$。“十一五”期间，中国林业害虫危害面积高达8.5亿亩，年均致死树木4 000多万株，每年造成直接经济损失1 100多亿元，相当于林业总产值的1/10。此外，经济作物不仅仅在发育期间会受到昆虫的危害，木材加工、储藏期间同样面临着来自各种害虫的侵害。

昆虫不仅直接对植物造成危害，而且还能传播病毒、细菌和真菌，致使植物病害广泛扩散，造成巨大的损失。在已知的近300种植物病毒中，仅蚜虫传播的就占一半以上，其他具有刺吸式口器的昆虫，如叶蝉、飞虱、粉虱、木虱、介壳虫等均是重要的传毒昆虫。

昆虫对植物的危害不仅仅表现在田间生长期，同样也表现在储藏期、搬运加工期等。仓储害虫的种类很多,常见的有豆象、玉米象、谷盗、谷蠹、麦蛾等。据文献记载,在1914—1918年间,米象、谷象和谷蠹在澳大利亚造成了巨大的储粮损失,仅从一个堆存场,每天就可以筛出1吨米象。

2.卫生害虫

昆虫不仅仅危害植物,还可以通过直接或间接的方式攻击人畜。直接的危害方式包括叮咬、蜇刺、吸食等。例如,蚊、蝇、虱、蚤的叮咬时常让人瘙痒难忍;某些隐翅虫种类体内含有强烈接触性毒物,接触皮肤后可引起红肿、水疱等症状;某些蜂类在感知到惊扰或威胁后,会主动蜇人,蜂类的毒素对于体质敏感的人来说较为危险,个体较大的土蜂或蜂群甚至可致人死亡,全世界每年因蜂、蚁蛰刺而受伤的人多达500万。

间接的危害方式主要是传播人畜及其他动物之间的疾病。例如,通过蚊子传播的疾病有疟疾、乙型脑炎、出血热、登革热等;苍蝇舔舐食物可传播霍乱、伤寒、肝炎、痢疾、脊髓灰质炎等疾病。在非洲,每年约有1亿人患疟疾,80万人因此而丧生。

二、昆虫对人类的益处

益虫和害虫是相对而言的,益虫会做对人类有害的事,害虫也会做有益的,只是程度不同罢了。如认为蚂蚁是害虫的看法占45%,那是因为蚂蚁喜欢在人类的食物上乱爬、乱啃,很不卫生;认为蚂蚁是益虫的看法占20%,是因为蚂蚁能治疗一些疾病,并能强身健体。蝴蝶和蛾子的幼虫会危害作物,但是成虫后却会为植物传播花粉、供人观赏等。另外,还有些害虫本身营养价值很高,可以供人类食用,或是成为治疗某些疾病的药材。

即使是所谓的害虫,也只是对人类自身利益有危害而已。很多昆虫、鸟类、两栖动物等捕食害虫,它们依赖害虫而存活,倘若自然界没有了害虫,也就没有了捕食它们的益虫、益鸟、益兽了,因此,这些“害虫”在自然界食物链里起着非常重要的作用。如果植食性昆虫的数量小、密度低,当时或一段时间内对农作物的影响没有或不大,那么它们不应被当作害虫而采取防治措施;相反,由于它们的少量存在,为天敌提供了食料,可使天敌滞留在这一生境中,增加了生态系统的复杂性和稳定性,或者由于它们的存在使危害性更大的害虫不能猖獗,从而对植物有利。在这种情况下,应把这样的“害虫”当作益虫看待。所以,所谓的“害虫”和“益虫”都不是绝对的,要辩证地看待。

相对于对人类造成的上述危害,昆虫其实更是一种宝贵的资源,对人类具有更多的益处,主要表现在食用、药用保健、观赏娱乐、旅游庆典、饲用、环保、工业原料、生防天敌、仿生、法医、文化、授粉、环境监测、科学试验等诸多领域。具体阐述见本篇第五章“昆虫产业领域”部分。

三、昆虫灭绝对人类的影响

昆虫是地球上最多样化的物种,对于植物授粉、动物尸体分解以及土壤处理都扮演着重要角色,它们是生态食物链中必不可少的一个环节,对整个生态系统的运作尤为关键,是地球“生态共同体”的重要组成部分。昆虫与人类生存息息相关,昆虫的灭绝必然引起全球生态链的毁灭性灾难,它们的数量减少和物种灭绝将直接影响自然生态系统和人类生活,人类必须重视这一危机。

自从工业时代在大约200年前进入高潮以来，5%～10%的昆虫物种已经灭绝。科学家在一份“对人类的警告”的研究中表示，地球上面临灭绝的100万多种动植物物种中，有一半是昆虫，它们的消失可能给人类带来灾难性的后果。专家指出，人类活动是几乎所有昆虫数量减少和灭绝的原因：主要的驱动因素是栖息地的减少和退化，其次是污染物（尤其是杀虫剂）和入侵物种，过度开发和气候变化也致使昆虫灭绝。蝴蝶、甲虫、蚂蚁、蜜蜂、黄蜂、苍蝇、蟋蟀和蜻蜓数量的减少，其后果远远超出了它们自身的死亡。随着昆虫的灭绝，我们失去的不仅仅是物种。许多昆虫物种是不可替代的重要服务提供者，包括授粉、营养循环和虫害控制，根据联合国生物多样性科学小组（IPBES）的数据，在全球范围内，需要昆虫授粉的作物每年至少有2 350亿～5 770亿美元的经济价值。

哈佛大学的终身教授、两次普利策奖得主的蚂蚁专家Edward O. Wilson警告称：昆虫的消失将威胁人类的生存。在恺撒家庭基金会上的一次发言中，Wilson表示：如果人类灭绝了，那么只有3种昆虫会跟着灭绝，寄生于人体和头发中的虱子则会继续寄生在灵长类动物身上，但是，大量的昆虫灭绝可能意味着不会再有蜜蜂和其他传粉昆虫为植物授粉，农业产量将下降，进而导致饥荒、战争和一个“生态黑暗时代”。

四、人类对昆虫的误会

由于从事昆虫研究的人群比例很少，昆虫科普和昆虫产业做得很不够，还由于其他的历史和文化等因素的影响，哪怕是就全世界范围来看，人类对昆虫的认知都很有限，产生了很多误会，以致人类无法正确地看待和对待昆虫，无法与昆虫友好相处，更无法充分地对昆虫“扬长避短、趋利避害”，从而最大限度地让昆虫造福人类。

比如，很多人觉得人生来就怕昆虫。其实，正如朱赢椿所说：“这个世界最不怕虫子的是孩子，最怕虫子的是大人。大人看到毛毛虫会吓一跳，然后躲得远远的，或者一脚上去把它踩扁，孩子一般不这样。为什么呢？他们没有被污染，他们很本真，他们看待虫子的态度和我们不一样。”很多时候，孩子对昆虫的印象和态度可能无形中都是受到了大人的影响。

比如，一提到昆虫，很多人觉得很丑陋，很恶心，很无趣，很低智商，等等。其实，这些错误的观点都是来自人们的无知，是因为“傲慢”产生的“偏见”。昆虫的“丑陋”和“恶心”都是人自身的判断，何况，即使从人的眼光来看，很多昆虫有萌宠有趣的一面，只是我们没有注意罢了；昆虫不仅不是无趣的、低智商的，反倒相当聪明和有趣，它们的行为的丰富精彩远超人类的想象，甚至人类在很多方面都需要向昆虫学习，且无法超越，这也是仿生学的由来；昆虫的数量和重量远超包括人类在内的所有脊椎动物，人类的历史在昆虫面前更是如白驹过隙。昆虫可以离开人类而生活得很好，但人类离开昆虫却可能活不下去。从某种意义上说，地球是“昆虫的地球”，而不是“人类的地球”。

第二章 昆虫分类

第一节 系统学分类

生物分类学家为了准确地认识昆虫,进而更深入地研究它们不同类群之间的亲缘关系和进化关系,建立了分类系统。按照从大到小的包含关系,分类系统通常包括7个主要阶元:界、门、纲、目、科、属、种。“种”是基本的分类单元,不同种之间存在着生殖隔离。

昆虫分类学是研究昆虫的命名、鉴定、描述及其系统发育和进化的科学。昆虫的种类和数量繁多,生活环境复杂,对昆虫进行科学合理的分类是研究昆虫的基础前提。在昆虫分类学中,主要依据以下特征给昆虫分类:①形态学特征,这是最基本也是最常用的分类基础,包括昆虫的外部形态和内部结构,如成虫的翅、足、口器、触角、雌雄外生殖器等。②生物学和生态学特征,包括昆虫的发育和繁殖方式、生活环境、习性等。③地理学特征,包括昆虫的地理分布范围、格局。④分子生物学证据,包括昆虫的核苷酸序列和氨基酸序列。

根据最新的昆虫分类学研究,昆虫纲目前共划分为28个目。有的目种类和数量繁多,超过十万种,如鞘翅目、鳞翅目、膜翅目;有的目种类极其稀少,仅有数十种,如缺翅目。全面了解昆虫的特征,除了有助于昆虫科普之外,还有利于人们从整个昆虫纲的宏观层面去把握和开发昆虫资源。28个目的大概特征如下:

1. 鞘翅目(Coleoptera)

鞘翅目是昆虫纲的第一大目,全世界约有35万种,超过动物界其他所有目的总和。鞘翅目昆虫统称甲虫,显著特征是前翅强烈骨化,坚硬,为鞘翅,体壁坚硬,口器咀嚼式,触角形态各异,常见的有丝状、念珠状、鳃状、棒状、栉齿状等。有的种类鞘翅变短,如隐翅虫、高山萤叶甲等,无飞行能力;有的种类鞘翅愈合,如部分洞穴步甲;有的种类个体没有鞘翅,呈幼虫形态,如部分萤火虫的雌虫,这种现象称为幼态持续。鞘翅目昆虫可分为四大亚目:原鞘亚目、藻食亚目、肉食亚目和多食亚目。原鞘亚目是一个原始的类群,全世界不超过50种;藻食亚目全世界仅有1个总科,20多种;肉食亚目包括10科,3万多种,常见的类群包括步甲、虎甲、龙虱、豉甲等,均为捕食性类群;多食亚目种类繁多,包括150多科,25万多种,常见的类群包括金龟、瓢虫、天牛、象甲、叶甲、吉丁、叩甲、萤等。其中大部分的种类为植食性,捕食性的种类如瓢虫、阎甲、萤等;食菌的种类如蕈甲;食腐的种类如葬甲;寄生性的种类如芫菁、大花蚤等;粪食性的种类如粪金龟。鞘翅目为全变态昆虫,其中芫菁、大花蚤等为更加特殊的复变态类型,即各龄幼虫在形态、生活习性等方面均有显著差异的一种全变态发育方式。除了很多种类是著名的农业林业害虫，鞘翅目更是产业领域广泛的经济昆虫：竹象虫、斗米虫等是著名的食用昆虫，白星花金龟的幼虫是处理秸秆的环保昆虫和药用昆虫，萤火虫是著名的发光景观昆虫也是药用昆虫，金龟子等是赏玩娱乐昆虫，漂亮的吉丁虫是观赏昆虫，龙虱等是药用昆虫，犀金龟等是宠物昆虫，等等。

2. 鳞翅目(Lepidoptera)

鳞翅目为昆虫纲的第二大目，全世界超过 18 万种，仅次于鞘翅目，包括蝴蝶和蛾子两大类。口器多为虹吸式，蝶类触角多为棒状，蛾类触角多为丝状或羽状，双翅膜质，密被鳞片。蛾类多昼伏夜出，具有趋光性，而蝶类多在白天活动。幼虫期是取食危害植物的主要时期，大部分幼虫均为植食性，直接取食叶片，或卷叶、潜叶危害，极少种类为捕食性，许多种类都是重要的农林害虫，俗称“毛毛虫”。鳞翅目是产业领域广泛的经济昆虫：很多颜色艳丽的蛾蝶都是著名的观赏昆虫，许多种类的成虫可以传粉，家蚕、柞蚕是重要的产丝昆虫，蝙蝠蛾的幼虫是名贵中草药材“冬虫夏草”必不可少的原料。

3. 膜翅目(Hymenoptera)

膜翅目为昆虫纲第三大目，全世界约 15 万种，仅次于鞘翅目和鳞翅目，包括蜂类和蚁类，通常分为两个亚目：广腰亚目和细腰亚目。广腰亚目腹部和胸部相接处不缢缩，包括叶蜂科、茎蜂科等 10 多个科，幼虫均为植食性；细腰亚目腹部和胸部相接处缢缩，呈细腰状，包括姬蜂科、小蜂科、瘿蜂科、茧蜂科、胡蜂科、蜜蜂科、蚁科等 70 多个科，幼虫多为捕食性或寄生性，是重要的天敌昆虫、传粉昆虫、药用昆虫、食用昆虫等。其中，部分种类的蜜蜂、蚂蚁、胡蜂为社会性昆虫，通常个体群居性生活，具有明显的形态分化和社会分工。其他植食性和寄生性的种类通常自由生活。

4. 双翅目(Diptera)

双翅目是昆虫纲的第四大目，全世界超过 12 万种，包括蚊、蝇、虻三大类，可分为长角亚目和短角亚目两大亚目。长角亚目触角长，包括蚊、大蚊、蚋等；短角亚目触角短，包括实蝇、果蝇、寄蝇、突眼蝇、虻、水虻、食虫虻等。口器类型各异：雌蚊口器为刺吸式，蝇类口器为舐吸式或刮吸式。仅具一对膜翅，前翅退化为平衡棒，在飞行时协助平衡。幼虫无足，俗称蛆，是重要的饲用和环保昆虫，更是重要的卫生害虫，能传播疾病。

5. 半翅目(Hemiptera)

半翅目为昆虫纲第五大目，全世界共近 10 万种。半翅目分为异翅亚目(主要是蝽类，全世界超过 4 万多种)、胸喙亚目(包括蚜虫、介壳虫、粉虱和木虱等)、鞘喙亚目(仅包含 1 科)和头喙亚目(包括蝉总科、蜡蝉总科、叶蝉总科、沫蝉总科和角蝉总科)。大部分为植食性，吸食植物汁液，许多种类还能传播植物病毒，是重要的农林害虫。多数种类为两性生殖，少部分种类如蚜虫、介壳虫可孤雌生殖。大部分半翅目种类陆生，生活在植物叶片或枝干上，成虫与若虫的生境相似、习性相似，少数种类如水黾、负子蝽、仰泳蝽等水生。

6. 直翅目(Orthoptera)

包含蝗虫、蚱、蜢、蟋蟀、螽斯、蝼蛄、蚤蝼等昆虫，全世界近 2 万种。大部分直翅目昆虫前、中足多为步行足，后足为跳跃足，而蝼蛄、蚤蝼前足为挖掘足，蚤蝼的后足基本不用来走路，且具有极强的水面和地面弹跳能力。直翅目昆虫多能依靠摩擦进行发声，来吸引异性个体，很多种类都是著名的鸣叫昆虫和打斗昆虫。大部分蝗虫生活在地面，螽斯多生活在植物上，蝼蛄则生活在土壤中。绝大多数种类为植食性，是重要的农牧业害虫（如蝗虫），但也有少数种类为肉食性（如螽斯），也有的为杂食性（如蚤蝼）。

7. 蜻蜓目（Odonata）

全世界30多科，6 000多种，中国600多种，主要分为蜻蜓和豆娘两大类。蜻蜓一生需经历卵、稚虫和成虫3个发育阶段，为不完全变态。稚虫水生，又称水虿（chài），是著名的药用食用昆虫。成虫捕食性，是昆虫里的飞行高手，能在飞行中利用足来抓捕猎物，交配行为是特殊的“心形（♥）”交配。

8. 螳螂目（Mantodea）

全世界8科，2 000多种，中国有130种左右。螳螂卵产于卵鞘之中，其卵鞘被称为“螵蛸（piāo xiāo）”，是著名的药材。前足是捕捉足，若虫和成虫均为捕食性，擅长伏击猎物，是出名的“昆虫杀手”。螳螂是独行侠，具有自相残杀的习性，且在交配过程中具有著名的“妻食夫”现象。当被天敌捉到时，会弃后足逃生，如果此时尚幼，失去的后足将会通过后续蜕皮再慢慢长出来。

9. 脉翅目（Neuroptera）

包括草蛉、螳蛉、蝶角蛉、蚁蛉等昆虫，全世界5 000多种。完全变态昆虫，幼虫和成虫均为捕食性。螳蛉成虫外观酷似螳螂，但前足着生于前胸前端；蝶角蛉成虫外观酷似蜻蜓，触角棒状，如同蝴蝶。蚁蛉幼虫善于在沙土中布置陷阱，捕食掉入其中的蚂蚁和其他昆虫，被称作“蚁狮”。草蛉幼虫主要捕食蚜虫，被称作“蚜狮”，在农业生产中，常被进行大量人工繁殖，用来防治蚜虫、棉铃虫等害虫。

10. 蜚蠊目（Blattodea）

包含白蚁和蟑螂两大类群（过去分类学研究曾将白蚁划分到独立的等翅目，现与蜚蠊目合并），全世界共13科7 000多种，中国700多种。蟑螂全世界约有4 000多种，适应性极强，活动范围广泛，是重要的卫生害虫和药用昆虫。白蚁全世界约有3 000多种，是典型的社会性昆虫，分为具有生殖能力的生殖蚁、不具有生殖能力的工蚁、兵蚁等不同品级。白蚁分布广泛，种群数量巨大，大部分白蚁取食死亡的植物组织和含有纤维素的木材，破坏房屋、作物和森林，是重要的家居害虫，也是“千里之堤毁于蚁穴”的“罪魁祸首”。

11. 广翅目（Megaloptera）

包括鱼蛉、齿蛉、泥蛉等，全世界300多种，中国100多种。完全变态昆虫中最原始的一个类群，幼虫水生，蛹及成虫陆生，幼虫肉食性，成虫基本不取食，只取食露水和植物汁液等。采自青城山的属模巨齿蛉成虫翅展超过21 cm，被吉尼斯世界纪录评为“世界上现生的翅展最大的水生昆虫”。巨齿蛉属和体型较大的齿蛉属昆虫一般统称为爬沙虫，是一种珍稀的药食两用昆虫。

12. 毛翅目（Trichoptera）

统称石蛾，全世界超过1万种，中国约1 000种。全变态昆虫，幼虫水生，多为植食性，少为捕食性，具有结巢习性，水中的小石子、沙粒、纸条、叶片等均可被其用来制作形态各异的可移动巢，故称为“石蚕”；成虫陆生，主要在黄昏和夜间活动，不取食固体植物，但可吸食花蜜和水。

13. 缨翅目(Thysanoptera)

俗称蓟马,全世界约有6 000多种,中国500多种。双翅狭长,两侧具缨毛,故称缨翅目。前跗节具有独特的可外翻的泡囊,使之可黏附在基底上。蓟马的若虫有4龄,前2龄幼虫无外生翅芽,后2龄出现翅芽,处于不食不动的状态,被称作"前蛹"和"蛹"。蓟马可营两性生殖和孤雌生殖。蓟马常见于花上、叶片上,取食花粉,但也有的种类为捕食性,捕食小型节肢动物,如螨、蚜虫、介壳虫。

14. 革翅目(Dermaptera)

统称蠼螋,俗称"耳夹子虫",全世界约2 000种,中国200多种。具有明显的尾夹。不完全变态昆虫,若虫4～5龄。常见于草丛、树皮下、石块下等黑暗潮湿处。大部分种类的蠼螋为杂食性,少数为捕食性。

15. 䗛目(Phasmatodea)

俗称竹节虫,全世界3 000多种,中国200多种。体长大小不一,有些种类具翅,有些种类无翅,多不能或不善飞行。竹节虫是典型的拟态昆虫,成虫拟态树叶、树枝,卵拟态植物种子。

16. 蜉蝣目(Ephemeroptera)

全世界约37科,3 000种,中国约300种。蜉蝣一生需经历卵、稚虫、亚成虫和成虫4个发育阶段,稚虫水生,通常蜕皮10余次,最后一次蜕皮成为亚成虫,亚成虫形态与成虫相似,具有翅和飞行能力,成虫不取食,寿命极短,"朝生暮死"形容的便是蜉蝣成虫。蜉蝣对缺氧环境和酸性环境较为敏感,可用于监测水质是否污染。

17. 蛩蠊目(Notoptera)

包括蛩蠊和螳䗛两大类群(过去分类学研究曾将螳䗛划分到独立的螳䗛目,现与蛩蠊目合并),是个很小的目,全世界目前已知种类不超过60种。蛩蠊因其外形类似蟋蟀(蛩)和蜚蠊(蠊)而得名,生活在0℃左右的寒冷地区,发育缓慢,完成一个世代至少需要7～8年。蛩蠊目昆虫起源古老,可追溯至石炭纪,是昆虫纲中的"活化石"。螳䗛因其外形类似螳螂(螳)和竹节虫而得名,头三角形,咀嚼式口器,触角丝状,有复眼,无单眼,无翅,捕食性,具有自相残杀的习性。

18. 石蛃目(Archaeognatha)

全世界2科,500多种,中国2科,29种。石蛃喜湿,通常生活在阴暗潮湿处,如枯枝落叶下、苔藓内、树皮下、石头裂缝中等。幼虫和成虫在形态和生活习性上相似,一生共需蜕皮10余次,成虫也会蜕皮,称为表变态发育。石蛃是最原始的无翅昆虫,保留了许多古昆虫的特征,是昆虫纲的活化石。

19. 衣鱼目(Zygentoma)

全世界5科,400余种,中国220多种。与石蛃类似,衣鱼目为表变态发育类型,一生通常蜕皮10余次。衣鱼分布广泛,对生活环境不挑剔,常发现于土壤、朽木等处,也有的种类生活在室内,常发现于书籍、衣服、贮藏食物等处。

20. 缺翅目(Zoraptera)

统称缺翅虫,全世界1科,32种,中国2种,最早发现于西藏。缺翅虫生活在树皮或朽木下,取食真菌孢子,主要分布在热带和亚热带。

21. 襀翅目(Plecoptera)

俗称石蝇,全世界16科,2 000多种,中国约有400种。一生需经历卵、稚虫和成虫3个发育阶段,稚虫水生,有些种类为植食性,有些种类为捕食性,对于水体污染非常敏感,常与蜉蝣共同作为河流水质的指示昆虫。

22. 纺足目(Embioptera)

俗称足丝蚁,全世界8科,300多种,中国7种。雌虫无翅,雄虫通常具有2对膜翅,前足第1跗节膨大,特化成丝腺,可以吐丝建造隧道,用于防御天敌。足丝蚁喜温暖潮湿的隐蔽之地,昼伏夜出,群居生活,雌性交尾后会将雄性吃掉。

23. 啮虫目(Psocoptera)

俗称啮虫或书虱,全世界36科,4 000多种,中国近2 000种。可两性生殖或孤雌生殖,若虫4～6个龄期。常见于树干或叶片上、石头下、苔藓下或室内环境中,取食藻类、真菌、树叶表皮等,少数种类具有捕食性,捕食蚜虫和介壳虫。

24. 虱目(Phthiraptera)

包括过往的虱目(Anoplura)和食毛目(Mallophaga),全世界有24科,5 000多种,中国1 000多种。不完全变态昆虫,终身在寄主身体上度过,以寄主毛发、血液等为食,是重要的卫生害虫。

25. 蛇蛉目(Raphidoptera)

全世界2科,200多种,中国9种。头部长,后端常狭缩变细,呈三角形,前胸延长呈颈状。幼虫和成虫均为捕食性,成虫多发生在森林地带中的草丛、花和树干等处捕食其他昆虫。幼虫多树栖,常在松、柏等松散的树皮下。若干种类状如骆驼,称骆驼虫。

26. 捻翅目(Strepsiptera)

统称捻翅虫,得名于其像用纸搓成的捻子的前翅,全世界约有550种,中国25种左右。雌雄异型,雄虫自由生活,口器咀嚼式但退化,前翅退化为伪平衡棒,后翅膜质,扇形;雌虫无眼,无触角,无翅,无足,似蛆,终生离不开寄主。主要寄主对象包括膜翅目、半翅目等昆虫。

27. 蚤目(Siphonaptera)

全世界约2 600多种,中国约650种。口器刺吸式,无翅,后足为跳跃足,弹跳能力很强。完全变态昆虫,幼虫为蠕虫型,咀嚼式口器,无足。大部分种类寄生于哺乳动物和鸟类身上,雌雄均可吸血,能传播鼠疫、绦虫等多种疾病。

28. 长翅目(Mecoptera)

全世界约600种。雄性外生殖器常膨大成球形并上举,似蝎尾,故常被称为蝎蛉。雄虫在交配前有送礼的习性。成虫和幼虫均为杂食性,取食小型昆虫或其他节肢动物、花蜜、花粉等。

第二节 资源性分类

昆虫的虫体本身或附属产物(分泌物、内含物、排泄物等)或其行为、文化等都可以为人类所利用,是一种难得的特殊的生物资源,可以在食用、药用、饲用、旅游、文化、仿生、工业原料、观赏娱乐、天敌、传粉、法医、环境监测、科学试验等领域得到广泛的应用。

若按资源性或者其用途来分，昆虫尤其是资源性昆虫可以分为食用昆虫、药用昆虫、饲用昆虫、旅游昆虫、文化昆虫、仿生昆虫、工业原料昆虫、观赏娱乐昆虫、天敌昆虫、传粉昆虫、法医昆虫、环境监测昆虫、科学试验模式昆虫等。具体阐述见本篇第五章内容。

若按照被利用的对象来分，昆虫也可以分为虫体本身被利用、附属产物被利用、某些特殊行为被利用、某些特色文化被利用等四大类，其中，“虫体本身被利用”可以分为不同虫态被利用和虫体原形、加工后、提取物甚至仿生等几种不同的利用方式，被利用的昆虫附属产物包括分泌物、内含物、排泄物等几种情况，被利用的某些特殊行为包括鸣叫、打斗、跳跃、游泳、拟态、仿生等，被利用的某些特色文化包括虫体本身行为文化（比如萤火虫的诸多文化）、神话传说（蝴蝶的诸多文化）、民俗文化、节日文化、饮食文化等。

第三节　生态性分类

昆虫按照其生活环境的不同，大致可分为陆生昆虫、水生昆虫、土壤昆虫等。

1. 陆生昆虫

陆生昆虫的种类和数量最为庞大，是人类最熟悉和最关注的昆虫类群。陆生昆虫的全部或多数虫态都生活在陆地表面和植物花、叶、茎表面，如膜翅目的蜂类，鳞翅目的蝴蝶，半翅目的大部分种类，直翅目的蝗虫、蟋蟀、螽斯，等等。它们具有适应陆地生活的重要呼吸器官——气管，直接向身体各组织结构供应氧气。此外，昆虫体表的几丁质外骨骼也有效防止了体内的水分蒸发，解决了由于陆地生活带来的干旱缺水等问题。

2. 水生昆虫

水生昆虫是指一类某个或多个发育阶段必须在水中或与水体有关的环境中完成的昆虫，其中，喜欢生活在与水体有关的环境中、偶尔落入或钻入水中，能短期在水中或水面生活的可以称为“半水生昆虫”。需要注意的是，有些昆虫虽然生活在岸边，但只在干沙岸或潮水冲击不到的地方栖息，故不属于半水生昆虫。

一般意义上的“水生昆虫”是指淡水水域的水生昆虫。几乎在任何类型的淡水水体中都能找到水生昆虫。水生昆虫主要包括蜉蝣目、蜻蜓目、襀翅目、毛翅目、广翅目、半翅目、脉翅目、鳞翅目、鞘翅目、双翅目、膜翅目、直翅目、长翅目等 13 个目。上述水生昆虫又分为“真正水生或全水生”和“半水生”两大类。严格意义上的全水生昆虫是指昆虫整个生活史中的各虫期全部生活于水中，主要有如下种类：半翅目中的蝎蝽科、划蝽科、仰蝽科、负子蝽科、黾蝽科；鞘翅目中的龙虱科、沼梭科、水龟甲科和豉甲科等。而广义上讲，幼虫期为水生但成虫期为陆生的种类，我们也可以称之为全水生昆虫。这些种类较多，如一个目中几乎全部幼虫期都为水生的蜉蝣目、蜻蜓目、襀翅目、广翅目、毛翅目等；还有一个目中部分为半水生的类群，如脉翅目水蛉科和溪蛉科；双翅目中很多科的幼虫，以及半翅目和鞘翅目中一些种类。通常所谓的“半水生昆虫”主要是指那些喜在水面和水边以及十分潮湿环境中生活的昆虫，如直翅目的部分种类昆虫（蚱和蚤蝼等）。

按照水生昆虫在水体中的栖息位置，又可分为漂浮型（如黾蝽、尺蝽、豉甲等）、自游型（如龙虱、水龟虫、划蝽等）、底栖型（包括爬行、匍匐、附着、穴居在水域底部石块间的爬沙虫、蜉蝣、石蝇、石蛾、扁泥甲等,或攀缘在水生维管束植物上的蜻蜓、蚊虫等)等类型。

3. 土壤昆虫

到目前为止,科学家发现的最早的一种昆虫化石,是生活在4亿年前的一种土壤跳虫。土壤环境变化多样,土壤种类、酸碱度、颗粒大小、植被、温度、湿度等细微的变化,都可以引起土壤昆虫的死亡或者改变,为适应环境变化,土壤昆虫进化出繁多的种类。

土壤是很多昆虫赖以生存的家,很多昆虫的一生中有大部分时间生活在土壤中,例如直翅目的蝼蛄、半翅目的蝉、鳞翅目的地老虎等。这些昆虫最害怕光线,大多数种类的活动与迁移能力都比较差,白天很少钻到地面活动,晚上和阴雨天是它们最适宜的活动时间。这些昆虫多以植物的根和土壤中的腐殖质为食,是农林作物的重要害虫;同时,也有很多是益虫或资源性昆虫,如土元、蛴螬、蝼蛄、蝉等都是著名的药用或食用昆虫。

需要说明的是,很多时候,土壤昆虫和陆生昆虫不太好严格区分。土壤昆虫并不一定是所有虫态或全生活史都在土壤中,比如,蝼蛄、蝉、蚁蛉等昆虫的成虫都是在陆地上生活。很多陆生昆虫的某个虫态,如很多蝗虫的卵期、金龟子和叩头虫的幼虫期、某些蛾的蛹期等都是在土中完成,但这些昆虫仍然常被划为陆生昆虫。

第三章　昆虫产业特性

种类繁多、形态各异、行为多样的昆虫蕴藏着极其丰富的资源，也是地球上尚未被充分开发利用的最大的生物资源。在全球资源日益匮乏的形势下，昆虫资源或许是自然留给人类的最后一块蛋糕。昆虫资源的产业化主要来自昆虫的三大特性：资源特性、行为特性和文化特性。

第一节　资源特性

昆虫的资源特性主要体现在昆虫的虫体本身、附属产物、行为、文化等可被人类利用并开发成有价值的产品的特质。

一、虫体本身价值

多数的昆虫资源特性来自虫体本身，比如，很多昆虫具有极高的营养价值和/或药用价值而成为食用或药用昆虫或药食两用昆虫；有些昆虫能取食腐殖质和各类有机垃圾，且能作为饲料原材料，而成为环保昆虫和/或饲用昆虫；有些昆虫颜色艳丽、形态独特等特质使其成为观赏娱乐昆虫；有的昆虫对水质等环境变化非常敏感，可作为环境监测昆虫。

这些虫体本身被利用，又可以分为以下几种情况：不同虫态被利用，多数昆虫被利用的是成虫或幼虫/若虫，但有时候也可以或应该重视其他虫态（如卵和蛹）的应用；有的是直接利用昆虫的原体，有的是利用简单加工后的产品，或者利用其提取物等深加工产品，甚至还可以利用虫体本身的结构、生物学特性、行为等所带来的启发信息进行仿生学应用。

二、附属产物价值

被利用的昆虫附属产物包括分泌物、内含物、排泄物等。一些昆虫在生长发育过程中分泌丝、蜡、胶等物质，可用于加工和生产工业产品。如家蚕吐丝结茧时的蚕丝是生产丝绸的重要原料，紫胶虫分泌的紫胶绝缘性、黏着性、防腐性等均较为突出，常被用来生产涂料、绝缘材料、橡胶填充剂等。昆虫的排泄物被资源化利用最经典的当属虫茶——它并不是茶，而是化香夜蛾、米黑虫等昆虫取食化香树、苦茶等植物叶后所排出的粪粒，约米粒大小，黑褐色，开水冲泡后为青褐色，几乎全部溶解，像咖啡一样，食用方法与我们饮茶相近，故而将其称作“茶”。

三、行为产业价值

可以产业化利用的昆虫行为包括鸣叫、打斗、跳跃、游泳、拟态、仿生等。有些昆虫的鸣叫和打斗等特殊行为使其可以发展鸣叫或赏玩昆虫产业，有些昆虫捕食害虫可以发展天敌昆虫产业，有些昆虫能授粉而发展传粉昆虫产业，还有很多昆虫的特殊行为和精巧结构等给人类在诸多领域带来启迪和灵感而诞生了昆虫仿生产业。

四、文化产业价值

可以产业化利用的昆虫特色文化包括虫体本身行为文化（比如萤火虫的诸多文化）、神话传说（蝴蝶的诸多文化）、民俗文化、节日文化、饮食文化等。例如，由于“蝉”谐音“禅”，且蝉的成虫基本只取食露水，古人多赞颂其“居高声自远，非是藉秋风”等高洁的品质，使得蝉不仅是食用药用昆虫，还是一种文化昆虫，尤其是和禅及禅修的结合。具体可见本章第三节。

第二节 行为特性

昆虫的行为是指昆虫感觉器官接受刺激后，通过神经系统的综合，使效应器官产生的反应。习性是指昆虫种类或种群所具有的生物学特性。

昆虫的很多行为特性是其产业化的基础，或者说，昆虫的很多行为特性都可以产业化或为产业化服务。比如，根据昆虫的鸣叫行为可以发展鸣虫产业，根据萤火虫的发光行为可以发展夜间经济，根据昆虫的食性可以发展天敌昆虫生物防治等产业。

下面举例说明其中几种比较重要的行为特性：

一、食性

食性就是昆虫取食的习性。根据昆虫食物的性质，昆虫可分为植食性、捕食性、腐食性、粪食性等。

许多种类的捕食性昆虫是防治农林害虫的好帮手，如瓢虫、草蛉、花蝽、螳螂等，可用来作为害虫可持续综合防治的手段，进行产业化大批量扩繁和投放。充分开发并利用捕食性昆虫（包括寄生性的捕食昆虫），能有效地控制害虫，而且不污染环境，害虫也不会产生抗药性。它们在未来发展天敌昆虫生物防治产业中，扮演着不可或缺的关键角色。

许多种类的腐食性和粪食性的昆虫被人们利用在垃圾处理和污染治理等方面。例如，用黄粉虫和黑水虻等处理餐厨垃圾，用蝇蛆和黑水虻等处理畜禽粪便和病死尸体，用白星花金龟处理秸秆和菌渣，用粪金龟解决牧场污染等。这种可以利用昆虫自身食性来达到净化环境目的的昆虫，称为环保昆虫。

二、拟态

拟态是一种生物模拟另一种生物或环境中的其他物体从而获得好处的行为，这一行为可广泛见于昆虫各发育阶段：卵、幼虫、蛹和成虫。拟态对象包括形状、颜色、化学成分、声音、发光及其他行为等。昆虫的拟态给人们带来了独特的美学享受和新奇体验，例如拟态枯叶的枯叶蝶、拟态兰花的兰花螳螂、拟态树枝的竹节虫等，这些都成了观赏娱乐和大众科普教育的良好素材。

三、吐丝结茧

具有吐丝结茧行为的昆虫很多，最著名的当属蚕。蚕的吐丝结茧习性与其体内的丝腺器官有关：在幼虫阶段，蚕取食大量的桑叶，消化吸收其中的营养成分，桑叶中的各种氨基酸就会被蚕体内的丝腺所吸收储存，随着蚕龄的增大，丝腺亦随之增大，在五龄期膨大速度尤为快速，当蚕体内氨基酸过多时，会使蚕体中毒，因此，蚕需要通过吐丝来排解氨基酸解毒。通过吐丝结得的茧又是蚕蛹的一个天然保护屏障，能有效帮助其躲避天敌的伤害。蚕的这种有趣的吐丝结茧行为使得蚕丝成为优良的丝绸原料，甚至成就了名垂青史的“丝绸之路”，也使得家蚕成为著名的资源昆虫，同时还留下了“春蚕到死丝方尽”等经典名句，当然也产生了“作茧自缚”的成语。除了蚕之外，还有蓑蛾吐丝结的茧也具有一定的利用价值。值得一提的是，石蚕（毛翅目的幼虫）在水中吐丝后包裹一些碎石等材料结成特殊的“茧”用来化蛹，该石质蛹室在有些国家和地方竟然被作为华丽的饰品出售。

四、鸣叫

能发出声音的昆虫很多，但发声和鸣叫并不能等同。像蚊子的嗡嗡声，只是飞行的“副产品”，不算鸣叫。鸣叫指的是具有专门发声器官的昆虫的一种发声行为，其声音通常具有特定的用途。广义上讲，所有会鸣叫的虫子，都可称为“鸣虫”，它们的鸣叫大多是雄虫为了吸引异性和宣誓领地。昆虫的发声原理大概可分为“摩擦类”和“打击类”：“摩擦类”鸣叫以螽斯、蟋蟀为代表，它们的左右前翅上分别着生有音锉和刮器，通过双翅间的相互摩擦发声；“打击类”以蝉为代表的，它们利用收缩腹部肌肉产生的振动，使发音膜形变发声。这些能鸣叫的昆虫，尤其是蝈蝈和蟋蟀等成为经典的鸣叫昆虫，甚至在很多地方都成了很大的产业。

五、发光

能发光的生物、动物、昆虫也不少，但萤火虫肯定是家喻户晓的明星发光昆虫。其神秘美妙的荧光代表了“浪漫”“温暖”“神秘”等，因此，萤火虫成了旅游尤其是夜游经济的“吸客利器”和“杀手锏”，越来越受到人们的追捧和产业的青睐。不同的萤火虫发出的荧光不同，发光时间段也不同，萤火虫的卵、幼虫、蛹、成虫等都可以发光，这些习性都启发人们要深度地挖掘萤火虫这种宝贵且特殊的昆虫资源。

值得提醒的是，除了萤火虫，还有其他很多昆虫（雌光萤、某些蕈蚊、美洲的 Pyrophorini 族叩甲等）也可以发光，这些昆虫都值得挖掘成新型的发光昆虫，或许会成为萤火虫产业的有益补充，甚至某些方面的产业价值超过萤火虫。

第三节　文化特性

在中国悠久的历史长河中，我们的先人们在与昆虫共生共存的过程中不断感悟，在神话、文学、绘画、节日、民俗、地名等领域，以他们独特的理解赋予了这些小小生灵不一样的文化烙印。这些丰富多彩的昆虫文化，为发展昆虫特色主题景观和旅游、组织科学教育和科普教育等提供了很好的内涵支撑，也为昆虫创意文化产业的深入挖掘提供了第一手资料。

一、昆虫与神话

深受万物有灵观念的影响，中国历史上产生了许多有关昆虫的神话传说。与蝴蝶有关的神话传说，最经典的莫过于梁山伯与祝英台双双化蝶的故事了。浪漫忠贞的蝴蝶，寄托了人们对于自由恋爱的向往。因此，很多蝴蝶主题景区用蝴蝶来代言美好爱情，成为很多情侣向往的景点，甚至还延伸了蝴蝶婚庆和婚纱等产业。除此之外，关于萤火虫为什么会发光、蝉为什么会鸣叫等都有相应的神话传说。

二、昆虫与文学

昆虫自古就是古代文学描述的重要题材，诗词歌赋中咏颂昆虫的题材数量极多，形成了独特的审美情趣和风格。我国古代最早的诗歌总集《诗经豳风・七月》中就曾多次描述昆虫，“五月斯螽动股，六月莎鸡振羽。七月在野，八月在宇，九月在户，十月蟋蟀入我床下”，其中提及3种鸣虫：螽斯、纺织娘和蟋蟀。螽斯还出现在了许多传统古建筑中，如紫禁城内的百子门、螽斯门，状如螽斯饲养笼的角楼等。这源于人们赋予螽斯的“多子多孙，生生不息”独特寓意，对螽斯多子多孙的羡慕之情，希望借螽斯元素的皇室建筑，祈福自己的江山社稷有源源不断的后人继承。所以古人结婚的时候经常有楹联“螽斯衍庆”。

魏晋南北朝时期出现咏物诗后，昆虫作为独立的咏颂题材受到广大文人们的喜爱。其中文人们咏颂最多的昆虫当属萤火虫、蝉和蝴蝶3大类。关于萤火虫的诗词，有杜牧的《秋夕》，“银烛秋光冷画屏，轻罗小扇扑流萤”，描述了秋夜的美好画面；李商隐的《隋宫》，“于今腐草无萤光，终古垂杨有暮鸦”，映照了“腐草为萤”的误解；借用萤火虫昼伏夜出的习性，白居易在《长恨歌》中以“夕殿萤飞思悄然，孤灯挑尽未成眠”描述了唐明皇夜不成寐思念杨玉环的情景；梁简文帝萧纲《咏萤》中的“本将秋草并，今与夕风轻。腾空类星陨，拂树若生花。屏疑神火照，帘似夜珠明。逢君拾光彩，不吝此生轻”，描绘了萤火虫的明亮灿烂，歌颂了萤火虫的无私奉献精神。关于蝉的诗词很多，其中被誉为“咏蝉三绝”的虞世南的《蝉》中“居高声自远，非是藉秋风”是清华人语，骆宾王的《咏蝉》中“露重飞难进，风多响易沉”是患难人语，李商隐的《蝉》中“本以高难饱，徒劳恨费声”是牢骚人语。蝴蝶最早见于文学作品，恐怕是先秦散文名著《庄子》中的“庄周梦蝶”，有关蝴蝶的诗词古来有5 000余首，宋代谢逸一人的咏蝶诗就超过300首，所以他被后人称为“谢蝴蝶”。

还有很多咏虫诗不仅给我们留下了自然美在艺术上的再现，而且生动形象地描述了昆虫的形态特征、生物学特性甚至植物保护方面的知识。《后汉书・袁绍传》中的“运螳螂之斧，御隆车之隧”说的是螳螂的一对前足极为发达，形如刀斧，运则神速；北宋苏舜钦《寒夜十六韵答子履见寄》的“剑埋犹有气，蠖屈尚能伸”，说的是尺蠖只有两对腹足，它是一伸一屈像量尺一样向前爬行前进的；描述得更为形象生动的要数苏轼的“两角徒自长，空飞不服箱。为牛竟何事，利吻穴枯桑”这首佳句了，它把成虫具有一对长触角和幼虫钻蛀树干严重危害桑树的天牛刻画得栩栩如生。王建《新晴》中的“檐前熟著衣裳坐，风冷浑无扑火蛾”和齐己《默坐》中的“灯引飞蛾拂焰迷，露淋栖鹤压枝低”，尤其是贺铸的“鬼蛾来翩翩，慕此堂上烛，附炎竟何功，自取焚如酷”都揭示了蛾类夜晚扑火的习性行为。清代蒲松龄的《蝗来》诗句“禾头公然相牝牡，或言旬日遗虫生”，连蝗虫在庄稼上交尾产卵的习性和经十来天变成蝻(若虫)又为害的生活史也观察和描述得十分准确了。害虫为害农作物造成严重损失的现象在古诗中亦有描述，如唐代戴叔伦《屯田词》的“新禾未熟飞蝗至，青苗食尽馀枯茎。捕蝗归来守空屋，囊无寸帛瓶无粟”，白居易《捕蝗》的“荐食如蚕飞似雨，雨飞蚕食千里间，不见青苗空赤土”，苏轼的“今年春暖欲生蝝，地上戢戢多于土。预忧一旦开两翅，口吻如风哪肯吐”，这些诗句都描述了当时蝗虫给农业生产造成的严重损失。在保益防害方面，古人早有深入观察，比如，王建的《田家留客》“不嫌田家破门户，蚕房新泥无风土”，可见在唐代养蚕时注意防除蝇鼠敌害，还采取蚕房换土防止蚕病传染；早在 2 000 多年前的《诗经·小雅·大田》中就有“去其螟螣，及其蟊贼。田祖有神，秉畀炎火”的记载，而苏轼在“秉畀炎火传自古，荷锄散掘谁敢后”的诗句中则记述了当时用火烧和挖埋相结合的治蝗方法，在蒲松龄的《捕蛹歌》中“我前建蝗策，顺风熏烟瓶。行者已有效，高缈胜旗旌”则进一步引申了用烟熏杀蝗比用竿子挂布片驱逐蝗虫的效果好得多的防治方法。在生物防治方面，我们的祖先也探索和积累了许多宝贵的经验，比如，唐代章孝标的“田家无五行，水旱卜蛙声”、辛弃疾的“稻花香里说丰年，听取蛙声一片”，李时珍《本草纲目》中“蛛网千层，五谷丰登”，还有蒲松龄的《驱蚊歌》“夏蚊长喙毒于蝇，薄暮暗室如雷轰。安得蝙蝠满天生，一除毒族安群氓”，都把青蛙、蜘蛛和蝙蝠等当成“农田卫士”和“灭虫能手”。

除了有关昆虫的诗词歌赋以外，昆虫还为语言文学提供了诸多丰富的素材。首先，大量成语基于昆虫的独特形象、习性、声音等产生，大大增加了中国文学作品的生动感。成语如“蚕头燕尾”“无头苍蝇”“蝇头小利”“薄如蝉翼”“蜂腰猿背”“蜉蝣之羽”等，不仅仅生动简洁地概括了昆虫体态的奇异性，还以此来生动形象地描绘其他事物。基于昆虫的生活习性，古人还创造出了许多生动的成语，如朝生暮死、作茧自缚、蜻蜓点水、飞蛾扑火、招蜂引蝶、蛛丝马迹、蜂拥而至等。其次，与昆虫有关的歇后语大量涌现，使得中国文学作品更加生动、有趣、诙谐。据统计，汉语中与昆虫有关的歇后语有 500 多个。它们借昆虫来进行赞扬或表达憎恶，进行赞扬的如“春天的蜜蜂——闲不住”“蚂蚁关在鸟笼里——门道很多”等，表达憎恶的如“苍蝇的世界观——哪臭往哪钻”“蜜蜂的哲学——口蜜腹剑”“高射炮打蚊子——小题大做”“螳臂挡车——不自量”“秋后的蚂蚱——蹦跶不了几天”等，也有的歇后语则生动形象地描绘了昆虫世界的趣味性，如“热锅上的蚂蚁——急得团团转”“蜻蜓点水——东一下西一下”“苍蝇采蜜——装疯(蜂)”等。

三、昆虫与艺术

昆虫入画在中国有着悠久的历史，商周时代的青铜器物上就发现有装饰性的蝉纹，同时期的玉器还有很多以蝉为形，作为佩戴饰物和殉葬品。魏晋开始，我国绘画艺术中形成了虫草派，专门表现千姿百态的昆虫形象；近代著名画家齐白石笔下的昆虫更是多种多样，栩栩如生，如蝴蝶、蜜蜂、蜻蜓、螳螂、纺织娘、蚕、飞蛾等。

昆虫还可以成为各种艺术品的点睛之笔。在古代，带有金属光泽的甲虫鞘翅被广泛用于装点神龛、绘画作品、手持扇子、小雕像、珠宝、纺织品等，用蒸汽熏过的甲虫翅膀可以很容易被针刺透，然后便可缝在纺织品上。比利时艺术家让·法布尔致力于用甲虫天然外壳的靓丽色彩装点艺术品，2002 年，他曾用 140 万个宝石甲虫外壳装点布鲁塞尔皇宫的天花板。克里斯多弗·马利的宝石昆虫排列，则是把宝石昆虫有序地按照预定的图案进行编排，使用昆虫的尸体来代替色块。昆虫所具有的特殊质感，为艺术作品带来了不一样的视觉享受。

而当昆虫的形象成为叙事化艺术作品中的主角，艺术作品将更添一份趣味。例如，格纳斯·穆尔的“苍蝇喜剧生活”，利用苍蝇的标本，在纸张上进行规则地摆放，结合铅笔的情景与道具描绘，制作出一个个有情景画面感的昆虫故事，可以是苍蝇在晾晒衣服、跳舞、溜冰、拔河、晒太阳等，画面简洁易懂，动感十足，诙谐搞笑，演活了一幕幕苍蝇喜剧。

四、昆虫与民俗

在中国历史上，昆虫不仅与高雅文学、艺术作品结合紧密，还融入了各类民俗活动里，丰富了广大百姓的娱乐生活。其中，以斗蟋蟀和养鸣虫最广为流传，迄今仍具有旺盛的生命力。

斗蟋蟀这项民俗活动，在中国已有千余年的历史了。宋代顾文荐在《负暄杂录》中写道：“斗蛩亦始于天宝间，长安富人镂象牙为笼而蓄之，以万金之资，付之一啄，其来远矣。”蛩在古代意指蟋蟀，这篇文章是对斗蟋蟀的最早记载。五代时期王仁裕在《开元天宝遗事》中记载：“宫中秋兴，妃妾辈皆以小金笼贮蟋蟀于枕畔，听其声。于是民亦相效之。”说的是到了秋天，宫中妃嫔们就会捉蟋蟀并用特制的小金笼圈养起来，放在枕边，听蟋蟀的鸣奏曲。可见，唐代喂养蟋蟀之风已经流传开来。而驯斗蟋蟀到了南宋才逐渐形成风气。《西湖老人繁胜录》中记载，杭州人好养蟋蟀，衍成风气，“每日早晨，多于官巷南北作市，常有三五十火斗者”。《梦粱录》中也提到，京城中有一些“闲人”，在街市上“专为棚头，斗黄头，养百虫蚁、促织儿”。所谓的“棚头”就是提供斗蟋蟀的场地，主持赛事，招徕看客，然后从赌资当中抽取一定的酬金。这一类人虽然为正人君子所不齿，却也是蟋蟀之乐中不可或缺的人物。

历史上因为斗蟋蟀而闻名的，不得不提到一位著名人物——南宋宰相贾似道，因为沉迷斗蟋蟀，他被写入《宋史·奸臣传》。他不务正业，玩物丧志，曾带着蟋蟀上朝；国难当头，作为宰相，还能悠哉写下《促织经》——世界上第一部研究蟋蟀的专著，因此他也被称作“蟋蟀宰相”。

五、昆虫与姓氏

据统计中国姓氏见于文献者有 5 600 多个，其中，以虫字部为姓者有 46 个，包括单姓 35 个和复姓 11 个。这些姓氏与昆虫的关系有以下 5 类：

(1)以昆虫的总称为姓，如《通志·氏族略》中有“虫氏、汉功臣曲成侯虫达……”中记载了著名西汉将领虫达的英雄事迹。

(2)以常见昆虫为姓，如蝉、蚕、蛾、蝈、蚁、蜚等。虫姓在中国历史上不乏杰出之士，如后魏有平东将军蛾青。

(3)以昆虫的某一虫态为姓共有 2 个，即虫氏(蚁的卵)和虫绢(蚊的幼虫)。

(4)以昆虫的产物为姓，如茧、蜜二姓。

(5)皇帝赐姓。封建时代，皇帝赐姓多用于褒奖笼络，而与虫有关时赐姓往往与迫害镇压有关。如蛸姓，原为萧，南北朝时齐武帝因巴东王萧响反叛，令萧氏改姓，赐以蛸。

在众多的姓氏中，亦有昆姓，但该姓则与真虫无缘。

在我国的文化昆虫学档案中与虫有关的国外姓氏有12个，依字母顺序依次为Ant、Bee、Beetle、Fly、Hopper、Looper、Scales和Worm，这些姓的英语或德语单词作为昆虫时分别为蚂蚁、蜜蜂、甲虫、苍蝇、跳虫、尺蠖、介壳虫和蠕虫(包括部分鳞翅目幼虫)。在这些姓氏中，英国姓者有Bee、Beetle、Fly、Looper、Scales；德国姓氏有Fliege、Mothes，后者是按英语意思列入；Hopper、Schnake既为英国姓又为德国姓；Ant为芬兰姓；Worm为德国和丹麦姓，亦按英语意思列入。另外，英国姓中还有Fleay，是不是由flea(跳蚤)衍生而来，尚需进一步研究。

六、昆虫与社会学

根据古代神话传说的记载，早期先民过着茹毛饮血的艰苦生活："昔者……未有火化，食草木之实，鸟兽之肉，饮其血，茹其毛""伤害腹胃，民多疾病"。他们那时的食物中，包含了各种昆虫，尤其是自然灾害或是其他特殊原因造成主要食物(草木果实及鸟卵兽肉)匮乏的时候，那些个体较大的昆虫肯定会成为先民的食物。自然界的昆虫数量极大，又易捕捉，而当人类发现火以后，烧烤的昆虫散发出其他兽肉所没有的独特香味，更对人类造成了巨大的吸引力，使昆虫自然而然地成为人类另一食物来源。《周礼》记载周代专有昆虫食品蚁子酱，而且有很高的身价，只有上层人物才可以吃到，或祭祀时才可以使用;《礼记》上记载蝉、蜂在当时君主们的筵宴上属于山珍海味一类高级食品。

特别值得一提的是古代养蚕。我国古代的蚕桑业十分发达，养蚕历史久远，早已形成一套十分有体系的蚕桑文化。据专家们考证，中国古代的养蚕开始于5 000多年以前，而在殷墟甲骨文中已大量出现蚕、丝等象形文字。由于蚕与人们的物质生活密切相关，所以它在古代社会中的地位十分崇高，历代统治阶级都十分重视，这也是古代养蚕发达的重要原因之一。一代又一代的蚕农不但辛勤劳动，还进行了卓有成效的研究，使养蚕技术不断进步，有关这方面的大量古代典籍，显示了在很久以前我国古代的养蚕技术就已具备了很强的科学性。例如，八代蚕的培养解决了昆虫学上的"滞育"问题，使蚕可以在一年之内连续繁殖多代，可以说这是对古代养蚕业的极大贡献。

七、昆虫与战争

昆虫还被很多将士用在战场上。相传在楚汉相争时，楚霸王项羽和汉王刘邦在垓下决一死战，楚军大败，一直退到乌江边，正当项羽要乘船渡江时突然在江边看到由无数蚂蚁组成的"霸王自刎乌江"6个大字，项羽大吃一惊，不禁仰天长叹"此乃天意，非战之过也"，于是就拔剑自刎了。其实，这只是刘邦的军师张良用的攻心计：张良料定项羽败后必退到乌江，就事先派人在江边用蜂蜜写了上述6个大字，蚂蚁闻到蜂蜜气味，便从四面八方聚集过来取食而排成了那6个字，结果有勇无谋的项羽中计自杀。

而在中国近代历史上还有很多战役是被昆虫所影响的，比如，由体虱所传播的斑疹伤寒和战壕热曾是决定战争胜败的重要原因之一。

八、昆虫与音乐和舞蹈

鸣叫昆虫的发生原理(摩擦、击打等)对乐器的研发有启发作用，各类鸣虫的鸣声给谱曲等也带来灵感，同时，还有很多昆虫的元素被写入剧本和音乐中去，比如，笛曲《花香蜂舞》原传于山东菏泽地区，唢呐曲《蜜蜂过江》流行于云南大理，最著名的莫过于《梁祝》中"化蝶"的旋律。以蝴蝶和萤火虫等昆虫为题材的音乐作品更是数不胜数。

在蜜蜂的社会生活中，工蜂担负着筑巢、采粉、酿蜜、育儿的繁重任务。大批工蜂出巢采蜜前先派出"侦察蜂"去寻找蜜源，侦察蜂找到距蜂箱100米以内的蜜源时，即回巢报信，除留有追踪资讯外，还在蜂巢上交替性地向左或向右转着小圆圈，以"圆舞"的方式爬行，如果蜜源在距蜂箱百米以外，侦察蜂便改变舞姿，呈"∞"字，所以也叫"8字舞"或"摆尾舞"。蝶类也常以"舞蹈语言"来表达同种异性之间的情谊：雌、雄蝶羽化后，便选择风和日丽、阳光明媚的天气，在林间旷野和百花丛中追逐嬉戏，它们跳着"求爱舞蹈"，互诉爱情。

九、昆虫与传播学

昆虫传递资讯的主要形式是利用灵敏的嗅觉器官识别一些信息化合物，这些化学信号在昆虫种内、种间个体联系以及食物、产卵场所和配偶选择过程中具有举足轻重的作用。昆虫不像高等动物具有专门用来闻味的鼻子，它们的嗅觉器官大多集中在头部前面的那对触角上。不同种类昆虫的触角形状不同，长在上面的嗅觉器官样子也不一样。

蚂蚁是生活在地穴中的社会性昆虫。蚂蚁出巢寻找食物，总要先派出"侦察兵"。最先找到食物的，在返巢报信的途中，遇到同巢的成员时，先用触角互相碰撞，然后再用触角闻几下地面，这样不但通过气味资讯传递了食物的体积大小、存放的位置，而且也指出了通向食物的路径。蚂蚁的这种通讯方式，被称为资讯化合物语言，这种语言只是在同一种昆虫之间传递。

资讯素又分为种内的（外激素）和种间的（他感作用物质）：前者包括性抑制外激素、性诱外激素、标迹外激素、告警外激素和群集外激素，后者包括利它素、利己素、协同素等。昆虫对这些物质的感受又可以分为嗅觉（空中传播）和味觉（接触感受）等形式。昆虫的信息素又包括性信息素（吸引异性来交配的激素）、追踪信息素（指引同伙寻找食物或归巢）、聚集信息素（又名集结信息素，它的作用就像吹集合号一样）、报警信息素（在报警时释放的一种化学物质）。

第四章 昆虫产业基础

第一节 采集昆虫

野外观察、采集昆虫是研究昆虫、保护昆虫、发展昆虫产业的重要内容和必备要素，而了解昆虫的生物学特性和生活习性等是成功采集的必要前提。昆虫的野外活动是受自身习性以及时间和温湿度等环境条件共同制约的，不同种类的昆虫往往具有不同的生活习性和栖息场所。如蝴蝶常在花丛中飞舞，在溪流边喝水休憩；蜻蜓常在河边或草丛上停息，在黄昏时捕捉猎物；蚜虫常聚集在植物叶片、茎秆上取食；粪金龟常穿梭于动物粪便之间；蚤蝼喜欢在池塘、河流等水边岸上；萤火虫等很多昆虫都是昼伏夜出；水生昆虫如龙虱、水黾等在水中或水面上就能捕捉到；生活在石头底下的底栖爬沙虫则需要用D形网模拟抓鱼那种方式捕捉；夜晚则可以通过灯诱捕捉包括爬沙虫成虫在内的很多趋光性昆虫。因此，根据不同的昆虫习性，我们要选择合适的采集、保存工具和方法。

一、采集工具

常用的采集和保存工具有：捕虫网、吸虫管、振布、筛子、灯诱工具、三角纸包、毒瓶、昆虫笼等。

1. 捕虫网

捕虫网是昆虫采集最常用的工具之一，包括空网、扫网和水网。空网主要适用于采集蝴蝶、蜂、蜻蜓等善飞的昆虫，网袋透气性强且质地柔软；扫网主要适用于扫捕草丛、树丛中隐蔽的昆虫，网袋相较于空网更加结实；水网主要适用于采集水生昆虫，使用时需要根据水域的深浅、水草的疏密来选择具体的规格。

2. 吸虫管

吸虫管适用于采集隐居在树皮、茎秆、石块、墙缝中的小型昆虫，如蚜虫、蓟马等。采集时，将吸管口对准或罩住要采集的昆虫，通过另一个吸气口将昆虫吸入容器内。容器内还可放置蘸有乙酸乙酯的棉球，将活跃的昆虫种类毒杀后，统一移入其他容器中保存。

3. 采虫筛

采虫筛适用于采集土壤中的小型昆虫，由上下开口的布袋、毒瓶和几个不同大小眼孔的圆框三部分组成。各个圆框上下套叠在一起，大眼孔框在上方，小眼孔框在下方，套入布袋中，下口扎上一个毒瓶。使用时，将野外采集的土壤，从袋口装入，提起口袋用力抖动，昆虫便被筛出，并按体型大小，分别留在不同层次的铁筛上，或落入下面的毒瓶中。

4. 灯诱工具

灯诱工具适用于采集夜间活动的昆虫，由支架、白色幕布、灯泡和电线组成。主要利用昆虫的趋光性，吸引昆虫落在白色幕布上。

二、采集方法

常见的采集方法有：网捕法、诱集法、振落法、搜索法等。

1. 网捕法

网捕法是昆虫采集中最常用的方法。当正在飞行的昆虫入网后，将捕虫网快速翻转，堵住洞口，将昆虫困在网内。捕获到的蝴蝶和蛾类，可先用手隔网轻轻捏压其胸部，使之丧失飞行能力，再转移到三角纸包中保存。捕获到的蜂类、猎蝽等昆虫，由网中取出时，要避免用手直接触碰，以免被蜇伤，最好将包裹昆虫的网底部装入毒瓶中，先熏杀后再取出。

除此以外，当没有看见目标昆虫的时候，可以在大片草地和灌丛中边走边扫网，扫的时候使捕虫网呈“8”字形摆动。这种方式采集到的昆虫不但种类多，而且个体庞大，一网常可捕获数十至数百个小型昆虫，有时也能采集到非常珍贵的稀有标本。

2. 诱集法

诱集法指的是利用昆虫对光线、食物等因子的趋性进行采集的方法，是极省力而又有效的方法。常用的诱集法有灯光诱集、糖蜜诱集、腐肉诱集和异性诱集。

灯光诱集应选择没有月光且无风的夜晚，选择一个远离光源、植物茂密、最好还有溪流的地方，将灯诱工具组装好后，稍等片刻，即会迎来各种昆虫的造访。蜜糖诱集是利用昆虫对糖蜜的趋性，在树干上涂抹一些糖浆，或在土壤中填埋含糖的容器进行诱集。糖、醋、酒是诱饵的主要原材料，诱集前将诱饵涂抹在树林边缘的树干上，或装入杯子并填埋在草丛中，主要用来诱集蝴蝶、蛾子和甲虫等。腐肉诱集则是在蜜糖诱集的基础上，在杯中放入腐肉，主要用来诱集葬甲、隐翅虫、阎甲等腐食性和尸食性昆虫。异性诱集是利用部分种类昆虫的雌性个体释放的性信息素，将距离很远的同种雄性个体诱集的方法，如舞毒蛾、天蚕蛾和盲蝽等。诱集前，将采到或饲养出的未交配的雌蛾囚于小纱笼内，挂在室外，则能诱来许多同种的雄蛾。

3. 振落法

振落法适用于采集栖息于高大树木上、不善飞行的昆虫。方法是先在树下铺上白色振布，然后摇动或敲打树枝树叶，利用昆虫的假死习性，将其振落到白布上进行收集。用这种方法可以采集到鞘翅目、脉翅目和半翅目的许多种类。没有假死习性的昆虫，如草蛉、螳螂、蝉等，受惊起飞后，可以及时用网捕捉。

4. 搜索法

很多昆虫躲藏在各种隐蔽的地方，需要用搜索法进行采集。树皮下面、朽木当中是很好的采集点，用刀剥开树皮或挖开朽木，能采到很多种类的甲虫。砖头、石块下面也是采集昆虫的好地方，可以多多翻动石块，寻找其中隐蔽的昆虫。另外，空的蜂巢、鸟兽巢穴等也可能会有许多昆虫栖息其中。搜索发现的小型昆虫，可用吸虫管吸取，或用毛笔轻轻扫入瓶中。对于枯枝落叶中的昆虫，可以连同枯枝落叶一起带回，用采虫筛进行分离。

下面以若干种食用昆虫为例，阐述一下昆虫的其他多样化的捕捉方法：用带树叶的枝条扑打，或用塑料薄膜平铺在地上将蝗虫驱赶到薄膜上，因薄膜光滑，蝗虫无法逃跑易于捕捉；蝼蛄食用其成虫，徒手捕捉，或在夜间用灯光引诱；蟋蟀和螽斯食用其成虫，徒手捕捉或用树枝扑打；蝉食用成虫，用树枝扑打或用胶杆粘，在南方一些山野的河滩边有时可见到饮水后死亡的蝉大量聚集在一起，可以收集；蜻蜓成虫、稚虫均可食用，成虫用树枝扑打，或胶粘，也可用网捕，稚虫用网具在水中捕捞；负子蝽食用成虫，用网具在水中捕捞；石蚕食用幼虫，幼虫生活于溪流中，用丝将几块石头粘在一起构成栖身之处，徒手在水中捞取石蚕的石窝，捉取幼虫；天牛食用幼虫，幼虫生活在木材里，蛀木为生，选择多虫眼的枯树枝将其划开，寻找幼虫。

第二节　养殖昆虫

资源昆虫的养殖就是在一定的人为控制条件下，使需要的昆虫能够正常生长发育，完成或部分完成其生活史。

一、养殖方式

根据养殖目的等来分，可以大致分为科研实验养殖、家庭宠物养殖和产业化养殖等；根据养殖的连续性，可以分为连续性养殖和阶段性养殖；根据养殖的方式，可以分为野外生态养殖和室内人工养殖。

科研实验养殖主要是为了科学实验，或者探索某种资源昆虫在人为养殖条件下，最适宜生长发育的温湿度、生态环境和人工饲料等的一种养殖方法，一般规模都不太大；家庭宠物养殖主要适合那些在家养殖的各类萌宠昆虫，养殖器具和方法都比较特殊，养殖的昆虫种类也有所挑选；产业化养殖则是挑选那些具有产业价值的资源昆虫，按照产业规律进行较大规模的养殖，要强调其养殖成本和效率，尽量具备生活周期较短、生物潜能高、食物要求简单等条件。

连续性养殖又称完全养殖，是指在人工控制的条件下，养殖完某种资源昆虫的完整生活周期。以家蚕为例，可以从卵开始养殖，幼虫孵化后取食桑叶，排泄粪便可得到药用部分“蚕沙”，幼虫经白僵菌感染后，可获得药用部分“白僵蚕”，幼虫老熟后吐丝结茧，可得到药用部分“蚕衣”，茧内幼虫化蛹，经白僵菌感染后，得到药用部分“僵蛹”，蛹羽化为成虫后，成虫再次交配产卵，如此世代相传。阶段性养殖又称不完全养殖，是指在自然条件下采集所需食用或药用阶段的前期虫态，在人工控制条件下进行养殖，使其健康发育至所需虫态。如中药“雀翁”是黄刺蛾的茧，茧在自然状态下极易遭鸟啄食，我们可在田间采集黄刺蛾老熟幼虫，在人工条件下养殖出需要的茧。

规模化、产业化的人工养殖可分为野外生态养殖和室内人工养殖两种方式。野外生态养殖是选择某种资源昆虫最适合的野外生态场所，进行纯自然的或适当加入人工干预的养殖方式，这种方式成本低，养殖成功率高，但养殖效率不高，不易采收，受自然条件和天气气候等影响较大，不稳定；室内人工养殖是指在已经掌握了一定养殖方法和较为成功的经验后，在室内环境中的地下池中或养殖箱中进行多个体群集繁殖，可在较短的时间内，取得大量虫体，满足产业化需要。

昆虫养殖在我国最早主要是由两类人员探索：一是科研院所专家学者，二是民间个体养殖户。两者都有局限性：科研院所主要是试验性养殖，养殖技术和设备等都较为先进，但养殖面积及数量较少；个体户的养殖规模参差不齐，场地、工具、方法等都较为原始，人力成本较高。

昆虫的规模化、产业化养殖还要注意实现标准化和自动化。任何产业只有制定标准，各个环节都要标准化，才能实现健康有序发展。其标准包括养殖的所有技术环节的标准化、产品加工和运输等过程的标准化，以及检验检疫的标准化，等等。一个产业如果只能依赖人工，不能引入自动化设备，那这个行业就只能停留在原始状态，不能产业化。自动化是利用机械设备的可自动处理性能节约人力成本，提高工作效率和品质的一致性，而要做到昆虫产业的自动化，则需要既熟悉昆虫养殖知识，又要了解自动化技术，将二者充分结合后才能设计出最适宜的昆虫养殖及加工等环节的自动化设备。养殖设备的自动化是建立在养殖技术纯熟的基础上的，否则，肯定是效果不好。自动化的养殖设备一般包括：一是各个养殖环节的自动化，基本取代所有的人力，大幅度地降低人力成本；二是用自动化设备取代产品运输等环节的搬运工人；三是用视觉设备加机器人取代检测工人。其实，在现代社会，养殖不仅要实现自动化，还有智能化、智慧化，进而实现昆虫养殖的“无人工厂”。

二、虫源

1. 卵或卵块

从野外或室内收集的卵或卵块可能带有病菌甚至寄生蜂等，饲养前，需要使用1%～2%浓度的次氯酸钠、过氧化氢进行消毒。此外，大部分昆虫的卵只有在一定湿度的情况下才能正常发育，因此，在养殖容器中可以放置一个浸水的棉球保持湿度，但也要加盖适当透气的盖子，以免湿度过高引起发霉，否则会引起重大损失，在生产实践中要特别注意。

2. 幼虫

根据不同种类昆虫的取食习性，每个养殖容器中最适的饲养数量也不尽相同，甚至养殖方式也要注意，尤其是对于那些具有自相残杀习性的昆虫，一定要注意隔离，否则会引起重大的伤亡损失。饲料可一次性供给完全，也可以中途添加或更换饲料，但需注意避开幼虫即将或正在蜕皮的时期，以免造成幼虫死亡。幼虫养殖期间的疾病（尤其是白僵菌、绿僵菌等）防控要特别注意，否则会引起重大伤亡。对于水生昆虫的幼虫养殖，要特别注意水的循环，以保证水质和氧气供应。

3. 蛹

不同种类的昆虫化蛹的场所和方式不尽相同。在室内使用人工饲料饲养时，昆虫可能在饲料表面化蛹，在容器盖或壁上化蛹，在饲料中化蛹，甚至因环境条件不适宜而不化蛹。对于爬沙虫和水生萤火虫等水生昆虫而言，需要上岸在沙土或土中化蛹，这时候，除了准备好适宜的沙土和保持适宜的湿度之外，沙土或土中的白僵菌等微生物成为它们化蛹的克星，会导致大量的幼虫在蛹期或羽化时死亡，造成重大损失，要特别注意。羽化前，需要将蛹提前放入成虫产卵笼内，并放入一些攀附物供羽化成虫鞣化。蛹期及其羽化时，最好不要打扰，否则会影响成活率。

4. 成虫

成虫的主要目的是产下后代，因此，养殖时要围绕成虫雌雄配对、寿命、营养及最佳产卵效果等开展工作。①取食：对于只吸食汁液型的成虫（比如爬沙虫、萤火虫、蝴蝶），要多提供糖水、蜂蜜水、牛奶、豆汁等液体或西瓜瓤、各类高水分的水果片等，而取食型的成虫性成熟时间相对较长，需摄入足够的营养才能更好地繁衍后代，因此，要提供足够的适宜的食物。这些都决定了成虫的寿命和产卵量等。②环境：根据不同的生物学习性，要为成虫营造最适宜的养殖环境，包括空间大小，遮阳向阳，有无栖息物、隔离物等，尤其是要提供最佳的产卵场所或器具，同时还要注意通风、光照和湿度等。

三、饲料选择

人工饲养昆虫必须及时提供充足适宜的饲料。如果饲料供应不及时、不充足，昆虫长期处于饥饿状态，生长发育就会受到影响。如果供应不及时，造成“断粮”，人工饲养的阶段性成果可能都将前功尽弃，甚至全军覆没。

要想搞好饲料或食物，首先要充分了解所养殖昆虫的食性和取食行为：是取食性的、腐食性的，还是寄生性的；是植食性、肉食性，还是杂食性；若是肉食性，是喜食活体食物(能活动的)还是死体食物(不能动的)；是广食性的还是寡食性的；最佳食物是什么，最低成本的食物是什么，最方便喂食和管理的食物是什么。延伸开来，还有其他相关问题：这些食物的最佳喂食和管理方式是什么，能否加工成人工饲料，能否将该(肉食性)饲料与昆虫一起养殖，取食后的食物残渣(尤其是水生昆虫取食肉食性食物后的残渣)如何清除，等等。一般来说，植食性的广食性的陆生的昆虫较易养殖，肉食性的寡食性的水生的昆虫较难养殖，比如，爬沙虫最喜取食水中的活体饵料，某些陆生萤火虫幼虫只取食蜗牛，这些习性都使得规模化养殖较为困难。

饲料可分为天然饲料和人工饲料：①天然饲料，是指昆虫在自然环境中通常取食的食物。天然饲料可通过人工栽培/养殖或野外采集获得，无需经过加工制作，价格便宜，但缺点是受地区或季节条件限制，难以满足规模化生产的需要。②人工饲料，是指可供昆虫食用的非自然环境中直接获取的食物，通常由营养物、成形物、助食物和防腐剂四类物质组成。营养物来自动、植物体的粗制品，成形物用来保持饲料的形状和调节饲料的物理性状，助食物主要用在植食性昆虫的饲料中用来刺激和促进昆虫取食，防腐剂主要用在含水量高的饲料中用来防止饲料变质。人工饲料不受地区或季节性限制，且可减少因天然饲料不干净而引发的病菌感染和寄生虫入侵。

四、养殖场所和器具

不同种类的昆虫由于栖息环境和生活习性的不同，需要的适宜养殖场所和器具也不尽相同。

飞行能力强的昆虫如蝗虫、蝴蝶、螳螂等，需要一个较大的空间来饲养，如大型养虫笼、温室等。大型养虫笼由木框制成，尺寸大小可按需而定；四周和顶部钉有窗纱或铜纱、尼龙纱，笼的一侧留有可开关的门；笼内设有温度、湿度和光照测定仪器，检测笼内环境条件的变化，种植昆虫喜爱的植物或养殖昆虫喜爱的食物，也可投放新鲜饲料。

在地面活动、无飞行能力或飞行能力较弱的昆虫，以及土壤昆虫，则用小型的养虫容器如昆虫缸、养虫皿等养殖。

对于水生昆虫，要借鉴水产养殖，打造立体循环养殖箱，特别注意水中氧气含量和水质的保持，再就是食物的最佳投放，还有就是幼虫遮蔽、隔离、附着物的设计以及化蛹器具的放置等，这些都是关键步骤和环节。

昆虫养殖器具的研制也需要用创意的思维，灵活处理，不拘一格。比如，中昆虫业湖北生物科技有限公司自主研发的黑水虻产卵板（图 4-1），就地取材，将当地木材加工厂的木板边角料表面刨光滑后 6 块板错位加上图钉，用胶圈缠紧就是一个很好的产卵板了，也有用竹子、硬纸板、塑料板的，低成本地巧妙地变废为宝；把废弃的油桶从中间拦腰锯开，把顶部开一个小洞，放一个连着电机的搅拌扇叶，把要处理的养殖原料倒入后，通电搅拌，就成了一个实用的原料加工器（图 4-2）。

图 4-1　黑水虻产卵板

图 4-2　原料加工器

五、昆虫疾病的防治

昆虫的养殖被称为“微家畜养殖”，和普通的畜牧养殖类似，其疾病的防控是昆虫养殖过程中的重要一环，若不注意，可能因一种疾病就会导致养殖全军覆没。因此，在昆虫养殖和昆虫产业过程中，要高度重视疾病防治。昆虫养殖过程中疾病的发病原理、预防措施和治疗措施，目前很多都是研究空白，今后，昆虫产业工作者应大力加强和重视昆虫疾病，甚至发展“昆虫养殖病理学”，像“兽医”的培养模式一样培养新一代的“虫医”，以满足将来昆虫产业的大发展。

在目前对很多昆虫得病机理和防治措施不明确的情况下，养殖户能做到的是：①预防为主，综合防治。很多疾病，只要得病，一般的防治效果都很有限，比如萤火虫感染绿僵菌后会迅速地大面积感染而很快死亡，造成重大损失。因此，要尽量地做到疾病预防，比如，在易感染期要多通风，控制湿度，全面消毒，避免污染源，及时清理食物残渣，注意长流水，不能有腐败物滋生病菌。②加强饲养管理，提高虫体免疫力。尽管经过了消毒，但环境中仍有可能存在微量病原或弱毒病原，正常情况下，通常不会使虫体致病，但当虫体自身免疫力低下时，则易感染发病。因此，要加强营养，充足喂食，强壮虫体，提高昆虫自身的免疫力。③要找到易感染疾病的敏感环节，有针对性地采取措施。比如，很多昆虫尤其是水生昆虫，在蜕皮的时候，身体非常孱弱，此时最易染病，因此，蜕皮期要特别加强管理，除了注意消毒，还要注意不要频繁惊扰昆虫，更要注意避免自相残杀，因为自相残杀导致的伤口很易感染病原菌。

第三节　拍摄昆虫

昆虫具有丰富多样的形态、色彩和行为习性，吸引着全世界自然爱好者的目光，尤其是在昆虫主题景区和野外科普活动中，很多人都想拍摄昆虫或与昆虫合影，这就涉及昆虫产业的另外一项技术——拍摄昆虫。拍摄昆虫在文化、旅游、教育等产业领域中的应用极为重要，昆虫的影像资料可以用于科学传播、分享交流、教育共进、娱乐体验等，是昆虫产业的一个有机组成部分。

昆虫的拍摄有几种情况：一种是单纯地拍摄昆虫，另一种是人与昆虫合影；一种是单纯的拍摄照片，还有一种是为活动的昆虫录像。拍摄的昆虫也可以分成如下几种情况：一种是白天的昆虫，分为陆生和水生等；另一种是夜间的昆虫，又可分为普通昆虫和发光昆虫（尤其是萤火虫）。

昆虫的体形通常都在几厘米范围内，如果使用常规拍摄方法拍得的照片，昆虫比例往往过小，无法看清特征，放大后也不清晰。随着现代照相器材的不断更新，现在我们可以使用相机的微距模式或外接微距镜头来拍摄昆虫照片，呈现出更专业的拍摄效果。即照片拍摄出来的主体要大于或等于原始主体的大小，称为放大倍率，如放大倍率 1∶1 的佳能百微 EF 100 mm f/2.8 USM 和放大倍率 1∶5 的佳能 MPE 65 mm f/2.81-5x 都是非常经典的微距镜头。

一、光圈、快门和感光度

在昆虫微距摄影中，对焦和景深控制是重要的技巧，要想熟练掌握摄影本领，理解并灵活运用光圈、快门和感光度三者之间的关系是关键。光圈、快门和感光度三者关系类似驾驶中离合器、制动和油门的关系，三者互相制衡。在光圈一定的情况下，提高感光度（ISO 增加），所需的快门速度更低；在快门速度一定的情况下，提高感光度，所需的光圈变大（F 值降低）。

同时，光圈与拍摄景深的深浅密切相关：光圈越大，景深越浅；光圈越小，景深越深。景深之外的图像在照片呈现上是模糊不清的，而景深之内的图像清晰生动，两者之间呈现出不同层次的立体感。景深的深浅要根据实际需求进行选择，如果为了突出昆虫某个生物学特性的细节方面，可以使用大光圈来虚化背景等无用信息；而如果为了展示昆虫整体形态特征，选用小光圈进行拍摄更为适宜。

二、对焦

一幅成功的微距摄影照片，精确对焦是必不可少的一个前提。微距镜头的景深非常小，在镜头放大倍率在 1∶1 的情况下，即使使用最小的 F22 光圈，景深只有 2 mm，如果在 1∶2 的放大倍率下，使用 F22 光圈，景深也大约只有 6 mm，画面非常容易模糊。拍摄过程中任何轻微的抖动，都极有可能造成对焦失败，从而导致拍摄失败，因此微距摄影要求拍摄者能够熟练运用三脚架等稳定设备来固定相机，有效防止各种抖动对成像质量的影响。使用快门线或者远程遥控进行摄影，都可以最大限度减少因人为操作抖动而导致的画面模糊。如果相机自带机身或者镜头防抖模式，也可以提前开启。

同时，使用小光圈来适当增加景深，在微距镜头浅景深背景虚化的现实和突出昆虫主体清晰的需求之间寻找一种完美的平衡尤为重要。但是光圈选择不仅改变景深，还会对快门速度产生影响，在相同感光度（ISO）情况下，光圈越小，快门速度就会越慢，所以应该根据拍摄时光线情况，选择适合的光圈大小，在满足制造景深的同时，适当扩大光圈来提高快门速度，保证昆虫拍摄的成功率。除此以外，拍摄前应将相机的拍摄模式调整为手动对焦模式，跟踪目标主题物进行拍摄，直到获得足够清晰和锐利的图片。

最后，对焦平面的选择也是同样需要注意的，通常在保持相机与昆虫翅面平行的正上方拍摄，以展示昆虫翅面的细节特征。例如拍摄蝴蝶，蝴蝶停息时的翅膀是并在背上的，最好的拍摄角度是调整相机位置，使其与蝴蝶的翅面平行。

三、光线

顺光拍摄是昆虫微距摄影中最为常见的拍摄方式，即光线直射在昆虫身上，但应避免在户外正午或光线极强的时候拍摄照片，最好选择多云或者非正午的时候进行拍摄，此时光线柔和，能充分体现昆虫体表和翅面的纹路、色彩和质感。如果光线强烈，自然环境条件不允许，可以在目标主题昆虫前放置一块柔光布，以达到散射光源的效果，也可用硫酸纸或普通打印用纸替代。此时，在相机测光模式的选择上应使用评价测光，这时我们不要做过多的曝光补偿。这种顺光拍摄方式尤其适合拍摄金龟、叶甲、瓢虫等颜色鲜艳甚至是带有金属光泽的鞘翅目昆虫。

如果想要突出昆虫翅膀的晶莹剔透感或其他细节特征，逆光拍摄是最好的，即光线正对镜头透过昆虫照射过来，利用这样的光线可以使昆虫身体边缘变得更加透亮。当被摄物体的暗面与亮面的反差较大时，要利用小型反光板为主体昆虫正面补光。同时，适当减少曝光补偿，避免画面整体曝光过度的问题。

此外，感光度（ISO）的设置也是昆虫微距摄影中非常重要的操作。较低的 ISO 可以拍摄出细腻、平滑的照片，但是低感光度却延长曝光时间，不利于抓拍。相反，较高的 ISO 虽然提高了快门速度，能更快抓拍到理想画面，但会造成照片中噪点的显著增加，从而降低成像质量。所以，在平衡照片质量和拍摄成功率的基础上，选择一个合适的 ISO 很重要。一般来说，在自然光线明亮的情况下，ISO 调节到 100～200 即可满足需求，如果光线较弱，可以适当提高 ISO 至 400～800，或者选择一支合适的环形闪光灯，降低对高感光度和大光圈的需求，同时制造出没有阴影的拍摄效果，与此同时，在主体背部使用反光板或添加光源，也能营造出一种有趣的立体感。

四、背景和角度选择

一张好的昆虫微距照片，背景的选择也十分重要。背景颜色一般选择简洁干净的纯色，而且要注意与昆虫的体色相区别，例如拍摄浅色昆虫要选择深色背景，这样可以更好地突出主体。如果昆虫翅膀颜色鲜艳，就以白色底板为背景；如果昆虫颜色较浅或翅脉不明显，可以选用绿色背景，通过明暗对比来突出标本的翅脉特征。如果现场拍摄环境不够理想，还可以自行准备一张纯色的卡纸，放在昆虫背后当作背景。

如果你希望能够拍出富有艺术感的微距摄影照片，不要只专注于抓拍被摄物的“全身照”，尝试离昆虫再近一些，用细节去填充画面，这样可以清晰准确地呈现出它们的细节特征，比如蝴蝶的翅膀、蜻蜓的复眼等，可以获得震撼人心的生动且抽象化的影像效果。

除了上述常规昆虫的拍摄，还有一类特殊的昆虫——夜间萤火虫的拍摄和摄影。萤火虫炫妙的黑夜荧光，令无数人情不自禁地想拍摄留住这人世间的神奇之光，但当我们像往常那样按下快门或拿出手机拍摄，却往往是漆黑的画面。在黑夜里拍摄萤火虫与拍摄星空比较类似，我们需要相机或手机长时间曝光来得到影像，期间轻微的抖动都会令画面产生重影或模糊，所以，拍摄萤火虫最好要借助于三脚架或手机支架的帮助。

下面，我们就相机和手机在黑暗中拍摄萤火虫的方法进行详细说明。

第一种方法是使用相机拍摄。首先我们要有粗略的画面构图，如果想拍摄数量众多的萤火虫群光斑画面，要选择一只最大光圈为 F2.8 甚至 F1.2、焦距为 16～35 mm 的定焦广角镜头，大光圈能够保证更大的通光性和成像质量，广角镜头可以有较宽的视角，但因为广角镜头的焦距比较短，可以尽量靠近萤火虫群来构图，选择好拍摄点之后放置三脚架，将相机拍摄模式设置为手动模式(M)，镜头对焦模式为手动模式(MF)，图片文件格式为 raw 专业格式，有助于我们在后期利用数码暗房技术对原片进行再次调整。建议相机 ISO(感光度)设置为 1 000～4 000，曝光时间为 15～30 秒，镜头光圈设置为最大，打开相机的显示屏显示，放大对焦点，手动旋转镜头对焦环对萤火虫的光斑进行对焦，如果光线太暗可以借助手电筒照射被摄物进行手动对焦。对焦完成之后按下快门，保持三脚架和相机处于完全静止状态直至快门曝光结束，回放照片看曝光是否合适，如果画面过亮，可以通过降低 ISO 值或减少曝光时间再拍摄一张，如果画面过暗反之再拍摄一张，通过反复调整 ISO 或曝光时间得到一张曝光适度的照片。如果想得到一段萤火虫划破夜空的视频，就以曝光适度的这张照片设置为准，打开相机的延时拍摄功能拍摄一个小时，期间保持三脚架和相机处于完全静止状态直至延时拍摄结束。

下面，以华为 P30 手机为例讲述如何使用手机拍摄萤火虫。与相机拍摄一样，手机也最好配备手机支架进行拍摄。首先选择合适角度放置好手机支架，将手机的焦距调整为广角，将手机照片格式设置为 raw 专业格式，然后进入相机专业拍摄模式，将 ISO 设置为 1 000～3 000，曝光时间(S)为 15～30 秒，曝光补偿(EV)为＋1～＋4，对焦(AF)为 MF，将滑动条滑至远山标志，远山标志意味着手机对焦点为远处，白平衡(WB)为 3 500，先拍摄一张照片回放，根据画面调整 ISO 或曝光时间直至得到一张曝光适度的照片。与相机拍摄一样，拍摄期间必须保证手机处于完全静止状态直至拍摄结束。另外，若是在室内高密度萤火虫环境下拍摄，若是安卓手机，可以打开手机自带的相机软件，选择专业模式，将 ISO 调至 3 200、快门速度(S)调至 4 秒即可；苹果手机自带的相机是没有专业相机模式的，不过苹果手机用户想要拍出更加专业的照片，可以下载 App Store 里的 Adobe lightroom，然后选择专业模式，将 ISO 调至 3200、快门速度(Sec)调至 4 秒即可。

不管是相机还是手机拍摄萤火虫，照片的后期暗房处理非常重要。手机拍摄的图片建议使用 Snapseed 应用，进一步细化调整照片；相机导出的图片可以使用电脑软件 Photoshop 对 raw 格式文件进行调整，根据弹出调节面板中的各项设置，重新调整画面的锐度、亮部、暗部、对比度和饱和度，然后生成 jpg 文件。

第五章 昆虫产业领域

随着人类社会发展，人口正在急剧增长，人类对衣食住行等资源的需求量逐渐高涨，导致地球资源危机日益加重。昆虫具有生物量大、适应性强、转化率高、繁殖速度快、分布范围广、饲养技术简单等特点，近些年来人们开始把目光聚焦于昆虫资源，开发利用昆虫资源在世界许多国家逐渐受到重视，资源昆虫产业化也成为许多昆虫科研人员的研究热点。

种类庞大的昆虫已渗透到人类生活的方方面面，在众多领域都可以成为宝贵的资源。昆虫资源的划分有不同的思路和依据。比如，有人提出“昆虫蛋白质产业”“昆虫源脂肪产业”“昆虫特种物质产业”“昆虫分泌物、代谢物产业”，甚至“昆虫病原微生物产业”。本书按照产业功能价值划分(包含了上述内容)，大致划分为食用、药用保健、观赏娱乐、饲用环保、环境监测、工业原料、生防天敌、仿生、法医、文化、授粉、科学试验等诸多领域。

需要特别说明的是，将昆虫产业分成上述领域仍不够精准和全面，未能囊括昆虫产业的所有属性。事实上，几乎所有的资源昆虫都具有若干属性而非单一属性，并或多或少地存在交叉。比如，爬沙虫既有食用价值，又有药用保健和观赏娱乐价值，还有仿生、环境监测甚至饲用(可以作为斗鸡/鸟的饲料)价值等；萤火虫是经典的观赏或旅游昆虫，同时又具有娱乐、环境监测、生防、仿生和药用保健价值等；比如家蚕(还有柞蚕、柳蚕等)，除了是经典的吐丝工业原料昆虫，蚕蛹还是著名的昆虫食品，雄蚕蛾药酒、蚕虫草、全蚕粉甚至蚕沙等都可以作为保健品，蚕宝宝还可以做成学生研学游的产品。本书撰写时只是看其主要属性或在某个研发阶段的主要产业价值。

第一节 食用昆虫

昆虫被称为人类未来三大蛋白质来源之一，全球常见的可食用昆虫主要包括鞘翅目、鳞翅目、膜翅目、直翅目、蜻蜓目等多个分类单元。现代营养分析表明，世界上近 4 000 种昆虫可供食用，可供商业开发利用的近 400 种，我国的可食用昆虫约有一两百种。许多昆虫不仅能吃，而且蛋白质含量很高，营养成分合理，是非常营养健康甚至兼有保健功能的优质食品，食用昆虫有望成为将来解决人类粮食和蛋白质安全的重要途径。

然而，目前多数人仍然谈“虫”色变，对昆虫存在天然的误解和排斥。我国历史上将水灾、旱灾和蝗灾并称为“三大自然灾害”，也认为蝗虫乃“天外飞空物”，是上天惩戒人民的手段，故不可随意食用蝗虫。甚至有人将昆虫视为异类，拒绝食用昆虫，认为吃虫是落后的表现，只有贫困人群才吃昆虫。造成这种现状的主要原因是长久以来人类对昆虫食品的曲解和误会，社会上也缺少对昆虫食品的正面宣传和科学普及，导致社会大众先入为主地对昆虫食品产生排斥感。泰国的上层社会和中产阶级普遍认为吃昆虫是“乡下人”才会做的事情，受过高等教育的人是不会吃的，目前吃昆虫的消费者仍然是极少数。事实上，据联合国统计，全球有近20亿人会食用昆虫。在热带地区，昆虫个体大，数量多，聚集成群，容易捕获，生活在该地区的人更容易接受以昆虫为食。在中国云南的边境地区，鸡肉和昆虫的混合烧烤是宴请尊贵客人时的大餐。在柬埔寨，人们把油炸或烧烤狼蛛当作美味佳肴，墨西哥人甚至把臭虫切碎，加进大蒜、柠檬和盐来烤制，最后卷在饼里做成一顿臭虫塔克。生活在秘鲁高原上的人们，世代都传承着通过采集仙人掌获取肉虫 Hauytampo 的技巧，捕到后用油锅简单地煎一下，就得到肥美的营养大餐。

人类食用昆虫的历史悠久，只是在进入农业社会后，人们发现取食其他动植物获取营养物质的效率更高，才逐步舍弃了昆虫。在公元前后，昆虫可以登上餐桌：例如，蝉在古希腊人眼里是一种奢侈的零食，古罗马人也认为甲虫幼虫是难得的美味。中国古籍《周礼·天宫》中记载了以蚂蚁为原料的菜肴，南美洲中部一些国家的土著部落中多有以昆虫为食的记录。汉朝的《礼记·内则》里面记载有“腶(duàn)脩(xiū)蚳(chí)醢(hǎi)”，蚳指蚂蚁卵，醢本义为肉酱，腶脩蚳醢也就是加以姜桂捣碎的蚂蚁卵。至今，泰国、墨西哥等都是世界上著名的“食虫大国”，中国的不少地区和个别少数民族也具有悠久的食虫历史和风俗。

一、常见昆虫食品类型

1. 昆虫原型食品

昆虫原型食品是目前食用昆虫的主要方式，昆虫原体或剪切后的昆虫经过煎炸烹炒等简单烹饪后直接食用。

华北地区的人们喜爱吃油炸蝗虫，东北和西南一带的人们喜欢吃爆炒天牛幼虫，山东、河南、江苏、浙江的人们偏爱吃油炸金蝉和干煸蚕蛹。江苏省灌云县是全国豆丹最大集散地和反季节豆丹养殖基地，常见的豆丹食用方法包括油炸和干煸。两广和云南一节人们喜欢吃竹虫(油炸和干煸)和竹象甲(油炸和爆炒)，西南地区的人们食用爬沙虫时多采用油炸和干煸。

2. 改变形态的昆虫食品

改变形态的昆虫食品通常是将昆虫研磨成粉末加入其他食品中，或者提取其中的有效成分，配伍其他食品，以肉眼无法直接看到昆虫原体的形态食用。

目前，湖北已有多个公司建立了从舟蛾体内提取脂肪酸作为食用油的生产线，吉林的部分企业将拟黑多刺蚁烘干研磨成粉推向市场，山东多家公司将野生或人工养殖的蝗虫经过挑选、脱翅、清洗、油炸、发酵等多道工序，再配以辣椒、花生油、猪肉丁、盐、芝麻等配料调和而成蚂蚱酱。

韩国有很多以食用昆虫为主题的餐厅，餐厅内提供含有昆虫粉的面条、调料、面包和冰激凌等多种食品。在墨西哥，久负盛名的鱼子酱并不是以鱼子制作，而是以蝇卵加工制作，还有以昆虫为原料制作的零食。在法国的餐厅中，多使用改变形态后的昆虫原料制作馅饼和巧克力。在泰国，由 Bugsolutely 公司推出的昆虫食品——蟋蟀通心粉已经出现在超市货架上，其中含有20%蟋蟀粉，蛋白质含量极为丰富，而生产过程对环境的负面影响很微小。美国纽约

Exo企业同样推出了蟋蟀蛋白质营养产品，路易斯安那州奥杜邦蝴蝶园和昆虫博物馆推出的昆虫食品吸引了成千上万的人来品尝。2015年，荷兰连锁超市内开始出售含有昆虫的汉堡、肉丸等食品。

3. 昆虫蛋白质食品

昆虫蛋白质食品是指从昆虫原料中提取蛋白质和氨基酸，并将其应用于食品生产。我国科研机构通过分析蚕蛹的营养物质含量，建立了提取蚕蛹蛋白质的生产线，生产了适用于婴幼儿的高蛋白质饼干。美国昆虫食品公司Six Foods通过蟋蟀蛋白质与玉米粉搭配，生产了一种名为Chirps Chips的零食，使廉价昆虫蛋白质进入了人们的日常生活。2016年，韩国将黄粉虫等4种昆虫列入普通食品原料，推进昆虫食品产业发展。韩国Edible公司将昆虫蛋白质作为可持续性蛋白质来源生产零食，昆虫蛋白质多来自黄粉虫、家蚕和蟋蟀等饲养昆虫。

4. 昆虫壳聚糖食品

昆虫壳聚糖是昆虫表皮中甲壳素分解后的产物，可用作食品生产中的添加剂，添加剂量较少但是效果显著，市场前景良好。研究发现，甲壳素的水解产物壳聚糖是支持婴儿肠道生长乳酸杆菌所必需的生长促进素，可添加在婴幼儿奶粉中。甲壳素水解生产的*D*-氨基葡萄糖对某些恶性肿瘤具有良好的疗效，对正常组织无毒副作用，可用于辅助治疗肿瘤。松毛虫蛹中甲壳素和壳聚糖可在短时间内澄清水果果汁，壳聚糖已用于制作口服胶囊。

5. 昆虫脂肪食品

昆虫体内脂肪酸含量较高，包括单不饱和脂肪酸和多不饱和脂肪酸，与畜禽动物脂肪相比，昆虫不饱和脂肪酸的含量和比例更有益于人体健康。昆虫的不饱和脂肪酸含量很高，比例可达75%，高于深海鱼油，是一般陆生动物油脂的3～4倍，凝固点较低，−30℃仍能保持油脂特性；低温超临界萃取保留了昆虫特有的抗体和抗菌肽等生物活性物质，具有特殊的保健作用；与人类皮肤亲和力强，保湿效果好；富含人体必需而自身不能合成的亚油酸、α-亚麻酸、γ-亚麻酸、二十碳五烯酸（EPA）、二十二碳六烯酸（DHA）。现有多种花生油和菜籽油商品中加入了昆虫脂肪提取物，部分深加工食品中也加入了昆虫油脂增加营养成分。

二、昆虫食品产业的未来

随着社会经济的发展和人们生活水平的提高，食品的营养价值越来越受到重视，昆虫因具有高蛋白和低脂肪等特点越来越受到人们重视。虽然昆虫食品远未普及，但发展前景看好。市场调研机构预测，到2023年，全球食用昆虫的市场价值可高达12亿元，年复合增长率为23%。根据Persistence市场研究公司的《全球可食用昆虫市场研究：行业分析及前景预测，2016—2024》报告显示，2016—2024年，全球可食用昆虫市场的年复合增长率将会达到6.1%。Global Market Insights的报告也显示，食用昆虫市场到2023年可达5.22亿美元，包括人类食品和动物饲料，亚洲，泰国、中国和越南将是主要市场。随着时间的推移，人们对昆虫食品的接受度越来越高，可接受的昆虫食品范围逐步扩大，昆虫食品资源也将得到更加充分的利用。

最近的研究表明，食用昆虫的抗氧化能力也非常高，甚至远远超过大众认知里抗氧化食品的代表——橙汁。研究人员发现，吃素的昆虫的抗氧化能力非常强，尤其是蚱蜢、蚕和蟋蟀遥遥领先。在未来，我们可以尝试采用饲养昆虫的方法来增加动物或人类摄入的抗氧化剂含量。除了抗氧化外，2018年的一项研究还发现，食用蟋蟀可以帮助促进肠道有益细菌生长，还能减少体内炎症。

目前，联合国粮农组织正通过多种方式促进人们对食用昆虫在应对食物短缺和营养失衡等方面的重要性的认识，并且吸引相关的科技工作者和立法、食品加工企业等各方力量参与昆虫食品的开发利用中来。

饲养昆虫所需的土地和资金较少，相比之下，饲养家禽、家畜所需的土地和资金要多很多。随着目前全球疫情的蔓延，可食用昆虫因其成为疾病传播媒介的风险较低、蛋白质含量较高等特点会加速全球市场的扩张。

随着合成农业和发酵农业的发展，以及合成基因组对未来食物的影响，“人造昆虫食品”也不是不可能，但那是在遥远的将来了。

第二节　药用保健昆虫

昆虫作为中药材入药在我国有着悠久的历史，迄今已有记述的药用昆虫隶属 14 目 63 科 200 多种。近年来，中国专家在多种昆虫体内发现了用于治疗肿瘤和其他重大疾病的生物活性成分，这些药用昆虫包括了斑蝥、虫草、土鳖虫、桑螵蛸、蝉蜕等。另外，药用昆虫的生物学、饲养技术、药理、化学成分以及有关制剂的研究与开发也取得一系列的重要成果。

我国药用昆虫的研究历史可分为三个阶段：临床认识阶段（19 世纪前）、全面认识阶段（1901—1980 年）和综合利用阶段（1981 年至今）。昆虫在我国医药上的研究及应用最早可追溯到公元前 11 世纪，《周礼》中记载的“五药”包括了“草、木、虫、石和谷”。历代大批医药学者对昆虫入药均有记载，包括西周《诗经》的“蟋蟀入药”，西汉《五十二病方》明确记载的昆虫药物有 5 种，东汉《神农本草经》记载了含有昆虫的复方药物 21 种，南北朝陶弘景《本草经集注》在前人研究基础上增补了药用昆虫 13 种，唐朝苏敬《新修本草》和陈藏器《本草拾遗》分别记载药用昆虫 20 种和 11 种，宋朝唐慎微《政和新修经史证类备用本草》记述虫药 52 种，明朝李时珍《本草纲目》收录昆虫药达 74 种，清朝赵学敏《本草纲目拾遗》增补昆虫药物 25 种。经过 2 000 多年中医药学者对药用昆虫的研究，明确记载了 100 种左右的昆虫药物，并且对其药效和应用范围亦有记录，为药用昆虫在近现代的深入研究奠定了深厚的实践基础。

一、常见药用昆虫

据统计，我国目前记载入药的昆虫有蜚蠊目、螳螂目和同翅目等 14 个目 239 种，不少昆虫类中药如地鳖虫、蝉蜕、僵蚕和冬虫夏草等，由于疗效确切，在临床上早已得到广泛的应用。

1. 中华真地鳖

中华真地鳖早期常被用作中药，研磨成粉后涂抹在患处用于治疗跌打损伤，药效比较好。现代医学证明，中华真地鳖具有抗肿瘤、抗突变、降血脂、缓解脑供血不足等多重功效。目前，已经有企业以食药同源的草药为辅料，采用发酵、分离、调配等技术，开发出了中华真地鳖口服液；将中华真地鳖的发酵液有机结合到酱油和醋的传统工艺中，开发出了生物活性肽酱油和醋。

2. 爬沙虫

爬沙虫是广翅目巨齿蛉属和部分大型齿蛉属幼虫的统称，主要分布在我国四川、贵州、云南、广东、广西等地。爬沙虫是珍稀名贵食疗滋补品和良药，被誉为“虫参”“动物人参”“土人参”等。现代中医学研究认为，爬沙虫性味甘温，入肾肺经，有补肺肾、止咳嗽、益虚损、扶精气之功效，适用于肺肾两虚、精气不足、阳痿遗精、咳嗽短气、自汗盗汗、腰膝酸软等症。主要治疗小儿夜尿、老人尿频。攀西地区古县志中记载爬沙虫“抑虚固本之功，治小儿夜尿神效”“性温味甘，有补气益肾、滋补强壮之功效，治老人体虚、夜尿频多和小儿尿床，如有神效”。近期药理试验证明爬沙虫还具有提高雌性生殖力和雄性精子数量、增强免疫力、延长寿命等功效。

3. 蝉蜕

蝉蜕是蝉从若虫羽化为成虫时遗留的壳，也是一味具有药用价值的中药材。中医认为其药理作用如下。①抗惊厥作用：药理研究显示，蝉蜕不同部位煎剂对硝酸士的宁所致的惊厥亦有对抗作用，因而能够延长罹患惊厥症状动物的存活期。②抗过敏作用：动物试验结果表明，蝉蜕可增强腹腔巨噬细胞的吞噬功能，能提高机体的免疫力，在皮肤过敏反应以及超敏反应中具有抗过敏作用。③镇静作用：小鼠催眠试验显示，蝉蜕可有效延长戊巴比妥钠的睡眠时间，具有显著的镇静作用。

4. 美洲大蠊

以美洲大蠊干燥虫体乙醇提取物为主要原料生产的药品康复新液，广泛应用于十多个科室多种创面相关疾病的治疗，其疗效得到了广大患者的高度认可。内服时可用于瘀血阻滞，治疗胃溃疡、慢性胃炎、胃及十二指肠溃疡、口腔溃疡等；外用时可用于修复外伤、烧烫伤、湿疹、褥疮等创面。

5. 斑蝥

斑蝥主要是指鞘翅目芫菁科中南方大斑蝥或黄黑小斑蝥，我国大部分地区均有分布。多在夏秋捕捉，加工时闷死或烫死后晒干。斑蝥成虫和幼虫体内均含有剧毒的斑蝥素，受惊时分泌，主要存在于斑蝥的生殖腺、血液及内脏中，具有攻毒蚀疽、破血散结的作用，主要用于经闭、顽癣、瘰疬、赘疣、痈疽不溃、恶疮死肌等。

6. 九香虫

九香虫是半翅目异翅亚目蝽科的瓜黑蝽，是一类较早作为中药使用的昆虫，具有理气止痛、温中壮阳、滋补脾胃等功效。《本草纲目》记载：“九香虫，产于贵州永宁卫赤水河中。大如小指头，状如水，身青黑色。至冬伏于石下，至惊蛰后即飞出，不可用矣。”《中药大辞典》载：“九香虫对于神经性胃病，精神忧郁而致的心口痛，脾肾阳虚的腰膝酸软乏力、阳痿、遗尿等症有显著疗效。”

二、药用昆虫产业的未来

1. 加强资源普查，重视基础研究

目前，我国已经对很多昆虫资源进行了调查，但是由于重视程度不够，资金投入不足，全面系统的药用昆虫普查工作还有很多工作需要做。我国昆虫的种类超过了 10 万种，已发现具有药用价值的不超过 200 种，不到总数的千分之二，而常用的昆虫种类中药不到 20 种。因此，可通过相关行政部门的统筹，设置专项经费，借助高校和科研院所甚至民间力量，全面系统调查我国药用昆虫资源,并进一步考证和鉴定文献中记载的药用昆虫学名,统一昆虫名称。此外,我国对药用昆虫资源的开发利用应出台相关政策,以保护和合理利用为前提,开发与保护兼顾,使药用昆虫资源的利用、恢复和再生能够动态循环,促进我国药用昆虫资源科学、规范与合理地利用与开发。

2.挖掘昆虫的药用价值,完善药用昆虫的养殖技术

部分药用昆虫是日常生活、农业生产上的害虫,如芫菁、黄刺蛾等,这些昆虫种类繁多,分布范围广,数量大且繁殖快,为昆虫入药提供了充足的资源。可以利用昆虫的亲缘关系,从近缘种类中发现新药源,寻找一些稀少的药用昆虫替代品。此外,野生资源的急剧减少,药用昆虫数量需求的增加,促使人工养殖药用昆虫必须尽快规模化,才能解决日益严重的供需矛盾。除了需要找到野生资源与人工养殖之间的平衡点,更需要的是抓紧完善药用昆虫的养殖技术,尽快实现规模化和工厂化生产,提供充足的药源,才能真正促进药用昆虫产业的大发展。

3.药用昆虫在开发新药和其他领域的应用

药用昆虫在治疗癌症、前列腺增生、乙肝、类风湿关节炎等疑难杂症方面取得了一定进展,冬虫夏草、蚂蚁、蚕蛾等都得到了很好的开发和利用,研制出了一大批治疗药物及保健品。但总体来看,我国对药用昆虫的研究开发还不够深入,还有很多途径可以拓展药用昆虫的应用价值:比如,不少药用昆虫的抗菌肽、免疫活性蛋白及其他活性物质都有望作为新药开发,药用昆虫在发掘新药源、治疗疑难病方面有巨大潜力,值得深入研究;药用昆虫同时也是功能性食品,其蛋白质含量高且脂肪含量低,又含有多肽等活性成分,因此,在开发功能性食品和保健品方面很有潜力;值得一提的是,人们关注较多的是昆虫蛋白类保健品,而昆虫脂质作为食用的功能性产品极为少见,目前仅见国外从蚕蛹中提取的蚕蛹油作为人造奶油。

第三节　观赏娱乐昆虫

观赏娱乐昆虫多指色彩鲜艳、形态奇特、或发光或好斗或善鸣的具有观赏或娱乐价值的昆虫,可美化生活,给人美感或增添生活情趣,有益娱乐生活和身心健康。我国在唐代就已经利用观赏昆虫开展民间娱乐活动,如斗蟋蟀、听鸣虫等。世界各国利用昆虫开发旅游景点,已经有很多成功案例。

一、观赏娱乐昆虫的价值

1.观赏价值

在我国,利用昆虫的观赏价值作为娱乐活动已有上千年的历史。观赏性是昆虫作为旅游资源的首要特性。色彩鲜艳、形态奇特、鸣声动听、好斗成性或会发光的昆虫具有极好的观赏价值,均可称之为观赏昆虫,如蝴蝶、金龟子、步甲、蟋蟀、螽斯、萤火虫、螳螂、蜻蜓、豆娘等。这类昆虫的赏玩性极高,旅游开发的潜力巨大,可以作为昆虫旅游景观和昆虫工艺品的素材。

2.科普价值

昆虫不仅种类丰富,行为独特,外形漂亮,还具有很多奇特的自然现象,如孤雌生殖、拟态现象、保护色、警戒色等。昆虫资源具有极高的科研价值和科普价值,是向公众普及科学知识、进行自然教育的很好的实物教材,尤其适合制作成标本在博物馆进行科普展示。

3.文化传承

昆虫在我国历史中被赋予了很多文化内涵,包含物质层面上的和精神层面上的。很多观赏昆虫因其独特的外表或行为等特质而成为文化领域的宠儿,广泛存在于诗词歌赋、神话传说、成语典故、书法绘画、姓氏地名、节日庆典、影视作品中,这些丰富的昆虫文化资源为发展特色主题旅游景观提供了内涵支撑。

4.生态价值

昆虫作为自然生态系统中重要的无脊椎动物种群,在保护生物多样性和维持生态平衡等方面意义重大。从生态学角度出发,在景观设计、产品设计上要突出环保特色,体现昆虫在生态链中的关键作用,使游客在观赏体验昆虫美感的同时受到环保教育,增强自觉保护环境的意识。

二、观赏娱乐昆虫类群

1.鸣声悦耳类群

欣赏鸣叫的昆虫种类主要包括同翅目蝉和直翅目蟋蟀、蝈蝈、纺织娘等。蝉的叫声高亢婉转,也是夏秋季节特有的景象,蝉在我国诗歌中一直是高雅歌者和廉洁隐士的文学形象,因此古诗中也便有了“蝉噪林逾静”“居高声自远”“西陆蝉声唱,南冠客思深”“饮露身何洁,吟风韵更长”“微月初三夜,新蝉第一声”等意境。蟋蟀因为善于跳跃和夜晚鸣叫被人称为“宵征”,因此陪伴过无数诗人的不眠之夜,“知有儿童挑促织,夜深篱落一灯明”,搅动起无数游子的思乡之梦,“昨夜寒蛩不住鸣,惊回千里梦,已三更”。

2.色彩艳丽类群

色彩艳丽的观赏昆虫主要包括鳞翅目的蝴蝶和天蚕蛾等蛾类、蜻蜓目的蜻蜓和豆娘、同翅目的蜡蝉、鞘翅目的吉丁虫等。蝴蝶体态窈窕,舞姿潇洒,翅膀鲜艳,被誉为“虫国的佳丽”“会飞的花朵”。某些水青蛾、天蚕蛾个体硕大,触角别致,颜色斑斓,动作美观,还有长长的漂亮尾突,不是蝴蝶胜似蝴蝶。蜻蜓和豆娘翅膀色泽艳丽,飞行优美,具有很强的观赏性。蜡蝉因翅面有奇特而优美的艳丽花斑而被誉为“花大姐”或“花豆娘”,吉丁虫因长有美丽的具有金属光泽的鞘翅而成为经典的观赏甲虫。

3.形状奇特类群

以外形取胜的昆虫类群主要有鞘翅目(独角仙、锹甲、天牛)、同翅目(角蝉)、鳞翅目(枯叶蝶)及螳螂、竹节虫等。独角仙体形硕大,鞘翅坚硬黑亮,雄成虫头部有一长角状突起,顶部分双叉。锹甲体型雄壮,犄角突出,外骨骼黑亮如铁锅,如昆虫中的铁甲武士。天牛触角极长,体形敦实而英武,可谓“天降神牛”。角蝉前胸背板上的突起形状奇异,颜色多变,极具观赏性。螳螂是虫国“猎人”,以兰花螳螂为代表的奇异螳螂却又成为赏玩昆虫的宠儿。竹节虫和枯叶蛾等以拟态行为著称,近在咫尺却可能发现不了。

4.动作敏捷类群

善于跳跃的昆虫种类主要有直翅目的蝗虫、鞘翅目的步甲和虎甲、半翅目的仰泳蝽等。多数蝗虫都善于跳跃,是昆虫界中跳高健将的典型,直翅目的蚤蝼不仅善跳,还能在水面和水底弹跳,非常独特。鞘翅目步甲体色浓黑,步行迅速;虎甲则光泽鲜艳斑驳,动如猛虎。仰泳蝽流线型的体形优美狭长,在水中运动时以背面朝下、腹面朝上的姿势戏水。

5. 行为有趣类群

行为观赏类群主要包括萤火虫、叩头虫、负子蝽等。萤火虫因腹部的发光器能发出荧光而为世界民众所喜爱，让人们在闪烁萤光中轻歌曼舞，倾心交谈，无疑别有一番风味和感觉。叩头甲成虫被捉在手中时会磕头，当将叩头甲腹面朝上放到地上，叩头甲会像鲤鱼打挺一样自动蹦起来。负子蝽对后代的保护堪称完美，雌成虫会将受精卵产于雄成虫背部，雄虫保护卵直到孵化，因此负子蝽也被称为昆虫王国里的贤夫和慈父。

三、观赏娱乐昆虫的开发利用途径

1. 制作观赏昆虫标本或工艺品

很多观赏昆虫色彩艳丽、外形特异，很有观赏价值和保存价值，很多商家将这些昆虫做成各类精美的标本或工艺品进行出售，比如，蝴蝶的单体标本、与植物等混合组成的蝴蝶生态画、用蝴蝶翅膀做成的蝶翅画和压膜贺卡等，还有将很多大小适中、外壳较为坚硬的甲虫等昆虫包裹于树脂中做成昆虫树脂琥珀，甚至还有人将石蚕的蛹巢做成吊坠等工艺品。

值得提醒的是，观赏昆虫的标本或工艺品的制作是该类昆虫产业化商品化的重要途径，但一定要注意用创新精神和创意产业思维，不断研发更具科技含量的工艺品，同时，还要注意行业交叉，不断推动观赏昆虫在服饰、绣品、娱乐等产业的交叉融合，诞生更多复合型创意性产品。

2. 把娱乐昆虫作为宠物进行饲养

寿命长、易饲养是常见宠物昆虫的重要特点，宠物昆虫多以鸣叫和运动能力佳见长。例如，斗蛐蛐和戏蝈蝈在我国有悠久的历史，尤其是在京津地区，具有饲养蝈蝈和蛐蛐的传统，是丰富文化生活的重要手段。目前，锹甲和独角仙等也成为广大民众喜欢的宠物昆虫而逐渐走俏市场。其实，还有更多的昆虫宠物可以挖掘，若在养殖、器具、玩法等方面加入创意性的元素，不仅仅养玩昆虫，还有情感寄托、怡情益智等作用，则会更受市场欢迎。

3. 建造观赏昆虫主题旅游景观

观赏昆虫具有天然的旅游特性和优势，可以很自然地移植和嫁接到旅游景点，从而打造一种特色的昆虫主题景观。四川、云南、贵州等省的一些林场、森林公园蕴藏着大量的森林观赏昆虫资源，结合自然环境资源改造后，建设以观赏昆虫为主要展示内容的旅游景观。一些城市设有昆虫博物馆和标本馆，一些传统动物园、游乐园等也可根据需要适当丰富，打造成昆虫主题的旅游场所。目前，蝴蝶类主题旅游景观最流行，但其实萤火虫、蜻蜓、甲虫等主题特色昆虫旅游景观也很值得开发，尤其是结合当地风俗文化和昆虫资源，将这些元素巧妙地、创意地融入文化产业及乡村旅游和乡村振兴等产业中去，或许是一条新路子。

第四节　饲用环保昆虫

随着我国畜禽养殖业的快速发展，寻找稳定和廉价的蛋白质来源更加迫切，甚至已成为制约畜禽养殖业规模化和集约化发展的瓶颈。昆虫具有高蛋白、低脂肪、低胆固醇、矿物营养丰富、营养结构合理、易吸收等优点，是取代鱼粉蛋白的希望，可以在畜禽养殖和水产行业大显身手。我们将这些主要应用在畜禽和水产行业的昆虫称为饲用昆虫。许多昆虫可以处理各类垃圾(包括餐厨垃圾、畜禽粪便、作物秸秆、菇渣菌糠、酒糟甚至塑料等),这类资源昆虫称为环保昆虫。能作饲用昆虫的种类很多(比如很多食用或药用昆虫都可以作为饲用),但更多的是环保昆虫,因此,我们将饲用昆虫和环保昆虫结合在一起讨论,称之为"饲用环保昆虫"。

一、环保昆虫的分类

饲用环保昆虫按照食性可分为三大类:腐食性、粪食性和尸食性。

1. 腐食性

包括石蛃目、等翅目、纺足目、鞘翅目的部分种类,生活在阴暗潮湿的枯枝落叶层,以动植物等腐败物质为食,为地表物质转化和循环做出了巨大贡献。

2. 粪食性

鞘翅目粪金龟科的蜣螂具有清除动物粪便的习性,粪便被蜣螂埋入土后,可有效促进植物生长,避免滋生苍蝇和传播疾病,故此蜣螂被誉为是大自然的清道夫。

3. 尸食性

包括蝇、葬甲、皮蠹等种类。它们负责清除自然界中动物的尸体,如鞘翅目埋葬甲科的葬甲,对自然界中的动物尸体具有极为敏感的嗅觉,当新的动物尸体出现后,它们会第一时间聚集在一起,使用具有挖掘功能的前足将尸体掩埋在土内,以供食用。

二、常见饲用环保昆虫

1. 蝇蛆

蝇蛆是畜禽养殖固体废弃物的高效生物转化器,畜禽养殖废弃物可经蝇蛆生物转化后生产蝇蛆蛋白和优质有机肥。饲养蝇蛆的食料是米糠、麸皮、人及畜禽粪便、猪粪、碎骨碎肉、变质肉类、餐厨垃圾等。

2. 黄粉虫

目前,黄粉虫饲养多以麦麸、米糠、作物秸秆碎屑为主,也可以掺杂一些菜市场丢弃的白菜、甘蓝、萝卜和西瓜皮边角料作为搭配。生产中可以餐厨垃圾为主,混合麦麸及米糠降低湿度,掺杂其他蔬菜废弃物饲养,可有效减少环境污染,是家禽、宠物乌龟、观赏鱼鸟、金蝎、蜈蚣、牛蛙等动物的饲料。

3. 黑水虻

黑水虻幼虫对生长环境和饲料的要求极低,能够依靠取食畜禽粪便和餐厨垃圾生活,是畜禽养殖所需蛋白质的优质来源。黑水虻生长迅速,产卵量大,食性广,吸收转化率高,管理简单,饲养成本低,因此其幼虫也被称为"凤凰虫"。黑水虻已成为与蝇蛆、黄粉虫、黄粉虫等齐名的资源昆虫,广泛用于处理畜禽粪便和餐厨垃圾,在国内外得到了广泛应用。

4. 白星花金龟

白星花金龟的成虫是农业害虫,危害很大,幼虫为腐食性,多在腐殖质丰富的疏松土壤或腐熟的粪堆中生活,不危害植物,并且对土壤有机质转化为易被作物吸收利用的小分子有机物有一定作用,在自然界中可以取食腐烂的秸秆、杂草以及畜禽粪便等,多产卵于粪堆、秸秆、腐草堆等腐殖质较多、环境比较潮湿或施有未经腐熟肥料的场所。白星花金龟幼虫是一种近年来刚兴起的处理农业秸秆等废弃物的新型环保昆虫，同时也是一种较为常用的药用昆虫。

三、饲用环保昆虫的未来

环保昆虫多用于处理餐厨垃圾、生活垃圾、畜禽粪便等，收获的昆虫可能携带有垃圾残渣或超量大肠杆菌等，仅能作为蛋白质来源使用。饲用昆虫多烘干粉碎后作为饲料添加剂使用，在加工过程中可杀死部分有害菌，用于饲养家禽可以降低生产成本。饲用昆虫与环保昆虫结合可以满足循环生产的需求。

1. 满足养殖行业的蛋白质来源需求

随着经济发展，人们对高品质蛋白质的需求量越来越大，集约化畜牧业发展导致蛋白质供需矛盾日益尖锐，因此扩大蛋白质来源已成为当务之急。世界上已有许多国家将黑水虻和蝇蛆转变畜禽粪便为蛋白质的工厂与畜禽养殖基地进行配套建设，例如韩国和俄罗斯许多的养鸡场同时也建立了养虫区间，在厂区实现了畜禽养殖和昆虫养殖的闭循环。近年来，我国的蝇蛆和黑水虻养殖不断登上央视新闻，昆虫蛋白质来源发展迅速，逐渐形成产业化，开发高蛋白、低脂肪、价格低的昆虫蛋白饲料已成为弥补畜禽养殖蛋白饲料缺失的重要途径，对于缓解人畜争粮、促进蛋白饲料多样化及降低养殖成本均具有重要意义。

2. 有效解决环保问题，促进环境保护

环保昆虫在处理餐厨垃圾、畜禽粪便和尸体、酒糟、农业有机废弃物及其他湿垃圾甚至塑料等方面具有显著和特殊的功效，是解决垃圾问题、保护环境的新路径。随着社会经济的发展，对养殖业造成的环境污染管控会进一步加强，使用环保昆虫处理畜禽粪便是较好的解决途径。近年来，在很多城市周围陆续出现了以环保昆虫消除餐厨垃圾、生产昆虫蛋白的自动化养殖工厂，年产值已超过数亿元，但这些工厂也仅仅有效利用了整个城市的部分垃圾，因此，以环保昆虫消耗餐厨垃圾进而获取昆虫蛋白具有巨大的市场前景。同时，环保昆虫还是很好的畜禽和水产饲料，其粪便和垃圾处理后的产物都是很好的肥料，因此，环保昆虫是循环农业的特色纽带。

3. 环保昆虫的未来发展思路

有关环保昆虫的开发，需要做的工作还有很多：横向来说，还需要继续挖掘更多更新的环保昆虫，尤其是适合西南地区或高海拔地区的环保昆虫，不断发掘更多种类的环保昆虫；纵向来说，要深入研究传统环保昆虫处理垃圾的种类和潜力，不断拓展这些昆虫的产业领域和价值，还要注意与蚯蚓、微生物等的组合应用，提高处理垃圾的效果。同时，还要注意拓展环保昆虫的利用价值和产业链：横向来说，要研究环保昆虫与畜禽和水产行业的融合，尤其是研究用昆虫作为饲料后对传统畜禽和水产品质的影响，以及环保昆虫粪便和处理垃圾产物的综合利用，大力发展有特色的种养殖循环产业链；纵向来说，要深入研究环保昆虫的深度开发利用技术和价值，大力提高其技术含量和高附加值，最终产生更复合的产业群，实现综合价值更高的产业交叉融合。另外，国家政策的支持、环保昆虫养殖及加工技术的完善、社会对环保昆虫的了解和接受等都是环保昆虫产业能否蓬勃发展的重要因素。

第五节 工业原料昆虫

昆虫体内含有丰富的几丁质、蛋白质和脂肪，某些种类还含有特殊的生物酶、激素、色素等，在军工、化工、医药、食品等工业中具有重大应用价值。工业原料昆虫指那些大批量地进行工厂化产品加工的原料昆虫，或是其产物可以进行大批产品加工的原料昆虫。工业原料昆虫在我国有悠久的开发使用历史，常见工业原料昆虫主要包括家蚕、柞蚕、五倍子蚜、紫胶虫、白蜡虫、蜜蜂、没食子蜂、胭脂虫等。

一、常见工业原料昆虫

1. 桑蚕

桑蚕属鳞翅目蚕蛾科，原产中国，驯化在室内饲养，故又称家蚕。养蚕和利用蚕丝是人类生活中的一件大事，在 4 000 多年前我国已有记载，至少在 3 000 年前我国已经开始人工养蚕。桑蚕是一种具有很高经济价值的吐丝昆虫，栽桑养蚕的主要目的物是蚕茧和丝绸，蚕丝在军工、交电等方面也有广泛用途。桑蚕结的茧可以缫丝，蚕丝是优良纺织纤维，是绸缎的原料；桑蚕的蛹可食用，蚕蛾和蚕粪均有综合利用，是多种化工和医药工业的原料；蚕砂枕有祛风降湿、健脑明目等功效。

2. 白蜡虫

白蜡虫属半翅目中的蚧科，主要危害白蜡树和女贞树。白蜡虫雌雄异型，雄虫分泌的白蜡可用于制作各种精密仪器，也可用于金属器皿的防湿和防锈处理，此外还可以用作润滑剂和抛光剂，在工业和医药领域均应用价值重大。近年来，医药研究表明，白蜡虫雌虫体内的多糖具有抑制肿瘤的作用，可进一步开发白蜡虫在人类重大疾病防治中的作用。

3. 五倍子蚜

五倍子蚜属于半翅目中的瘿绵蚜科，在寄主植物盐肤木上为害，唾液中的某些成分刺激叶组织细胞增生，进而膨大成虫瘿，虫瘿被称为五倍子，其药用有效成分主要是五倍子单宁，广泛应用于医药、冶金、石油、国防、化工、燃料和食品等领域。五倍子在中国的应用历史久远，成书于 2 000 多年前的《山海经》中就有记载五倍子应用。

4. 紫胶虫

紫胶虫属于半翅目中的胶蚧科，原产于东南亚热带地区，该虫雌雄异型，仅雌虫具有分泌紫胶的功能。紫胶具有绝缘、防潮、防腐、防锈等物理和化学性能，是重要的工业原料，在医药、军事、机械等行业中应用广泛。

5. 蜂蜡

蜂蜡是由蜜蜂中工蜂蜡腺分泌的复杂有机混合物，主要用于筑巢。蜂蜡中包含了脂类、脂肪酸、脂肪醇、碳水化合物等物质，具有防潮、绝缘、可塑、可燃的特性。蜜蜂蜂蜡是养蜂业的副产品之一，其应用历史悠久，现已广泛应用于工业、电讯、化工、国防和医药等领域。

二、工业原料昆虫产业的未来

1. 工业原料昆虫养殖专业化发展

具有丰富充裕的昆虫原料，才能谈得上产业发展，尤其是对工业原料昆虫产业来说，昆虫的规模化养殖显得尤为重要。为加强生产农户与应用市场的接轨，提高生产端的组织化程度，优化资源配置，增强小型农户对市场风险的抵御能力，可由基层政府牵头组织成立专业合作社，以专业合作社对接市场。同时，对于市场发展前景良好的昆虫新种类，应由政府在广泛调查基础上，寻找适宜区域进行专业化、工厂化、规模化养殖，形成规模效应，深入挖掘该类昆虫的工业价值。

2. 加大工业原料昆虫研发力度

目前，我国在部分工业原料昆虫的研究上处于世界领先地位，研究成果对产业发展起到了巨大的促进作用，但是在多数工业原料昆虫的研究中仍存在基础薄弱的现象，前端的科研匮乏严重制约了后端的产业发展。另外，由于对工业原料昆虫产品生产缺乏深入研究，导致大多数昆虫产品以初加工产品为主，高附加值的深加工产品很少，影响了我国工业原料昆虫产品的深度开发和产业链延伸。为促进我国工业原料昆虫产业的健康快速发展，政府应鼓励相关科研单位积极开展工业原料昆虫研究，解决昆虫养殖、加工、利用途径中的瓶颈问题；出台相关政策，鼓励民营资本进入工业原料昆虫的产业链，建立工业原料昆虫开发平台，研发具有高附加值的产品，实现研究、产业、资本的紧密结合。

第六节　生防天敌昆虫

天敌是作物系统内存在的、控制害虫的自然因子。按照“相生相克”的原理，有害虫就有天敌，“植物—害虫—天敌”形成“食物链”进而形成复杂的“食物网”。天敌专门取食或侵染害虫，精准控制，生态安全，对作物和其他动物无负面影响。生物防治是有害生物综合防治的重要方法之一，在环境保护、生物多样性保护及食品安全等方面具有重要的意义。

发达国家高度重视天敌的研究和应用：有专门的研究机构，如美国农业部益虫研究所、英国联邦生物防治研究所、法国国际生物防治研究中心等；有专门的重大研究项目，如欧盟生物防治框架计划、美国农业部生物防治重大专项等；推行农业生态系统的长期管理和保护策略，提供咨询、技术指导、科普等；天敌产品、植物支持系统产品等商品化程度高，企业500多家，商品化生产的天敌230余种，广泛应用于温室、果园、大田作物害虫的控制。

我国可用于生物防治的天敌昆虫资源很丰富，是世界上最早利用天敌昆虫防治害虫的国家。20世纪初，我国开始从国外引进天敌昆虫资源；20世纪末，我国在天敌昆虫资源普查、科研队伍建设、财政资金投入等方面取得了长足发展，大批天敌昆虫开始逐步进入温室和野外进行实践应用。然而，从整体上来说，我国生物防治的基础、应用及技术研究严重不足：近30年来我国生物防治的研究未能跟上经济发展；基础研究滞后，生物防治技术瓶颈问题没有解决；我国农业部“十二五”农业发展规划的其中一个目标是生物防治占30%，但现在“十三五”已经过去，才刚突破10%。我国作物系统中的害虫种类多、危害重、防治难、造成的损失大，仍然主要依赖化学杀虫剂控制作物害虫，化学杀虫剂滥用导致了很多的安全隐患。

天敌分为：寄生性天敌，如茧蜂、姬蜂、蚜小蜂、赤眼蜂等；捕食性天敌，如草蛉、瓢虫、捕食蝽、捕食螨等；病原性天敌，如细菌、真菌、病毒、线虫等，此部分本书不做重点阐述。需要说明的是，"天敌"不仅仅是"昆虫"的天敌，多数是一些害虫的"天敌"，也有些是其他有害动物（如螨虫、蜗牛及其他软体动物等）的"天敌"；"天敌"不一定是昆虫，也有些是其他的，比如螨类及上述那些病原性天敌等。一种害虫，至少有 3 种以上的天敌。大部分害虫，特别是双翅目、鳞翅目害虫，有非常多的天敌害虫（如斑潜蝇有 30 余种天敌，水稻螟虫有 20 余种天敌）。

一、天敌昆虫的分类

1. 捕食性天敌昆虫

捕食性天敌昆虫在生长发育和繁殖过程中需要捕食猎物补充营养，按照食性范围的广度可分为多食性天敌昆虫、寡食性天敌昆虫和单食性天敌昆虫。多食性天敌昆虫（如蜻蜓和螳螂）捕食目标范围广，捕食对象不仅包括昆虫，还有其他动物种类。寡食性天敌昆虫的食谱范围相对较窄，主要捕食生活习性相似或近缘的类群，如盔唇瓢虫亚科的天敌昆虫主要以盾蚧和蜡蚧为食，而食螨瓢虫主要捕食叶螨等。单食性天敌昆虫通常仅取食一种昆虫，例如澳洲瓢虫仅取食吹绵蚧一种害虫。

2. 寄生性天敌昆虫

寄生性天敌昆虫会在生命周期中某个时期或终生附着于其他寄主体表或体内，依靠吸食寄主体内的营养物质维持生存。根据寄生性天敌昆虫依靠寄主存活时寄主的虫态变化情况，可分为单期寄生和跨期寄生，其中单期寄生可分为卵寄生、幼虫寄生、蛹寄生或成虫寄生等四种类型。卵寄生如松毛虫赤眼蜂、平腹小蜂等仅寄生于寄主的卵中，幼虫寄生如椰心叶甲啮小蜂仅寄生椰心叶甲的幼虫，蛹寄生如广大腿小蜂等寄生蜂仅在寄主的蛹期寄生，成虫寄生如金龟子寄蝇仅寄生金龟子成虫。跨期寄生指寄生性天敌昆虫发育过程中需要经过寄主的 2～3 个虫态才能完成发育，如广黑点瘤姬蜂等。

二、常见天敌昆虫

1. 赤眼蜂

赤眼蜂，顾名思义是红眼睛的蜂，不论是单眼还是复眼都是红色的，属于膜翅目赤眼蜂科的一类寄生性昆虫。赤眼蜂的寄主范围很广，包括鳞翅目、双翅目、鞘翅目、膜翅目、广翅目、脉翅目、同翅目等 7 个目，44 个科，203 个属，400 多个种。其中以鳞翅目的昆虫最多，占 28 个科。赤眼蜂资源丰富，分布广泛，应用面积大，防治害虫对象多，在粮食安全生产、无公害食品、有机食品生产中的害虫生物防治中发挥着重要作用。

2. 丽蚜小蜂

丽蚜小蜂属膜翅目中的蚜小蜂科，是营孤雌生殖的专性寄生蜂，既可通过在烟粉虱若虫中产卵控制烟粉虱的数量，又可通过取食烟粉虱若虫体液杀死靶标害虫。中国于 20 世纪 80 年代从英国引进丽蚜小蜂，后投入大量资源进行了基础科学研究，在丽蚜小蜂生物学特性、饲养繁殖、控害能力、商品化生产等方面取得了一系列重要成就。

3. 平腹小蜂

平腹小蜂的幼虫营寄生生活，寄主范围广，绝大多数平腹小蜂为卵寄生蜂，主要寄主为半翅目和鳞翅目，也会对寄生鳞翅目卵的黑卵蜂科和姬蜂科等膜翅目的卵进行寄生。平腹小蜂常见种类如荔枝蝽平腹小蜂和大蚕蛾平腹小蜂，荔枝蝽平腹小蜂在我国华南地区分布广泛，可寄生多种荔枝蝽的卵。大蚕蛾平腹小蜂常寄生在鳞翅目蛾类卵内，在自然界中寄主较为专一，也曾在林业上用于防治松毛虫，也取得较好防治效果。

4. 白蛾周氏啮小蜂

白蛾周氏啮小蜂是姬小蜂科周氏啮小蜂属的一种昆虫，是最先发现于美国白蛾蛹内的内寄生天敌昆虫，具有寄生率高，繁殖能力强，雌雄性比大等优点。利用白蛾周氏啮小蜂防治美国白蛾在辽宁、山东、天津、陕西、河北、北京等地应用，取得了良好效果。白蛾周氏啮小蜂是一种优势寄生蜂，对美国白蛾等鳞翅目有害生物"情有独钟"，能将产卵器刺入美国白蛾等害虫蛹内，并在蛹内发育成长，吸尽寄生蛹中全部营养，同时还寄生于杨扇舟蛾、榆毒蛾和柳毒蛾等鳞翅目害虫，素有"森林小卫士"之美誉。

5. 东亚小花蝽

东亚小花蝽属于半翅目中的花蝽科，是蓟马、蚜虫、叶螨、粉虱及多种鳞翅目害虫如棉铃虫、棉红铃虫、黏虫卵和初孵幼虫的重要捕食性天敌。东亚小花蝽具有年周期中发生早、繁殖数量多、存活时间长、捕食对象杂、分布范围广、飞行能力强等特点，是农田生态系统中应用开发价值较高的杂食性天敌昆虫。

6. 异色瓢虫

异色瓢虫是农业生产中重要的杂食性捕食性天敌之一，可以捕食多种蚜虫、介壳虫、鳞翅目害虫卵以及其他害虫，对多种害虫高效的控制能力使其在生物防治领域具有重要意义。异色瓢虫在幼虫期与成虫期均能大量捕食多种靶标害虫，每只幼虫每天对蚜虫的捕食量高于120只，每只成虫平均每天对蚜虫的捕食数量高于160只。

7. 七星瓢虫

七星瓢虫具有食量大、产卵多、适应性强、年发生代数多等特点，对蚜虫、粉虱、叶蝉等重要害虫具有很强的捕食能力。由于七星瓢虫相对于其他天敌昆虫优势显著，因此七星瓢虫在世界范围内的生防研究中受到重点关注，目前用来防控危害辣椒、黄瓜、桃子、苹果、玫瑰、苜蓿和棉花等经济和园艺作物的蚜虫。

8. 中华通草蛉

中华通草蛉幼虫较为活泼，活动能力强，对蚜虫的控制作用尤为明显，被称为"蚜狮"，是粮食和经济作物上多种害虫的重要天敌，对蚜虫、叶蝉、介壳虫、粉虱、木虱、蓟马等多种昆虫的卵和初龄幼虫有明显的控制作用。

三、生防天敌昆虫的未来

与国际相比，中国的天敌昆虫防治技术全面并跑、个别领跑，技术并不落后，但产业发展相对缓慢和落后，其主要原因和对策如下：

首先，农产品优质不优价。农民即便使用了天敌昆虫防治害虫技术，生产的优质农产品在市场上也不一定多卖钱。特别是绿色或有机农产品在市场上鱼龙混杂，这种现实情况极大地影响了农民使用天敌昆虫的积极性。因此，要尽快建立以第三方机构为主导的天敌昆虫评价标准，从国家层面认证第三方评估机构，承担国内大宗天敌昆虫产品的质量抽检、送检、纠纷质检的任务，扭转当前国内天敌产品质量参差不齐等局面，促进国内天敌产品市场的规范化。

再者，政府对天敌昆虫产品的采购政策不完善也是原因之一。与化学农药相比，天敌昆虫作为一项公益性事业，它带来的生态和社会效益远大于其经济价值。近年来，我国积极推进农作物病虫害专业化统防统治，但大部分资金用于采购或补贴化学农药和用药机械，用于天敌昆虫产品的资金寥寥无几。天敌昆虫产业不能没有国家的采购支持。应尽快建立省级为主的天敌昆虫政府采购制度，增加其在绿色防控补贴的最低采购限额。将建立天敌昆虫生产工厂纳入动物、植物保护工程，加大财政资金投入，建立天敌工厂。天敌企业和科研单位联合攻关，加快关键技术突破和科技成果转化。

此外，缺乏大规模的天敌昆虫生产车间和经销商、代理商等，也都是产业化推进缓慢的重要原因。中国与国外有着不同的农业管理体制，必须要趟出中国特色的生物防治之路。农民有需要，国家有政策，市场有保障，技术就能落地开花。未来我国天敌昆虫产业化发展分五个阶段：产品、技术、服务、整体化解决方案和标准。目前，我国处在技术研发阶段，核心是标准，中国一定要引领标准，只卖产品是最低级的。

同时，我们还要采取措施保护好当地自然天敌昆虫种类和资源：①慎用农药：在防治工作中，要选择对害虫针对性强的农药品种，尽量少用广谱性的剧毒农药和残效期长的农药。选择适当的施药时期和方法或根据害虫发生的轻重，重点施药，缩小施药面积，尽量减少对天敌昆虫的伤害。②保护越冬天敌：天敌昆虫常常由于冬天恶劣的环境条件而大量减少，因此采取措施使其安全越冬是非常必要的。例如，七星瓢虫、异色瓢虫、大红瓢虫、螳螂等的利用，都是在解决了安全过冬的问题后才发挥更大的作用。③改善昆虫天敌的营养条件：一些寄生蜂、寄生蝇在羽化后常需补充营养而取食花蜜，因而在种植园林植物时要注意考虑天敌昆虫蜜源植物的配置。有些地方在天敌食料缺乏时(如缺乏寄主卵)，要注意补充田间寄主等，这些措施有利于天敌昆虫的繁衍。

利用天敌昆虫对害虫进行生物防治的方法在20世纪中期就已经得到了广泛的应用，尤其适合在温室大棚中使用。保护地空间相对密闭，害虫总量不受外界害虫种群影响，天敌昆虫释放后不易逃逸，因此在温室大棚中释放天敌昆虫来进行害虫防治具有良好可控性。我国地域比较宽广，在不同地区病虫害也存在差异，靶标害虫种类变化较大，因此，要因地制宜挖掘新的天敌昆虫，扩大生物防治的应用范围。

将来的生物防治和天敌昆虫的使用，要采用新型害虫生态安全管理的技术体系：采取的措施必须有利于自然控制因子发挥作用，在不同地理区域的不同农业生态系统中，协调作物—害虫—天敌之间的关系而制定害虫防控技术体系，包括天敌昆虫的释放和增殖，作物的协同应用和科学布局，蜜源植物、诱集植物、库源植物等功能植物的利用，协同配合和应急技术等，尤其是基于对“寄生蜂等天敌昆虫既是天敌昆虫，又是访花昆虫”的新认识，要科学种植蜜源植物、花粉植物、显花植物，为天敌昆虫提供蜜源花粉，把缺乏显花植物的“农田果园”建成“花园”。

最后需要强调的，在应用天敌昆虫进行生物防治的时候，还要注意创新性的施用方式。比如，实施嵌入式生物防治技术，发展生态植保。针对蚜虫类害虫，实施“紫藤—紫藤蚜—异色瓢虫—防控蚜虫—保护作物”模式，针对粉虱类害虫，实施“紫藤—紫藤蚜—龟纹瓢虫—防控粉虱—保护作物”模式，针对红蜘蛛类害虫，实施“花生苗—饵料叶螨—深点食螨瓢虫—防控叶螨—保护作物”模式，针对蛴螬类害虫，实施“有机废弃物—黄粉虫—东方蚁狮/泰山潜穴虻—植食性蛴螬—保护作物模式”。甚至还可以实施天敌昆虫的组合应用技术，如异色瓢虫/蚜茧蜂组合防控烟蚜、泰山潜穴虻/白僵菌组合防控蛴螬类害虫等；还要注意开发新颖的隐形的天敌昆虫，并创意性地延伸产业或产业链。比如，可以用窗萤等陆生萤火虫幼虫防治铁皮石斛、蔬菜、园林中的蜗牛，防治烟田的蛞蝓，同时，用萤火虫代言生物防治，从而发展“萤火虫生态/有机景观农业”，打通一二三产业，形成一个以天敌昆虫为纽带的产业链。

第七节　环境监测昆虫

环境保护是中国可持续发展的根基，从生态学的角度出发，利用昆虫对环境进行监测和评价是环境保护的创新措施。环境监测昆虫是指能对环境中污染物产生特定的定性反应并显示污染物是否存在的昆虫类群。利用昆虫对环境进行监测可以在不同空间尺度上进行，如昆虫个体监测、昆虫种群生态监测和昆虫群落监测。

一、环境监测昆虫类群

根据环境监测对象的区别，可将环境监测昆虫分为 3 类，分别是水体环境监测昆虫、土壤环境监测昆虫和空气环境监测昆虫。

1. 水体环境监测昆虫

在不同水域中生活的昆虫种类，主要取决于水的温度、矿物质、有机质和 pH 等，因而水体中生活着的不同适应性的昆虫种类可反映出水体的污染状况。在同一水域中，水生昆虫的群落结构的变化反映着水质变化的程度，根据水生昆虫对水质污染的耐污性高低不同，可以检测和评价水体污染情况。基于这种原理，水生昆虫已成为水质生物监测的主要指示生物。目前，理论上可应用于水质监测的水生昆虫主要有鞘翅目、双翅目、半翅目、鳞翅目、蜻蜓目、广翅目、脉翅目、蜉蝣目、襀翅目、毛翅目等十来个目的百余种水生昆虫。其中，实际应用最广泛的是蜉蝣目、襀翅目和毛翅目三大类群。

2. 土壤环境监测昆虫

经济发展需要不断开发并占用大量土地资源，在土地上进行工厂建设可能会给土地带来重金属和油污污染。杀虫剂、杀菌剂和除草剂诞生以来，每年有数以百万吨计的化学品用于农业生产，在土壤中造成了大量残留。生活垃圾中有机物腐烂后得不到合理处置，不仅污染浅层土壤环境，下渗后也会污染地下水。土壤环境监测昆虫一般体型较小，生命周期中全部或部分生活在土壤中，以土壤中的有机物为食。因此，土壤中环境变化严重影响土壤昆虫的存活和生长发育，进而导致土壤昆虫的种群数量发生极大变化。生命周期中有部分阶段生活在土壤中且对土壤环境变化较为敏感的昆虫均可用作土壤环境监测，如直翅目、蜚蠊目、等翅目、革翅目、鞘翅目、缨翅目、鳞翅目、半翅目和同翅目等，常用的土壤环境监测昆虫有步甲、隐翅甲、蚂蚁等。

3. 空气环境监测昆虫

大气污染物包括了二氧化硫、甲烷、氮氧化物和臭氧等气体，通过直接和间接的途径影响环境中昆虫种群的数量。空气污染物对昆虫主要通过3个途径产生影响：空气污染物直接作用于虫体影响其生长发育和繁殖；空气污染物作用于昆虫赖以为生的植物，通过昆虫取食影响其种群数量；空气污染物作用于某种昆虫所在食物链的上下游生物，通过影响上下游生物的种群数量影响昆虫的数量。另外，大气污染可能改变昆虫中的分布区域、性别比例、种群密度和求偶行为。常见的空气环境监测昆虫有：杨树麦蛾（常在大气污染较为严重的中心区域发生较重）、吉丁虫（空气污染林区吉丁虫的种群密度高于未被污染区）。

二、环境监测昆虫的未来

1.挖掘环境指示昆虫的新类群

为某种或某地区环境建立相应的环境评价体系是保护环境的前提。随着经济发展，人类的经济和社会活动范围不断扩大，随之而来的是对环境资源的开发范围不断扩大。在进入新环境后，人类活动对新环境的影响需要谨慎评估，寻找新环境中特有的环境监测昆虫类群，对在新环境中建立环境污染评价技术体系具有十分重要的意义。

2.明确环境监测昆虫的生物学特性

中国自然环境的类型很多，环境复杂性导致不同环境中具有不同的环境监测昆虫，而对于这些环境监测昆虫的生物学特性，一直缺乏深入的研究。明确环境监测昆虫的生物学特性，测定其孵化时间、生长发育时间、化蛹时间、成虫寿命、成虫产卵量等生物学特征，有助于利用昆虫评估污染对环境的影响。

3.建立环境监测昆虫与环境保护的量化关系

目前，使用环境监测昆虫评价环境的健康程度时，多以昆虫种群密度作为主要甚至唯一的评价指标。在未来的研究中，应着重探索环境监测昆虫与环境保护的量化关系，将环境监测昆虫的卵孵化率、幼虫生长发育速度、蛹期长度、成虫寿命和产卵量纳入环境评价技术体系，建立上述指标与环境健康评价的量化关系。利用环境监测昆虫以科学的量化方法评价环境健康程度有助于保证监测效果，扩大环境监测昆虫的使用范围。

第八节　传粉昆虫

授粉是地球上多数植物物种延续和进化的必要条件，更是众多植物农产品结出丰硕成果的重要保障。在自然界中，近九成的显花植物、75%的作物需要昆虫授粉才能完成繁殖，与人类关系紧密的作物中约有三成以上属于虫媒植物。昆虫授粉能提高作物产量，改善果实品质，提高种子发芽率，增加营养成分。

全球农业对传粉者的依赖程度显著升高，传粉者对全球作物生产做出了巨大贡献。比如，蜜蜂是90%作物类型的授粉者，授粉价值高达3 000亿元/年，与1/3的美国农产品相关，总价值190亿美元/年。

一、传粉昆虫的主要类群

传粉昆虫是指在采集植物蜜源的同时在不同植物间完成花粉传递的昆虫，也叫访花昆虫。具有传粉功能的昆虫类群繁多，涉及十多个目，其中鞘翅目、鳞翅目、膜翅目、双翅目、直翅目是较大的类群。在全部传粉昆虫种类中，膜翅目约占 40%，双翅目约占 30%，鞘翅目约占 15%，其他类群如半翅目、缨翅目、直翅目、毛翅目、同翅目等共约占 15%。

1. 鞘翅目

鞘翅目昆虫食性杂，部分种类以花粉和花蜜为食，具有传粉功能，其主要类群包括花金龟科、天牛科、金龟科、隐翅甲总科、花萤总科和叶甲总科等。

2. 鳞翅目

鳞翅目的传粉类群主要是蝶类的全部类群、蛾类中的日出性类群、夜晚吸食花蜜的夜行性蛾类。蝴蝶依靠嗅觉和视觉确定花朵的位置，并判断花朵是否适合获取花蜜，对红、蓝、黄和橘黄色视觉敏感，多选择具有上述颜色的花朵。蛾类在夜晚的视力比较弱，典型的蛾媒花多为白色，散发浓郁的花香和甜味。以蝴蝶和蛾类作为传粉昆虫的植物，其花颈部一般较为细长，仅有蝴蝶和蛾类的虹吸式口器才能到蜜腺。

3. 膜翅目

除了广腰亚目和细腰亚目中部分营寄生功能的种类，膜翅目的大部分种群均有传粉功能。在膜翅目中，蜜蜂总科的身体结构发生了特化，成虫身体覆盖有长毛，足和腹部的长毛组成了采集花粉的器官，口器特化成嚼吸式口器，有利于取食花粉和加工花蜜。榕小蜂是膜翅目昆虫特化程度最高的一种传粉昆虫，部分榕小蜂甚至只为一种榕树传粉，多数种类具有与蜜蜂类似的花粉采集结构。

4. 双翅目

双翅目传粉昆虫主要有食蚜蝇总科、丽蝇科、麻蝇科、虻科、小花蝇科和大蚊总科。食蚜蝇总科的成虫与蜂类相似，在日光下有访花行为，取食花蜜和花粉，并完成花粉传递。蝇类成虫没有进化出专门的花粉采集结构，仅能依靠体毛携带少量的花粉。在温度较低的季节，蝇类昆虫是传粉的主力军，例如黑带食蚜蝇、巨尾阿丽蝇和黑边家蝇是能够在低温条件下为蜡梅传粉的少数几种昆虫。

二、传粉昆虫的功能

1. 保障作物生产

在人类种植的作物中，约有 75%的种类需要依靠昆虫完成授粉过程，而野生植物中，除了极少部分可自花授粉，绝大部分需要依靠昆虫授粉。据估计，2005 年全世界的粮食总产值约为 160 万亿欧元，而依靠昆虫授粉获得的作物产值远高于 6 000 亿欧元，约占全球粮食总产值的 40%。在全球自然灾害和战争频发的现实情况下，保障粮食增产和稳定性供给是世界各国政府重要民生目标，传粉昆虫是稳定全球粮食安全供给的基础。

2. 提高农作物质量

近期研究发现，传粉昆虫授粉是影响作物营养物质含量的关键因素之一。分析相同作物经昆虫传粉和人工传粉受精结出的果实发现，昆虫传粉组的果实中蛋白质、不饱和脂肪酸和维生素的含量均显著高于人工授粉。同时，昆虫传粉可以使植物得到充足的授粉机会，并减少人工授粉对子房和植株造成的机械损伤，提高不同植株间的杂交频率，产生杂交优势，增加粮食作物的营养物质，如蛋白质和淀粉的含量，提升油料作物种子中的含油量，改善园艺作物瓜果的果形，提高维生素等营养物质的含量。因此，昆虫授粉在作物生产中对作物质量的提高作用不可小视。

3. 保护物种种质资源

保护物种种质资源是保护地球生物圈中生物多样性的基础，种类丰富、功能多样、分布广泛的传粉昆虫在种质资源保护中发挥了重大作用。科研人员对珍稀濒危植物和农林经济作物所需的传粉昆虫进行了大量研究，传粉昆虫对保护濒危野生植物种质资源的作用也受到了更多科研人员的关注：约有40种昆虫可为国家保护植物鹅掌楸进行传粉；由昆虫完成的异花授粉是提高重庆特有濒危植物缙云卫矛种子质量的关键因素，对该植物种群维护具有重要作用；特化的传粉昆虫与澳洲兰花之间形成了紧密的协同进化关系，当传粉昆虫减少时，该种兰花的种群数量也出现显著下降，从而影响兰科植物的生存。因此，保护传粉昆虫对保护野生濒危植物种群意义重大。

4. 环境监测、评价与预警

传粉昆虫与自然环境相互依存并随自然环境变化而变化，因此传粉昆虫的丰富程度对于环境监测具有重要的指导意义。蝶类对环境中污染物敏感程度较高，对环境因子改变的生物响应较为迅速且明显，在现代环境保护和监测中，蝶类昆虫一直作为指示性生物，也是唯一用来评估其他生物濒危程度的无脊椎动物，因此，分析某区域内蝶类昆虫的类群组成、多样性及动态变化趋势，可预警气候变化对该地区生态环境稳定性的影响。

三、传粉昆虫产业的未来

1. 中国传粉昆虫资源普查

中国地域广阔，气候多样，昆虫种类繁多，具有传粉功能的昆虫种类比例也很高，但目前仍有许多种类尚未发现，对于传粉昆虫资源的发掘和基础生物学等方面的研究仍需进一步深入，才能为全面应用授粉昆虫打下坚实的研究基础。

2. 重视传粉昆虫与植物的网络关系

目前的研究多以某种植物为研究目标，关注点也是在统计分析能为单种植物授粉的昆虫种类和数量，忽略了自然界中植物与昆虫在长期共存过程中建立的网络式协同进化关系。因此，探索多种传粉昆虫与农作物和野生植物之间通过授粉形成的协同进化关系，明确不同种类传粉昆虫在生物网络中对多种植物授粉能力的差异，将有助于厘清传粉昆虫与植物之间的传粉机制。

3. 挖掘并培育高效传粉的昆虫类群

随着中国经济的发展，人们对健康生活水平的追求越来越高，高品质农产品尤其是有机农产品，多数需要昆虫协助完成授粉。对于农作物而言，授粉并坐果是收获的关键前提。蜜蜂授粉一直被视为高品质大田和保护地农作物及园艺作物的最佳授粉方式，而近期研究发现，熊蜂在多种环境条件下对作物的传粉功能优于蜜蜂。自然界中昆虫的种类约有上百万种，不同种类昆虫的传粉能力尚缺乏比较研究，因此，挖掘具有高效传粉功能的昆虫新种类并将其进行规模化、集约化、标准化生产，有助于建立绿色农产品的生产技术标准并降低生产成本。

第九节　昆虫仿生

仿生学是20世纪中叶出现的一门新兴科学，主要以生物体的结构、功能和作用原理为研究对象，并将研究成果应用于工程技术中，模仿生物原理设计生产的机械产品性能更加优越。仿生学的出现为人类开辟了向自然界学习的道路，拓宽了人类改造世界的视野，一经出现就表现出强大的生命力。仿生学诞生的时间较短，但研究成果颇为丰硕。种类庞大、形态各异的昆虫是重要的仿生对象，科研人员对昆虫的复眼、触角、足、翅及身体其他结构进行了深入研究，研究成果层出不穷。

一、常见昆虫仿生应用

1. 昆虫复眼仿生

昆虫复眼的结构极为独特，视觉功能水平优异，是仿生学的重要研究对象。科学家根据昆虫复眼的功能原理研发了同位复眼相机，根据蜻蜓复眼的结构发明了侦测功能强大的相控阵雷达。对于蚂蚁和蜜蜂复眼的研究也结出了丰硕的成果，偏振光导航仪就是根据蚂蚁和蜜蜂复眼功能研制的。模仿甲虫视动反应的生理学机制发明了空对地速度计。由于昆虫复眼的功能极为多样化和复杂，根据昆虫复眼获取视觉信号的加工方式，法国科学家发明了仿昆虫复眼的视觉导航装置及昆虫机器人。

2. 昆虫翅仿生研究

昆虫的翅在其飞行过程中表现极为优异。蝴蝶的翅表面布满了鳞片，当气温变化时，鳞片的角度也会随之产生变化，根据阳光直射的方向调整角度，决定对阳光吸收和反射的比例。当气温升高时，鳞片会将大部分热量反射回空气中，当气温降低时，蝴蝶将鳞片紧贴翅面，吸收大部分阳光中的热量，维持体温在适宜范围内变化，科学家将这种控温原理用在了卫星温度控制上。卫星发射到太空中之后，阳光直射时卫星温度可能会上升到200℃，严重影响其使用寿命。科学家在卫星表明安装了类似蝴蝶翅面鳞片的控温叶片，会根据阳光直射角度有调整控温叶片的角度，以此实现卫星的温度控制，确保卫星功能正常运转。

3. 昆虫巢穴仿生建筑

蜜蜂蜂巢中单个蜂房呈正六边形，其底部由3个相同的菱形组成，大量单个蜂房组合在一起时对于建筑材料的使用量最低，但其结构极为坚固。人们仿照蜂巢结构制作了多层架构的板材，具有强度大、质量轻、隔音好、保温佳的多种功能，是建筑建材及制造航天器材的理想材料。

白蚁丘内部空间结构复杂，从底部到顶部，空间结构呈现树枝状分布，在白蚁丘顶部与外界相连，在白蚁丘底部，也有微小的横向开口与外界相连。在白蚁丘内部，热空气从底部上升到顶部并通过开口排出，新鲜空气从底部横向开口进入白蚁丘，以此完成内部气体交换。在维持内部温度基本恒定的前提下，实现了内部空气循环。世界上有许多借鉴白蚁丘原理的建筑，比如非洲高原国家津巴布韦建设的东门商业中心大楼，塑造了良好的通风系统，在削减能耗的前提下，成功降低了建筑物内部的温度，为现代建筑节能设计提供了良好的借鉴范本。

4. 昆虫嗅觉仿生

昆虫触角上的气味结合单元数以万计，因此昆虫对气味分子的敏感性远超绝大多数动物。昆虫对化合物气味分子的行为具有可塑性，通过训练，昆虫能对不同的气味分子呈现不同的反应，因此在安全检查中昆虫具有良好的应用前景。在实际生产中，模仿昆虫触角识别气味分子的原理，设计一种能与特定气味分子结构的感受元件，当特别气味分子与其结合时，感受元件产生电流，因此实现气味分子的检测，这种感受元件在环境检测、爆炸物寻找、煤矿瓦斯监测等方面应用广泛。

二、昆虫仿生发展前景

1. 昆虫仿生机制的深入研究

早期昆虫仿生多以模仿昆虫表皮、外形、结构为主，仿生研究成果多关注于机械结构，对于工业生产产生了极大的推动作用。随着对昆虫生理生化研究的深入，昆虫生理和生化反应机制对于现代工业化生产也具有极大的启发作用。一些甲虫在自卫时，可喷射出高温高酸的液体，借此驱逐天敌。上述液体对昆虫本体伤害也较大，为避免损伤，昆虫在储存自卫液体时，将不同成分隔离储存，需要时才会进行混合，然后立刻喷出。军工科研人员根据这种原理，研制出了延时爆炸的弹药。随着对昆虫生理生化反应机制研究的深入，将会有越来越多的昆虫生理生化机制用于昆虫仿生产业。

仿生学的基础是生物学，制约仿生学研究深度的重要原因之一就是对包括昆虫在内的很多生物的基础研究不够。因此，要想把昆虫仿生学及其产业深入推进，昆虫基础生物学及其仿生机制的深入研究是基础。

2. 昆虫仿生范围的不断扩大

昆虫分类学的发展使越来越多的昆虫进入科研人员的视野，越来越多的昆虫种类成了仿生对象，昆虫仿生学也随之发展。最新研究发现，蚤蝼不仅弹跳能力很强，而且还可以在水面和水底弹跳，同时，蚤蝼是用前足和中足走路，后足平时就折叠起来以备弹跳，这些都可以成为仿生的素材。近年在亚马孙雨林中新发现了一种蚂蚁，其触角节间极短，根据其特点开发了一种弯曲灵活的显微探头。为减少探头对人体组织的损伤，取消了探头顶端发光的功能，代之以可夜视的摄像头，另外更换了制造探头的材料。显微探头节间距非常小，实现了探头在人体内灵活转弯的功能。探头上有许多小孔来辨别气味和接受声音。目前，这种探头已用于医学，可有效减少外科手术造成的损伤。目前，新发现昆虫种类的数量以每年上万种的速度增加，昆虫仿生对象的范围也会逐步增加。

第十节　文化昆虫

文化昆虫是指能够美化或丰富人们文化生活、推动人类文明进步的昆虫，包括赏玩昆虫、鸣叫昆虫、发光昆虫、打斗昆虫、节日昆虫和图腾昆虫等。文化昆虫学形成于20世纪改革开放之初，是一门文理交叉的昆虫学学科，主要研究昆虫对人类文学、语言、艺术、民俗、娱乐等文化领域的影响。中国是一个文明历史悠久的国家，在绵延至今的中华传统文化和现代文化中充斥着丰富的昆虫文化元素，因此，梳理总结昆虫文化对于继承和发扬传统文化以及开发昆虫文化产业具有重要意义。

一、文化昆虫学研究领域

1. 昆虫与文学

我国文学中曾出现了很多描述昆虫与古代生态文化的文学作品，这些文学作品反映了当时劳动人民对自然界的认知水平。许多文学家创造出了大量的寓言、成语和故事，如庄周梦蝶、螳臂当车、飞蛾扑火、蜻蜓点水、金蝉脱壳、蚕食鲸吞、蛛丝马迹等，以哲学的形式和凝练的语言总结人类的社会活动。在人类文学中，昆虫不仅是一种生物，更被文学家赋予了广泛的象征意义。唐代诗人虞世南的一首《蝉》传唱千古："垂緌饮清露，流响出疏桐。居高声自远，非是藉秋风。"诗人通篇描述蝉的外形和鸣叫，其寓意深远，目的在于告诫世人，做人需立身高处，品行高洁，不趋炎附势。

2. 昆虫与语言

语言是人类进行社会活动的产物。在人类活动中，接触自然界并认知自然界中的生物，以语言进行沟通，由此逐渐产生了文字。因为汉字是象形文字，所以与昆虫相关的文字多具有虫偏旁部首，中国汉字中有许多与昆虫相关。虫是汉字众多的偏旁部首之一，是中国简体和繁体汉字的基本构成元素，也是中国语言文化的基本构成单元。以虫为偏旁部首的汉字，在甲骨文中已经出现。古代中国对于动物的分类与来自西方的动物分类体系有较大差异，将所有的动物分为"羽、毛、昆、鳞、介"5类，这种分类单元中甚至包括了一些神话传说中的动物，例如"羽"中以凤凰为首，"毛"中以麒麟为尊。因此，在汉字中具有虫偏旁部首的汉字并不一定指代昆虫，可能被现代生物分类科学归入了其他动物类群。具有虫字偏旁部首且与昆虫相关的汉字，也可能只是指代昆虫身体部分或产物，如"蛹"和"蜕"等汉字。部分具有虫偏旁部首且指代昆虫的汉字一般都用于描述常见的大型昆虫，如蜻蜓、蟑螂、螳螂、蜜蜂、蝴蝶、螽斯、蜉蝣、蝗虫、蝈蝈、蟋蟀、蜡蝉、蝼蛄、蚕、蛾、虻、蝉、虱、蜻、蠹等。

3. 昆虫与艺术

昆虫绘画在中国具有悠久的历史。青铜器诞生于夏商与西周时期，在此时的青铜器上，已经铭刻有蝉的纹饰。部分纹饰较为写实，与实物极为相似；部分纹饰虽有形变，但神韵十足。与此同时，在墓葬考古中还发现了蝉形的玉饰和陪葬品。在稍晚的秦汉时期，昆虫在服饰和壁画中变得更为常见，中国国家博物馆中收藏有西汉时期的金蚕。清代画家蒋溥为乾隆皇帝绘制了一本名为《秋丛佳趣图》的画册，其中绘制了数十种花草和昆虫，主要描述描绘秋日里昆虫活动的生动画面。近代画家齐白石先生的画作中，昆虫入画极为常见，如蝴蝶、蜜蜂、蜻蜓、蟋蟀、螳螂和蝈蝈等。

4. 昆虫与民俗

在上百万种的昆虫中，一些种类被喻为美好和吉祥的象征，其中的典型代表便是蜜蜂和蚕。蜜蜂产蜜，家蚕纺丝，因此人们常将蜜蜂和家蚕作为生活甜蜜和辛勤劳作的象征，两种昆虫在婚礼中代表了吉祥如意。人们常在花丛中见到蝴蝶成对起舞，在民间宗教中，也常将死去人的灵魂视为蝴蝶，梁山伯与祝英台"化蝶"的故事便是其中经典的代表，同时蝴蝶又表达了人们对美好爱情的向往。西方国家婚礼上，亲属常用蝴蝶表达对新婚夫妇的美好祝愿，目前中国人也开始接受举办蝴蝶婚礼。贵州盛宁县一带的布依族每年都会举行蚂螂节，蚂螂节的主角就是蝗虫，在此节日中，农民使用稻草扎成的草球从稻田中驱赶蝗虫，以求稻谷丰收，逐渐形成了以草球在田中击打祈求减少虫害、获取丰收的美好祝愿。

二、文化昆虫产业的未来

1. 加强当地昆虫文化的梳理和挖掘，奠基昆虫文化产业

全国很多地方都有历史悠久、丰富多彩的昆虫民俗和文化资源，但由于这方面的人才不多人们对昆虫文化重视不够，导致很多地方对昆虫文化的梳理和挖掘力度远远不够，更遑论发展昆虫文化产业。《山东昆虫民俗文化研究》一书通过对山东食用昆虫民俗文化、昆虫崇拜民俗文化、昆虫婚恋民俗文化、鸣虫民俗文化、昆虫节日民俗文化等方面的考察，阐释了昆虫民俗事象的概念、特征、功用及发生、发展和演变的基本规律和其体现的审美价值、民族观念等文化内涵，并剖析了这些昆虫民俗事象的生活性和当代性，值得各地和相关专家借鉴。

2. 挖掘传统和现代昆虫文化，打造昆虫文化产业

首先，要充分利用好传统昆虫文化，“老树发新芽”，结合现代文化元素，推出昆虫主题文学、书籍、玩具、饰品、礼品、演艺等新型文化融合产业；其次，还要根据最新昆虫学研究成果和现代社会实情，凝练推出现代昆虫文化，打造具有时代精神的昆虫文化产业，比如，根据萤火虫发光等生物学习性，可以提炼出“一生点亮只为你”的爱情文化、“囊萤夜读”的励志文化、“为爱发光”的情感文化和“黑暗中的一点萤光”的积极社会精神，从而延伸出一系列的文化产品。

3. 挖掘昆虫民俗文化，打造文化旅游景区

中国各地昆虫民俗文化众多，结合旅游规律，打造昆虫民俗文化特色景区，是避免旅游景区同质化竞争、拓展旅游项目的新途径，尤其是与当地风俗和特色文化等结合起来，更是具有鲜明的地方特征。在文化基地建设中，可深入挖掘昆虫文物的艺术价值，致力于打造以稀有昆虫繁殖保育和展示区为载体，集合科学研究、休闲旅游、昆虫创意文化、昆虫产品开发为一体，以产、教、研、学、用、游融合为目标的昆虫生态文化产业园。

第十一节 法医昆虫

在案件侦破过程中，被害人死亡推断是法医学诞生以来最为困难的问题，但是死亡时间判断又是命案侦破的关键线索。法医昆虫学是利用尸体上或尸体附近昆虫种类及生长发育程度推断被害人死亡时间的科学。法医昆虫学对死亡时间的推断另辟蹊径，尤其对死亡时间较长尸体的推断已被大量案件证实具有一定的优越性。

一、常见法医昆虫种类及应用虫态

命案现场发现的昆虫卵、幼虫、蛹及成虫均是法医昆虫学中的重要证据，昆虫的虫蜕、残肢、粪便、蛹壳等也具有重要价值。早期研究发现，与尸体相关的昆虫不仅存在于尸体上，而是分布于以尸体为中心、半径为 10 米的环形区域内。多数取食尸体的蝇类幼虫发育成熟后，会离开尸体钻入周围的泥土中化蛹。鞘翅目大隐翅甲幼虫和成虫常隐藏于尸体周围，以蝇类幼虫或成虫为食。因此，在采集证据时，不仅要调查尸体，也要调查尸体周围的地面和地下。

1. 蝇类成虫

初羽化蝇类成虫是极为关键的昆虫证据，可用于准确推断尸体死亡的最短时间。初羽化成虫的外部特征明显：刚从蛹壳中钻出时，体表灰白色，翅未展开，仅能在地面爬行；羽化一段时间后，体表完全着色，翅已展开，虫体洁净，但仍不能飞行。初羽化成虫飞行能力差，可以使用烧杯或捕虫网扣捕。尸体上有蝇类成虫活动时，可以使用捕虫网在尸体上方挥舞，使蝇类成虫进入网袋，随后将成虫放入毒瓶。对于其他小型蝇类，可以使用洗耳球和吸虫管。每种蝇类采集10只左右，采集过程中拍照记录。

2. 蝇类幼虫

现场采集幼虫时，首先在尸体周围收集老熟幼虫，然后在尸体上收集尚在取食的幼虫。应使用镊子或铁勺尽可能多地采集幼虫样本。尸体不同部位的昆虫样品应分别存放，注明采集时间、地点及采集部位，将标签纸贴在样品瓶上。在有幼虫存活的条件下，应采集一些幼虫放入养虫盒，带回实验室饲养观察。室内养殖时要及时提供食物，养殖所用的笼网需密封，防止幼虫逃逸。不同种类的幼虫需分开养殖，防止自相残杀。

3. 蝇类蛹

在蝇类的整个发育时期内，蛹期长度约为总长度的50%，可用于推断尸体死亡的最短时间。在室外现场中，蝇类的蛹多数分布于以尸体为中心、半径为10米的土壤中。在地面坚硬的室内现场中，幼虫会选择在墙角、地板缝隙、地毯下等隐蔽的场所化蛹。在死者的衣服缝隙或口袋内等隐蔽处也可能发现蝇蛹，但乌足锡蝇金蝇和蚤蝇等个别种类会选择在尸体上直接化蛹。蝇类幼虫多在土壤深度1～10厘米范围化蛹，因此在调查时，应充分挖掘尸体周围的泥土，仔细筛查分离。蛹采集过程中需拍照留存并做好标签。

4. 甲虫成虫

甲虫成虫是否存在受昆虫生态群落演替规律的影响，这种演替变化程度可用于推断尸体死亡时间。在尸体现场，甲虫成虫的数量通常较少，因此建议全部采集。甲虫采集时，常用镊子夹取，或直接戴上手套捕捉。甲虫成虫采集后直接放入浓度为80%的乙醇溶液中保存，同时做好标识。

5. 甲虫幼虫

甲虫幼虫通常爬行迅速且行踪隐蔽，因此在调查时需仔细搜寻，可使用镊子并戴好手套捕捉。尸体上甲虫幼虫数量较少，每种幼虫的采集量尽可能大于10只。收集的甲虫幼虫部分放入浓度为80%的乙醇溶液，部分放进养虫盒内饲养。皮蠹及郭公甲幼虫以干肉饲喂，其他甲虫幼虫以鲜肉饲养。大隐翅甲及阎甲是捕食性昆虫，应仿照其自然习性，饲以蝇蛆或蝇蛹。甲虫幼虫需单独饲喂，避免自相残杀。

6. 甲虫蛹

甲虫蛹的数量受幼虫数量影响且一般少于幼虫数量，常存在于隐蔽场所，因此在调查时务必仔细耐心寻找。甲虫蛹常分布于髓腔和颅骨内、衣服内侧或者尸体周围的地面下或土壤中。其保存方法与幼虫类似，部分浸泡于浓度80%的酒精溶液内，剩余的饲养于养虫盒内。

二、常用推断指标

法医昆虫的发育历期、虫体长度和蛹期变化均可作为死亡时间的推断指标。

1. 发育历期

特定昆虫种类在特定温度下的发育时间是相对恒定的，卵期、幼虫期、蛹期是恒定值。为了根据昆虫的发育阶段判断尸体死亡时间，在实验室内常通过恒定梯度温度试验（12℃、16℃、20℃、24℃、28℃、32℃、36℃）测定供试昆虫的发育历期，建立温度与昆虫发育时间长度的函数关系。在应用时，通过测量案发现场的温度，观察现场法医昆虫的发育程度，计算出尸体死亡时间。

2. 体长

在恒定温度下，幼虫体长与温度呈函数关系。通过这种函数关系，可准确推断在不同温度下幼虫的生长日期。根据法医昆虫幼虫的体长推测死亡时间只适用于其取食期，当法医昆虫脱离取食期后，其幼虫体长不再变化甚至缩短，此时幼虫体长不再适于推断死亡时间。

3. 蛹期变化

蛹期变化与温度和时间长度密切相关，目前已建立蛹内虫态（z 轴）、时间（x 轴）、温度（y 轴）的三维等虫态线。在命案现场，通过测量温度并观察虫态变化，以此方便、快速、准确地推测命案的发生时间。

第十二节　科学试验模式昆虫

在科学研究过程中，多种动物被用于生命科学探索试验。科研人员以昆虫为试验材料获得的科研成果极为丰富，果蝇等模式昆虫为生命科学试验做出了卓越的贡献。昆虫试材具有许多其他生物无法比拟的优点，现在已有多种昆虫作为模式物种进行科学试验，将科学试验模式昆虫进行产业化、标准化生产是一个新兴的昆虫产业。

一、科学试验模式昆虫的优点

1. 饲养技术简单

昆虫养殖过程中，一般不需要准备特殊的仪器设备。对于日行型昆虫，在室内养殖试验用昆虫时，只需要确保养虫室内光照充足，空气流通性良好，温度按照实验需要保持恒定或按规律变化。对于夜行型昆虫，在养殖时需要为其提供遮蔽物或隐藏所。饲养昆虫的技术简单易学且易掌握，可将饲养技术标准化，有助于培育生理生化及形态标准化的试虫。

2. 饲养成本低廉

昆虫养殖活动空间需求较小，较小的体型也限制了昆虫对饲料的需求量，体型较小意味着单虫取食量较少。多数昆虫仅取食植物，标准化饲养过程中，大批量种植少数种类植物的成本低廉。对于肉食性昆虫，为其准备植食性猎物的成本也较低。昆虫活动空间和饲料需求量是标准化生产中的重要成本，昆虫对活动空间和饲料的低需求将有助于减少标准化饲养的成本。

3. 生长周期短暂且可调

对于多数昆虫来说，其生命周期以天为单位，如蚜虫的生命周期仅 30 天左右。在自然条件下，多数昆虫一年之内可发生多代，部分昆虫一年发生一代，仅有少数昆虫多年发生一代。昆虫体型越大，一年内发生多代的可能性越低。昆虫的生命周期可通过调节温度、光照和食物供给等饲养条件进行调控，对于一年发生一代和多年发生一代的昆虫，可通过调控饲养条件缩短生长发育时间，在短时间内获得商品虫供试。在一定温度范围内，提高饲养温度有助于缩短生长发育时间，降低温度有利于延长生命周期。

4. 试验昆虫按需培养

在试验昆虫培养过程中，饲养环境均为封闭式，养虫室通过空气净化系统与外界进行气体交换，隔绝了试虫与外界进行基因交流的可能，有效地减少了病原微生物对室内昆虫的污染，避免了杀虫剂等因素对试虫的干扰。在温度、湿度、光照和饲料均一致的前提下，更容易获得形态和生理标准一致化的试验昆虫。

二、常见科学试验模式昆虫种类

1. 黑腹果蝇

在所有的模式生物中，黑腹果蝇久负盛名，也是目前被人类研究研究最为透彻的无脊椎节肢动物。黑腹果蝇生命周期极短，在室温饲养条件下，约 10 天即可繁殖一代。黑腹果蝇对饲养条件要求极低，普通水果即可满足其生长发育需求。相对于成虫体型，黑腹果蝇产卵量较多，且卵体积较大，易于进行试验操作。黑腹果蝇在生物遗传、发育、生理、行为、代谢等研究领域做出了卓绝的贡献，应用范围极为广泛。

2. 家蚕

家蚕不仅是一种资源昆虫，也是自然科学的重要试验材料。家蚕的发育过程属于完全变态，生命周期包括卵期、幼虫期、蛹期和成虫期，四个时期的外部形态和生理机能完全不同。目前已完成家蚕的基因组测序，全基因组框架图和精细图已制作完成，作为模式生物，家蚕在遗传学、分子生物学，细胞生物学、生物反应器、发育生物学等领域应用广泛。

3. 蜜蜂

随着生命科学的发展和人们对蜜蜂认知的深入，蜜蜂的应用价值已从一种经济昆虫拓展到模式昆虫，目前饲养和应用范围较广的是中华蜜蜂和意大利蜜蜂。作为一种社会性昆虫，蜜蜂在社会行为、性别决定、品级分化、群体免疫等方面的研究对于人类社会管理具有重要的指导和借鉴意义。

4. 赤拟谷盗

赤拟谷盗是一种全球性的储粮害虫，危害多种农副产品。赤拟谷盗繁殖能力强，生命周期短，饲养所占空间小，饲养管理简单，适于作为模式生物。目前，该昆虫已完成基因组测序，其基因组复杂程度比果蝇更接近人类，在昆虫免疫比较、性选择、种群遗传等研究领域具有其他昆虫不可比拟的优势。

三、科学试验模式昆虫的未来

1. 饲养技术标准化

自然科学试验的一个重要特征是可重复性。为了确保不同科研人员重复试验时可获得相同的试验结果，在试验过程中使用一致性和标准化的试验材料是保持这种可重复性的必由之路，模式昆虫饲养的标准化、专业化和工厂化是解决这一矛盾的最佳方法。采用标准化技术饲养的昆虫，因为饲养环境温度、光周期、光照强度、相对湿度、饲料相同，出产的试虫可在一定程度上确保标准化。

2.模式昆虫定制化

生命科学中应用较多的模式生物小白鼠已可根据试验目的和方案进行个性化定制，供应商可通过基因定点突变和基因敲除满足试验需求，对于模式昆虫商品而言，根据试验需要进行个性化定制仍属相对空白地带。近年来，基因敲除新技术发展迅速，已在多种蝗虫和果蝇等昆虫中成功实现了单基因定点敲除。作为模式昆虫供应商，在保证商品模式昆虫标准化饲养的基础上，采用分子生物学新技术为市场提供个性化模式昆虫定制不仅有利于缩短科研周期，也有利于实现科研材料的标准化，为科研成果的可信性和可重复性奠定材料基础。

第二篇

昆虫创意产业理论与实践

第六章 创意产业

第一节 创意学概论

一、创意与创意学

什么是创意?《现代汉语词典》的解释是指“有创造性的想法、构思等”。创意是要超越界限,跳离现有框架,将既有的元素打破、拆解、增删后,重新组合,以呈现新的风貌、功能或意图。创意是一种通过创新思维意识挖掘和激活资源组合方式进而提升资源价值的方法,是打破常规的哲学,是破旧立新的创造,是具有新颖性和创造性的想法,是不同于寻常的解决方法,是一种产品、营销、管理、体制、机制等方面的突破与改变。

创意学是从创意的整体出发,通过创意思维和创意行为来研究创意的内涵、功能、产生、发展规律的综合性学科,是一门新兴的边缘性交叉学科。

二、创意的特点

1. 突破性

创意的突破性是多方面的:一方面,创意是由外而内的一种突破,是产品、营销、管理、体制、机制等方面的突破;另一方面,创意是由内而外的突破,即创意的自我突破、自我革新。在当下“互联网+”的信息化时代中,信息的瞬息万变也决定了创意扮演着十分重要的角色。

2. 发展性

创意具有发展性,创意是不断地自我迭代与颠覆,人因为创意和创意的不断突破而向前发展。创意的过程实际上就是前进与发展的过程。

3. 系统性

创意的系统性是指创意的过程是一个系统而综合性的过程,它是逻辑思维、形象思维、逆向思维、发散思维、系统思维、模糊思维和直觉、灵感等多种认知方式综合运用的结果。并非所有的创意都是可行的、有效的,片面思考所产生的创意是没有多大价值的。

4. 越界性

在社会发展前进的过程中,创意促成不同行业、不同领域的重组与合作。通过越界,寻找新的增长点,推动文化发展与经济发展,并且通过在全社会推动创造性发展来促进社会机制的改革创新。

第二节 创意产业概论

一、创意产业的不同定义

“创意产业”这一新术语的出现有其自身的背景和语境。新术语和新行业的出现往往意味着对旧术语和旧行业的反思与批评，反映了对旧行业的理论范式、现有机制、政策趋向和实际运作的调整。

创意产业的兴起一方面是对当今互联网时代产业的机制、政策和运作的总结；另一方面也是对传统产业缺乏创造性的批评。创意产业的根本观念是通过“越界”促成不同行业、不同领域的重组与合作，通过越界，寻找新的增长点，推动文化发展与经济发展，并且通过在全社会推动创造性发展，来促进社会机制的改革创新。在这个“越界”的过程中，人的主观能动性就会被极强地发挥出来，这个跨界融合的过程便是我们对现有的产业模式划分不合理性的批判与反思，在当今全球化和城市化的时代，人们对信息获取的渠道与效率产生了质的革新，并在将获取到的信息进行整合与优化的过程中逐渐模糊了产业的边界，而是通过新技术、新思维、新模式将产业的边界进行淡化，激发了内容的活力。

从广义的角度来讲，创意产业又可以叫创造性产业，是指那些从个人的创造力、技能和天分中获取发展动力的企业，以及那些通过对知识产权的开发可创造潜在财富和就业机会的活动。但在当今“互联网＋”的时代，“创意”的边界正在模糊与不断变化，所以狭义的“创意产业”可定义为“运用创造性智慧进行研究、开发、生产、交易的各种行业和环节的总和，是一种通过人为的创意行为对产业进行赋能与提升后的新产业模式”，这里的创意行为可能是全新的技术、文化、服务，等等。

二、创意产业的基本特点

创意产业有三个基点：一是它与文化、艺术、设计、体育和传媒行业相关；二是它是新创业的、有新的文化创意和运作方式的企业；三是从事创意工作的雇员超过先前同类行业10％，这一条甚至成了划分是否成为创意产业的实操标准。

从经济学角度进行研究，凯夫斯在其《创意产业》中，为创意产业归纳了七个特点：①创意产品具有需求的不确定性；②创意产业的创意者十分关注自己的产品；③创意产品不是单一要素的产品，其完成需要多种技能；④创意产品特别关注自身的独特性和差异性；⑤创意产品注重纵向区分的技巧；⑥时间因素对于一个创意产品的传播销售具有重大意义；⑦创意产品的存续具有持久性与营利的长期性。

创意产业是具有自主知识产权的创意性内容密集型产业，它有以下三方面含义：①创意产业来自创造力和智力财产，因此又称作智力财产产业；②创意产业来自技术、经济和文化的交融，因此创意产业又称为内容密集型产业；③创意产业为创意人群发展创造力提供了根本的文化环境，因此又往往与文化产业概念交互使用。

第三节　创意产业发展现状

一、世界创意产业发展现状

在当今世界，创意产业已不仅仅是一个理念，而是有着巨大经济效益的现实产业。约翰·霍金斯在《创意经济》一书中明确指出，全世界创意经济每天创造 220 亿美元，并以 5%的速度递增。在一些发达国家，增长的速度更快，美国达 14%，英国为 12%。纵观全球，发达国家的众多创意产品、营销、服务，吸引了全世界的眼球，形成了一股巨大的创意经济浪潮。各发达国家的创意产业以各自独擅的取向、领域和方式迅速发展，展现了一幅创意产业全球蜂起的热烈景象。从国际上创意产业的发展来看，英国、美国、澳大利亚、韩国、丹麦、荷兰、新加坡等国都是创意产业的典范国家，这些国家都有自己的发展特色，并产生了巨大的经济效益。

以英国为例，近十年来，英国整体经济增长 70%，而创意产业增长 93%，显示了英国经济从制造型向创意服务型的转变。2000 年创意产业增加值已超过 500 亿英镑，占国内生产总值的 7.9%，年增长率是其他产业的 3 倍，达到 9%；提供岗位 115 万个，占总就业人数的 4.1%。2001 年，根据英国文化媒体体育部发表的《创意产业专题报告》，当年英国创意产业的产值约为 1 125 亿英镑，占 GDP 的 5%，已超过任何制造业对 GDP 的贡献；2001 年，创意产业占总增加值(GVA)的 8.2%。2002 年，软件取代服装成为最大的创意产业，创意产业增加值达 809 亿英镑，创意产业成为英国第二大产业(仅次于金融服务业)；到 2002 年 6 月，创意产业雇佣总人数为 190 万，其后继续增长，成为该国雇用就业人口最多的的第一大产业。2003 年，英国首相战略小组指出，用就业和产出衡量，伦敦创意产业对经济发展的重要性已经超过了金融业。一年中伦敦的境内外游客在艺术文化方面的花费超过了 60 亿英镑。政府对创意产业采取了税收优惠等政策性扶持，创意产业成功推动了英国出口，有效地抵补了货物贸易逆差。

在美国，创意经济是知识经济的核心内容，更是其经济的重要表现形式，没有创意，就没有新经济。阿特金森和科特于 1998 年明确指出，美国新经济的本质，就是以知识及创意为本的经济，新经济就是知识经济，而创意经济则是知识经济的核心和动力。美国人发出了“资本的时代已经过去，创意的时代已经来临”的宣言。

1997 年的亚洲金融危机促使韩国政府开始改革，提出“设计韩国”战略，把文化创意产业视为 21 世纪最重要的产业之一。为推动文化创意产业的发展，韩国政府还设立了文化产业局，并于 1999 年通过了《文化产业促进法》，明确鼓励文化、娱乐等产业的发展，成立了文化产业振兴院，作为辅助机构协助将文化创意内容衍生成文化产品。事实证明，这条道路是走对了。从 1999 年到 2001 年的 3 年时间里，几乎是一夜之间，以韩国大众流行文化为代表的“韩流”一举进占中国文化娱乐市场。“韩流”文化出口主打产品为游戏、电视剧、电影。“韩流”文化产品出口不仅为韩国赚取了大笔外汇，更为国家形象的提升立下了汗马功劳。在政府大力扶持下，韩国的文化创意产业发展迅速，游戏、电影等产业突飞猛进。

二、中国创意产业发展现状

近年来，中国创意产业有很大发展，尤其是香港、台湾地区，创意文化产业正在以前所未有的速度迅速崛起。上海、深圳、成都、北京等城市积极推动创意型行业的发展，正在建立一批具有开创意义的创意产业基地。创意产业是文化艺术创意和商品生产的结合，包括表演艺术、电影电视、出版、艺术品及古董市场、音乐、建筑、广告、数码娱乐、电脑软件开发、动画制作、时装及产品设计等行业。

2012年2月9日，全国政协教科文卫体委员会办公室、中国创意产业联盟、人民政协报社等单位共同举办“创意产业发展”座谈会，全国政协副主席厉无畏出席会议并发表重要讲话。与会者就我国创意产业的现状和发展前景进行了广泛的讨论和交流，包括促进国家设计产业发展的相关政策建议、建设“创想乐园”的构想、转变文化资源配置机制的方法、文化创意产业发展所应引领的作用等。与会者认为，应采取加大政府扶持力度、紧抓产学研结合、发挥中国创意产业联盟作用、搭建产业开发研究院等措施，推动我国创意产业向前发展，使我国从“创意产业大国”逐渐成为“创意产业强国”。

我国创意产业的理论研究已有相当的基础，一批全国及各地的文化产业发展的蓝皮书出版，一批西方文化创意产业的报告和著作发表，一批文化创意产业的案例研究也已发布，取得了较好的成果，但与飞速发展的现实相比仍不相称，特别是对总体发展战略的研究还很不够，对国外创意产业发展的理论基础、政策制定、产业布局、人才战略的研究还不够深，对美国、英国及欧盟其他国家、日本、韩国、澳大利亚创意产业的各自特色与取向还缺乏深入细致的探讨。因此，我国创意产业的发展仍然需要一个更加富有开拓性的理论先导，需要系统化与体系化框架的搭建，需要创意人才与学者的深入思考。

目前，我国文化创意产业还是市场不成熟、需求不稳定、产业链尚不完整的风险产业，又是有效需求高速增长、市场前景十分广阔、经济效益非常诱人的朝阳产业。创意产业的发展不能仅仅依靠政府的动员与政策支持，还必须有实质性的产业发展与推广。要建立一个总体发展规划，确定未来若干年发展的政策导向，完善和优化创意产业发展的内部与外部的环境，研究和探讨如何以高新技术带动传统产业的升级换代，构成与完善创意产业的产业链条，建设一批以高新技术为基础的文化创意产业园区，加强创意项目作为风险产业的辅导、推动，进一步改革和完善创意产业的投融资体制，推动文化创意企业的快速生长。

第四节 创意产业与昆虫产业

创意产业与昆虫产业在我国均属于较为新颖并处于发展阶段的产业，两者的产业属性与产业形态具有一定的相似性，且都在对传统的第一、二、三产业具有催化剂作用的同时，亦能独立地作为产业进行全产业形态的运转，从而产生较强的社会与经济效能。两个产业之间的深度融合能够实现双剑合璧，达到“1+1>2”的效果。创意产业为昆虫产业赋能，昆虫产业对创意产业质量的提升提供重要元素。

一、创意产业为昆虫产业赋能

1.创意产业推动昆虫产业的升级和变革

昆虫产业在社会、生活、产业中起到的作用在逐步扩大，昆虫产业类别的赋能行业也在发生、发展和壮大。在创意产业与昆虫产业的相互赋能与提质的动态发展过程中，两者逐渐形成融合态——昆虫创意产业,一种人为的创意行为对昆虫产业进行赋能与提升后的新产业模式。

创意产业是在互联网化时代中产生的新兴产业,它不再简单地囿于过去的传统文化产业观念和类别,而是适应新的产业形态而出现的创新概念,是对新形态的概括、总结和发展。此处的“创意产业”的定义是指运用创造性智慧进行昆虫产业研究、开发、生产、交易的各个环节的介入并赋能的过程总和。

2.创意推动昆虫产业结构的调整、转型与提升

创意产业着力推动昆虫产业结构的升级、越界、调整和重组。创意产业的根本观念是通过“越界”促成昆虫产业内部各要素、各关系的重组与合作,创意产业对优化现有产业结构具有重要作用。创意产业是昆虫产业升级换代的催化剂,昆虫创意产业的提出本就是原有传统昆虫产业发展遇到瓶颈之后产业结构调整转型的产物。

昆虫创意产业是在昆虫产业充分发展、昆虫产业与其他产业融合并不断壮大基础上形成的,是昆虫产业在第一、二产业的升级与第三产业融合发展的结果。昆虫创意产业中既有昆虫设计、研发、文创等生产性服务业领域的内容,更有新型昆虫艺术体验、信息互动、休闲娱乐等消费性服务业活动的内容,是城乡经济和昆虫产业融合发展的新载体,是现代昆虫产业的高端形态。

昆虫创意产业通过越界,以推动文化发展与经济发展,发挥昆虫产业的最大价值。昆虫创意产业要创意化、高端化、增值服务化,它的根本观念是通过“越界”促成以昆虫为轴心的相关领域、学科、产业的重组与合作。这种越界主要是昆虫创意产业的“嵌入与赋能”。

3.高新科技对昆虫产业的赋能

科技的发展奠定了昆虫创意产业跨越式发展的科学基础、技术保障和人才储备,可以说,没有高新科技就没有昆虫创意产业,但此处的“高新科技”并非指昆虫科技的发展,而是想表明当今时代高新科技建构了新一代消费者新的消费习惯乃至文化生活方式。在高新科技对于传统消费习惯与生活方式颠覆的前提之下,昆虫创意产业才具备萌芽与生长的沃土。

昆虫创意产业的魅力就在于科技文化化和文化科技化。科技决定了昆虫创意产业的广度,但昆虫科技的展示迫切需要内容的支持和推动,需要“故事”,需要与百姓生活密切关联的“内容”。

4.创新和创意是昆虫创意产业的核心

几乎所有的产业都具备创造性,那为什么还要提出创意产业呢?创造性产业与创意产业有什么区别呢?传统产业或领域中,创造性只是一种附属品而不具有产品的核心地位,同时这种创造性或创意还是指相当普泛化的一般概念,而按照后标准化时代的创意理念,创意或创造性成了特指的市场趋向的产业方式的核心。创造性成为创意产业的生命线,创意为王。创意产业的产品最忌讳沿袭陈规俗套,它在总体上必须凸显产品独具的特色,才能击中人心,在市场上获得超值的效益。

5.创意重新定义昆虫产业

好的创意是无形的,作为现代服务业,创意产业是与艺术、文化、信息、休闲、娱乐等服务活动相关,满足小康形态下人们精神文化娱乐需求的所谓“第五产业”,是城市精神消费与娱乐经

济融合发展的新载体，是现代服务业的高端组成部分。在总体服务业的业态中，文化创意产业开拓艺术型、精神型、知识型、心理型、休闲型、体验型、娱乐型等新的产业增长模态，培育新的文化消费市场，涵养新一代创意消费群体，以适应全球化消费时代新的需求，推动新形态的文化经济发展。实际上，在对昆虫产业赋能的过程中，创意是对其高度与角度的提升，缩进了与消费者之间的距离。

6.创意让昆虫产业运行更加动态化

创意不仅作用于产业的制造环节，而是整个产业活动都会涉及，创意运行是市场经济运行的高端方式，更加远离过去的计划经济方式，更多地依靠市场和消费自身的推动，同时又不断地设计市场，策划市场，涵养市场，激发市场。也就是说，在当下的全球化消费时代，市场的全球性，传播的全球性，需求的精神化、心理化、个性化、独特化，消费的时尚化、浪潮化，使得创意作为产业，从根本上改变了过去固化的稳态工业发展模式(常规结构、常规模式、常规营销、常规消费)，而代之以不断变动的创意策划、创意设计、创意营销、创意消费。它在不断关注市场中创造消费惯例，涵养消费人群，引导消费时尚潮流。它不断在创意中寻找热点、利润和机会，以一种动态的平衡模式替代或提升过去的稳态工业发展模式。因此，它高度依赖策划，依赖人才，依赖变化，眼睛每时每刻盯着市场哪怕微小的变动，捕捉机会，放大机会，展开新一轮竞争。这就是创意社会的主旋律和大逻辑。

二、昆虫产业为创意产业提质

农业产业化进程的加快和农业产业结构调整强度的加强，迫使我们打破传统观念，不断开拓新生资源，使有限的资源得到再生利用、循环利用，使传统的“单向单环式”资源利用方式向“单向多环式”“多向多环式”“循环利用式”转变。能增加农民收入、促进农村经济发展的新途径将如雨后春笋般涌现出来，昆虫产业即是其中最具生命力的新兴行业之一。昆虫产业的创意化代表着新的农业商业模式的转化，创意性代表昆虫产业所在的第一产业正在慢慢向第二产业和第三产业辐射，昆虫资源的生命力同样会使创意产业提质增量。

1.昆虫产业的规模化为创意产业发展提供系统完善的资源

昆虫资源产业化正在以前所未有的速度向更大的深度和广度不断拓展，全国各地涌现出一大批昆虫产业的从业者，并且带动了相关产业的发展，昆虫资源产业链和产业网已初见端倪。现代科学技术手段赋予了昆虫资源产业化开发以强劲的生命力，昆虫资源正以传统养殖业为基础，以生物技术为先导，进行着全方位、多层次的研究、开发和利用。

昆虫产业的规模不断扩大为创意产业提供了系统完善的高质量创意资源，在昆虫产业链上中下游的各个板块我们都能够看到创意产业可以发挥功效的空间。在未来的宏观产业变革中，创意从业者将系统化地对昆虫的创造性资源进行梳理与整合，进而使完备的昆虫产业功能对创意产业进行赋能与优化，这个塑造过程也为创意产业发展提供高质量内容。

2.昆虫的生物多样性让创意产业具备多样性

昆虫是地球上最大的生物类群之一，目前已知100余万种，它们的形态、习性、行为及机能形形色色，变化万千，这些都成为创意产业非常充足的创作内容。昆虫生物的多样性使得区域昆虫各有特色、相互借鉴地发展，形成特色的昆虫文化圈，最终也会形成区域性的特色昆虫创意产业。

3. 昆虫产业的"跨界、融合"符合创意产业发展方向

科技的发展推动昆虫产业的发展，在科技慢慢揭开昆虫产业神秘面纱的过程中，创意能够在中间扮演引导与塑造的角色。昆虫产业的特殊性使其能与多个产业有很多的交叉与融合，正是这种交叉与融合，使昆虫产业在发展的过程中受到了各种行业的助力，助力的过程中实现了新的创意元素的形成。

第五节　昆虫创意产业相关的学科理论

一、产业融合理论

产业融合是指不同产业或同一产业不同行业相互渗透、相互交叉，最终融合为一体，逐步形成新产业的动态发展过程。产业融合已经不仅仅是作为一种发展趋势来进行讨论，当前，产业融合已是产业发展的现实选择。究其原因是因为生产力技术进行革新与更加智能化的升级改造，使各产业间有相同的共性或在生产成本大大降低的条件下能探索的更多可能性。

从产业角度来看，产业融合可分为产业渗透、产业交叉和产业重组三类：产业渗透是指发生于高科技产业和传统产业在边界处的产业融合；产业交叉是指通过产业间功能的互补和延伸实现产业融合，往往发生于高科技产业链自然延伸的部分；产业重组主要发生于具有紧密联系的产业之间，这些产业往往是某一大类产业内部的子产业。

产业融合主要有 3 种方式：①高新技术的渗透融合。即高新技术及其相关产业向其他产业渗透、融合，并形成新的产业。②产业间的延伸融合。即通过产业间的互补和延伸，实现产业间的融合，往往发生在高科技产业的产业链自然延伸的部分。这类融合通过赋予原有产业新的附加功能和更强的竞争力，形成融合型的产业新体系。这种融合更多地表现为服务业向第一产业和第二产业的延伸和渗透。③产业内部的重组融合。重组融合主要发生在具有紧密联系的产业或同一产业内部不同行业之间，是指原本各自独立的产品或服务在同一标准元件束或集合下通过重组完全结为一体的整合过程。通过重组型融合而产生的产品或服务往往是不同于原有产品或服务的新型产品或服务。

二、"两山"理论

在如何建设生态文明这个重大课题面前，习近平总书记高瞻远瞩地提出了"绿水青山就是金山银山"的理论，在环保系统简称为"两山"理论。从理论视角看，"两山"理论包含着"既要绿水青山，也要金山银山""绿水青山和金山银山绝不是对立的"和"绿水青山就是金山银山"三个层次，从不同角度诠释了经济发展与环境保护之间的辩证统一关系，回答了什么是生态文明、怎样建设生态文明等一系列重大理论和实践问题，贯穿着唯物辩证法的哲学思想，为建设美丽中国提供了科学指南。

"两山"理论继承了马克思主义历史观。从历史观来看，人类文明史是一部人与自然、生态与文明的关系史：在原始文明阶段，人类主要靠采集果实、渔猎为生，顺从自然，敬畏自然；在农业文明阶段，人们春种秋收，男耕女织，抱守"绿水青山"，奋力争取"金山银山"；在工业文明社会，人类只顾"金山银山"，为了利益侵害"绿水青山"，人与自然矛盾丛生；进入新时代，"绿水青

山就是金山银山”，保护生态环境就是保护生产力，改善生态环境就是发展生产力。生态文明是工业文明发展到一定阶段的产物，是人类社会发展的必然。“两山”理论实际上指明了人与自然的关系从矛盾冲突走向和谐统一的文明走向。

昆虫创意产业的发展是在“两山理论”的趋势下应运而生的，也是人文社会与自然环境有机相处模式的试验性探索，尤其是为如何解读“就是”这二字的含义、如何让“绿水青山”转化为“金山银山”、如何将生态优势转化为经济优势提供了很好的注脚和路径。

三、美学经济理论

美学经济的提出，主要是强调了审美在经济中的突出作用，例如在艺术品、工艺品、服装、娱乐产品以及大量的非物质形态的商品中，美的价值往往占据着商品的主要价值，其实用性价值被淡化。基本上，把美感生活和产业发展相结合的商业活动，就是美学经济。经济学家观察到，当国民所得超过 1 万美元时，社会就开始追求生活的美感、休闲生活、奢华体验。美学经济讲究的是“以美感创造产品或服务的价值”。

随着经济的发展，许多人开始追求高品质感的生活，运用有限的经济，创造无限的美学，也就是说，人们在满足产品实用功能的基础上，运用最为节约的设计方案来达到锦上添花的作用。简而言之，美，也是一种竞争力，美学在市场经济发展中越来越体现出一种竞争力。美学经济作为一种新型经济，正在市场经济发展中发挥越来越大的作用。

四、乡村旅游理论

乡村旅游是以旅游度假为宗旨，以村庄野外为空间，以人文无干扰、生态无破坏，以游居和野行为特色的村野旅游形式。乡村旅游的概念包含了两个方面：一是发生在乡村地区，二是以乡村性作为旅游吸引物，二者缺一不可。乡野是人类社会环境中昆虫资源最为丰富的地域，发展昆虫创意经济的第一要务与社会责任便是大力推动乡村发展振兴。

随着乡村旅游的迅速发展，近几年围绕乡村旅游提出很多原创新概念和新理论，如：游居、野行、居游、诗意栖居、第二居所、轻建设、场景时代等，新概念和新理论的提出使乡村旅游内容丰富化、形式多元化，有效缓解了乡村旅游同质化日益严重的问题。

以往乡村旅游是到乡村去了解一些乡村民情、礼仪风俗等，也可以观赏当时种植的一些乡村土产（水稻、玉米、高粱、小麦等）、果树、小溪、小桥及了解它们故事。旅游者可在乡村（通常是偏远地区的传统乡村）及其附近逗留、学习、体验乡村生活模式的活动。

五、消费教育理论

消费是人类的一个永恒的主题，怎样满足消费、如何消费、如何实现可持续消费就成了各国政府和国民都必须关注的重大问题。就我国而言，与科学消费、健康消费和可持续消费相违逆的消费方式和消费行为，以及不科学、不理性的消费理念大量存在，不仅影响了当代人的生活质量，也为后代人的生活质量留下了祸患。因此，消费教育显得尤为重要。

消费教育或称国民消费教育，是指有组织、有计划地向全体国民传授消费知识和技能，培养科学、文明的消费观念和维权意识，提高消费者自身素质的一种社会教育活动。开展消费教育是促进消费者转变观念、扩大消费需求的重要手段，是增强消费者维权意识、伸张消费正义、保护消费者合法权益的有效方式，是建立文明消费方式、实现可持续消费的需要。

消费教育的目的是培养人们对消费在国民经济和社会生产总过程中的地位及对拉动经济增长的作用的清晰意识和关注，对消费与人口、收入、政策、环境之间的相互关系的清晰意识与关注；向每一个人提供科学的、健康的消费所必需的观念、知识、技能、方法、道德和法律保护；创造个人、群体和作为整体的社会对待消费的新的消费模式，在坚持经济社会可持续发展的同时，坚持可持续消费。按照上述消费教育的目的和目标的要求，消费教育的基本任务是培养“六有”消费者：①有消费经济学的常识；②有科学的正确的消费观念；③有科学的消费知识、技能和方法；④有文明的消费习惯和消费方式；⑤有个人和群体的消费行为有利于经济社会可持续发展的责任感；⑥有能动的、强烈的维护消费者权益的意识。

六、附加值理论

作为发展经济学概念的附加值是经济主体新创造出来的价值，包括资源附加值、产品附加值、资产附加值、资本附加值、企业附加值、产业附加值、渠道附加值、品牌附加值等。附加值本质是使用价值，附加值提高本质是使用价值增加。附加值是贯穿企业利润率、盈利模式、成长性、产业升级的核心，是生产力发展、经济高质量发展、社会可持续发展的根本；提高附加值是一切商业模式、经济增长模式、经济发展模式的根本，是现代产业体系的灵魂。产品附加值是其他附加值的出发点和落脚点，创新是提高附加值的根本途径。

附加值低是中国大多数企业最大的无奈。因为附加值低，企业缺乏产品研发、管理升级，以及市场推广的投入，导致市场竞争力差，市场份额逐步缩减，利润从薄到无，企业陷入低水平竞争的怪圈。创造附加值是企业发展的直接动力，也是竞争优势的直接体现。市场竞争力与附加值之间是一种相辅相成、缺一不可的关系，产品没有附加值，导致企业更无力竞争，进入更恶性的循环。

七、蓝海战略理论

蓝海战略是“红海战略”的对称，是竞争战略之一，因把无人竞争的市场比作没有血腥的蓝海，故称“蓝海战略”。蓝海战略是指打破现有产业的边界，在一片全新的无人竞争的市场中进行开拓的战略，由韩国金伟灿等 2000 年在《蓝海战略》一文中提出，目的是摆脱竞争，通过创造和获得新的需求、实施差异化和低成本，获取更高利润率。

蓝海战略是企业为开拓未知领域而产生的一种战略。企业可以开辟当今还不存在的产业，打开一个未知的市场空间。这个亟待开发的市场空间或产业就是“蓝海”，它代表着创新的需求，代表着高利润增长的机会。在蓝海战略里企业没有竞争对手，企业为顾客创造了价值，因此企业可以获得高额回报。蓝海的开创者不以竞争对手为标杆，而是采用一套完全不同的战略逻辑，这就是价值创新。价值创新是蓝海战略的基石。在蓝海战略逻辑的指导下，企业不是把精力放在打败竞争对手上，而是放在全力为买方和企业自身创造价值飞跃上，并由此开创新的、无人竞争的市场空间，彻底甩脱竞争。

八、全产业链理论

产业链是产业经济学中的一个概念，是各个产业部门之间基于一定的技术经济关联，并依据特定的逻辑关系和时空布局关系客观形成的链条式关联关系形态。产业链是一个包含价值链、企业链、供需链和空间链四个维度的概念。产业链分为狭义产业链和广义产业链：狭义产业链是指从原材料一直到终端产品制造的各生产部门的完整链条，主要面向具体生产制造环节；广义产业链则是在面向生产的狭义产业链基础上尽可能地向上下游拓展延伸。产业链向上游延伸一般使得产业链进入基础产业环节和技术研发环节，向下游拓展则进入到市场拓展环节。产业链的实质就是不同产业的企业之间的关联，而这种产业关联的实质则是各产业中的企业之间的供给与需求的关系。

全产业链模式是一种创新的商业模式，具有显著差异化特点，可以形成竞争优势，对手难以模仿；会使整个公司形成一个有机的整体，价值链各环节之间、不同产品之间实现战略性有机协同，取得战略协同效应；有上游供应链的优势，会获得规模、效应和成本优势；信息传递顺畅，快速反映消费者的信息，促进上游环节的创新与改善，使整个企业对市场的反应更敏感、更及时；以终端消费引领产业链，可以形成产业领导力与产业优势；以客户需求为导向，推进技术进步，有利于产业整体提升；有利于打造品牌，提升企业的社会信誉、影响力、知名度。

九、系统论

系统论是研究系统的结构、特点、行为、动态、原则、规律以及系统间的联系，并对其功能进行数学描述的新兴学科。系统论的基本思想是把研究和处理的对象看作一个整体系统来对待。系统论的主要任务就是以系统为对象，从整体出发来研究系统整体和组成系统整体各要素的相互关系，从本质上说明其结构、功能、行为和动态，以把握系统整体，达到最优的目标。

系统论的核心思想是系统的整体观念。任何系统都是一个有机的整体，它不是各个部分的机械组合或简单相加，系统的整体功能是各要素在孤立状态下所没有的性质，正所谓“整体大于部分之和”。系统论反对那种认为要素性能好，整体性能一定好，以局部说明整体的机械论的观点，同时认为，系统中各要素不是孤立地存在着，每个要素在系统中都处于一定的位置上，起着特定的作用。要素之间相互关联，构成了一个不可分割的整体。要素是整体中的要素，如果将要素从系统整体中割离出来，它将失去要素的作用。

十、新结构经济学理论

新结构经济学是林毅夫教授及其合作者提出并倡导的研究经济发展、转型和运行的理论，主张以历史唯物主义为指导，采用新古典经济学的方法，以一个经济体在每一个时点给定、随着时间可变的要素禀赋及其结构为切入点，来研究决定此经济体生产力水平的产业和技术以及交易费用的基础设施和制度安排等经济结构及其变迁的决定因素和影响。

新结构经济学的思想精髓是主张发展中国家或地区应从其自身要素禀赋结构出发，发展其具有比较优势的产业，在“有效市场”和“有为政府”的共同作用下，推动经济结构的转型升级和经济社会的发展。

第七章 昆虫创意产业理论

第一节 昆虫创意产业的背景

一、昆虫产业现状

尽管历届前辈筚路蓝缕地艰苦开拓出了我国的昆虫产业，使得目前已经在多地产业化开发出多个昆虫种类，并产生了一些较为成功的案例，但昆虫产业作为一个较新的朝阳产业形态，仍然没有引起包括我国在内的很多国家政府、民众及资本市场的足够重视和应有对待，这与昆虫资源的科普滞后而导致社会各界对昆虫产业化的偏见有很大关系，而从事昆虫产业化学术研究和推广实践的学者专家寥若晨星，又与整个科研学术的大环境背景息息相关。

目前，尽管中国的昆虫产业发展势头较好，也日益红火，但仍然是喜忧参半，发展水平和经营状况参差不齐，即使经营得较好的企业，也没有充分发挥出应有的产业潜力。其中的原因很多，但很重要的一个原因是：绝大多数从事昆虫产业化研究的专家不是企业家，没有亲自下海实操，即使所谓的下海创业，也多是某项专利技术的简单转化或某类昆虫的单一产业，与从昆虫养殖到加工到销售的全产业链和综合性的昆虫产业创业还不是一码事，他们多数不具备企业家的思维和精神，导致多专注学术研究和专利技术转化，而不注重产业开发和营销运营；而与此同时，绝大多数从事昆虫产业的企业家不是昆虫专业科班出身，导致他们即使企业运营能力很强，但因专业的限制和昆虫产业的特殊性而无法深挖昆虫产业。

最终导致的结果是：尽管有少数企业已经在某些产业领域成功探索出了产业路径，取得了可观的经济效益，但整体而言，中国乃至世界的昆虫产业发展水平参差不齐，缺乏宏观的科学发展规划和国家级的产业研究平台，缺乏统一的组织和强有力的产业领头人，产业化的对象和内容也受制于学者专家的科研成果，几乎没有企业成立真正意义上的较大较全的昆虫产业研究院，真正地自己筹资，根据市场规律，不受学术影响，自主开展有规划、有前瞻性且全面系统的昆虫产业及技术研究。很多企业从事的都是较为传统的昆虫资源和技术，而不注重或没有能力开辟更新更好的产业领域，致使整个产业还没有大的突破。要有发展昆虫产业的统一规划和布局，各个地方、各个企业、各个专家，应该是“不争第一，只做唯一”，因地制宜地发展有特色、有潜力、有市场的昆虫种类，由市场决定科研，而不是科研决定市场。

除了上述问题之外，目前，昆虫产业多数是“就虫论虫”“养虫卖虫”，没有把昆虫产业放到更大的产业系统中和背景下去看待，而是孤立地割裂地发展昆虫产业，更没有加入创意思维和元素，进而进行产业和学科交叉，产生更多新颖的产品，延长昆虫产业的产业链和提高其附加值。之所以很难出现昆虫产业方面的创意策划杰作，主要有以下原因：很多策划大师，业务上很少遇到昆虫产业，即使交给他们去策划，由于不懂或不完全懂昆虫的相关知识和文化，也很难策划出高超的创意；由于专业和行业等的局限因素，昆虫产业领域的专家和企业家，鲜有高超的策划意识和策划水平——两者基本是平行线，没有交集，自然无法碰撞出火花，多数人都在用传统的思维模式从事特殊的昆虫产业，结果可想而知。做昆虫产业的人很少，懂创意产业、具有创意思维的人很少，两者兼而有之的人更少，所以，两者始终迟迟没有结合而诞生"昆虫创意产业"这样的新业态。

目前，国内外从事昆虫产业的专家学者本来就很少，且多数都是单一的农科或理工科学科背景，知识结构单一，很少懂创意产业的知识，也基本没做过企业，对市场不够敏感，产品意识不强，多是从专业知识的角度去从事技术研究，很少思考如何充分地延伸昆虫产业链和挖掘市场价值，更不会也没有相应的知识体系去把昆虫产业和创意产业结合起来，无法向企业和市场交出成熟的完善的产业链构架和营销模式。另一方面，从事昆虫产业的要么是养殖户或小型合作社，他们多数知识层面较低、视野较窄、市场敏锐度和开拓能力都较差，基本只会养虫子，按照较低的价格出售给经销商或者简单的初加工，产业链基本就到此为止了；要么就是较大企业，但这些企业多为传统行业且鲜有昆虫学科背景，多数没有创意产业的意识和知识背景，偶尔遇到有一定创意产业意识和能力的企业家，又由于不懂昆虫学知识，不熟悉昆虫习性，无法将昆虫产业与创意产业碰撞出火花，还是无法激发出昆虫产业的真正活力，最多就是在产品加工、产品包装和营销策划上凸显一些创意的元素。

更为严峻的问题是多数的昆虫产业专家和企业家都没有跳出传统昆虫产业的思维藩篱，甚至觉得现在这些做法很好。一提到昆虫产业，大家就用理科的思维思考，这种昆虫应该如何养殖，然后加工成什么产品，以什么样的价格卖出去，或者是如何提取它的深加工产物，如何利用好它的附属产品，等等，认为这就是昆虫产业了。产业方式和产品形态都较为单一，价格和价值不匹配，产业链没有拉长，没有挖掘出真正的潜力，这些都会导致本来就艰难的昆虫产业不好发展壮大。殊不知，真正的昆虫产业威力远不止此，是从业者自己的思维约束和限制了昆虫产业的真正市场潜力。比如，若将创意（产业）思维融入昆虫产业，不仅能发挥出昆虫本身的价值，还能用创意（产业）思维将昆虫产业延伸拉长到文化产业、研学游产业、休闲产业、仿生产业、地产业、旅游业、影视业等，可能会嫁接产生出一系列新的产业，从而"跳出昆虫（产业）看昆虫（产业）"，传统的、有限的"昆虫产业"就变成了新颖的、具有无限发展空间的"昆虫创意产业"。就像对待一个综合能力很强的人才，若只把他放在某个专职的位置上，最多就是在这个岗位上做得很好，但若给他更多的机会和岗位，却能激发出他多倍的能力和贡献。

与此同时，昆虫的养殖领域也存在诸多问题：目前很多昆虫的养殖水平参差不齐，很多种类仍然停留在初级甚至粗放的养殖水平上，很多昆虫疾病等问题也没得到很好的解决，有"植物医生"和"兽医"，但还没有专业化的"虫医"，严重阻碍了昆虫的规模化高效养殖；养殖器具也缺乏创意，很多没有打开思路，应该发展智慧化、智能化养虫，每个产业化的昆虫种类都应该建立完善的工厂化生产车间，甚至实现"无人车间养殖昆虫"；产业的业态思路也没完全打开，还是单纯的养殖，没有和其他的种养殖及其他业态有机地结合起来；目前养殖的多为传统的陆生昆虫，特殊新颖的水生昆虫却少有人问津。

各级人士对昆虫产业的思想认识不够，专家学者的技术研发不够，政府的支持推动不够，再就是企业家思路打不开，不太会“玩”昆虫产业，导致昆虫产业踽踽难行。要想让昆虫产业良性循环，焕发无限生机，必须要在正确的产业化发展思想的指导下，让更多的专业化人才参与进来，全面开发，尤其是要在昆虫创意产业思维的指导下，全面开发更多特色物种，延长产业链，提高附加值，让更多的企业创业成功，创造更多的经济价值，然后带领更多的人投身昆虫产业，为社会创造更多的财富，真正地让昆虫造福人类，让政府和民众更加重视和支持昆虫产业，最终让昆虫产业良性循环，越做越好，越做越大。

因此，要想做好昆虫产业，就要“两手抓，两手都要硬”：一手抓“养”，一手抓“玩”。所谓“养”，就是要选择最佳的有特色的昆虫种类，然后用最好的技术和方式工厂化、智能化养殖好昆虫，从而实现高效的规模化生产和稳定的昆虫产量，为产业化打下坚实的产能基础；所谓“玩”，就是最大化地产业化或“玩”转昆虫，实现最大的综合效益，除了要做好传统产品的挖掘和营销，还要善用创意产业的思维，深度挖掘该昆虫的综合效益，跨界通感，延伸产业链，从而提升到“昆虫创意产业”或“昆虫＋”产业。

二、昆虫学教学现状

目前，很多高校包括昆虫学在内的很多专业隔离和同质化倾向较严重，培养方案陈旧保守，学生知识面狭窄，创新创业思路打不开，高质量的实践训练少，毕业生的素质与社会企业的要求严重脱节，导致毕业生就业难和就业质量低，更遑论创业。市场和产业对学科交叉融合综合素质高、创业就业和实践能力强的高质量人才需求很旺盛，但来自人才培养的供给侧不能有效满足，学科结构和专业设置的动态调整优化也没有跟上。

在很多农林院校，昆虫学科基本全设为“农业昆虫与害虫防治”专业，在非农林院校没有昆虫学专业，偶有昆虫学课程则被作为生物技术等传统专业的选修课程，基本没有把昆虫当作一种“资源”和“产业”来对待和开发。偶有高校开设“资源昆虫学”之类的课程，也多是选修课程，且只是简单地就虫论虫，没有进行多学科交叉融合，而且从事昆虫产业的企业很少，所以更鲜有校企合作联合推动。再加上目前的高中教育普遍文理分科，大学的通识教育和学科交叉教学改革力度不够，致使能产生需要多学科背景和思维的“昆虫创意产业”构想的人才极少。

在这种高等教育背景下，很难培养出具有“昆虫创意产业”思维和能力的人才，这也是导致上述昆虫产业窘境的原因之一。

三、昆虫创意产业的诞生

上述几方面的原因导致目前昆虫产品多数无法跳出“虫子”的园囿。缺乏创意意识，产品竞争力不强，昆虫产业发展路子单一，打不开思路，拓展不了行业交叉，基本属于昆虫产业初级阶段，产业链始终得不到最大化的延伸，昆虫产业的综合收益不多。很多企业和养殖户步履维艰或者没得到最大化的经济收益，严重制约了昆虫产业的发展，也影响了政府和社会对昆虫产业价值的正确评价，甚至影响了国家政策无法重视扶持昆虫产业。

传统的昆虫产业多数是“就虫论虫”和“养虫卖虫”，而“昆虫创意产业”则是要用系统和综合的思维来看待昆虫产业，让昆虫产业与一些看似与昆虫无关的产业交叉融合而成为新型或新兴产业，或者将原来的产业通过创意性的产品研发、产业链延伸和创意性营销而全面提升昆虫产业附加值，进而全面激发出昆虫产业的潜力和弹性。

目前，随着社会的全面进步，昆虫产业走到了一个十字路口，到了该“蝶变”的时候，必须要找到一条对症下药的方子，才能激活甚至挽救当前的昆虫产业。在这种形势下，昆虫创意产业应运而生，昆虫产业要以全新的面貌迎接一个新的时代。

第二节　昆虫创意产业的概念

一、昆虫创意产业的概念

昆虫创意产业，是昆虫产业融合了创意产业经济、产业融合发展、美学经济、乡村旅游、消费教育、蓝海战略、全产业链、附加值、系统论、新结构经济学等诸多理论精髓而产生的一个崭新的产业形态，是一种人为的创意行为对昆虫产业进行赋能与提升后的新产业模式，是现代昆虫产业的高端形态。

昆虫创意产业，是以传统的昆虫产业为基础，以科技创新为手段，以创意生产为产业核心，以创意经济和附加值文化为理论核心，以拓展价值和创造需求为营销重点，以延伸昆虫产业链和提升昆虫产品附加值为主要目标，根本观念是通过“越界”促成以昆虫为轴心的相关领域、学科、产业的重组与合作，将昆虫学科与农学、美学、艺术学、材料学、仿生学、地震学、计算机、人工智能、机械工程等众多学科有机交叉，将昆虫产业与康养、食品、环保、农牧、旅游、文创、影视、教育、科普、仿生等诸多产业深度融合，用创造性智慧进行昆虫产业研究、开发、生产、交易的各个环节的介入并赋能，在传统昆虫产品的研发、生产、加工、营销、服务、管理等过程中，进行生产创意、生活创意、产业创意、功能创意、科技创意、品牌创意和景观创意等创意活动，构建昆虫产业与一、二、三产业交叉融合的现代产业体系，通过养殖、业态、加工、营销等方面的创意把昆虫产业与多种市场需求有机结合起来，最终实现产业价值的最大化和资源优化配置的昆虫产业的新型经营方式。

狭义的“昆虫创意产业”主要是指昆虫产品加工和营销过程中加入创意思维，延伸产业链，提高附加值，从而把昆虫产业做大做强，但广义的“昆虫创意产业”则还包括昆虫养殖过程中的一些创意性改造做法，以及与其他产业的嫁接融合（如稻虫共生、虫菜共生、萤火虫农业、昆虫溪沟经济等）。

昆虫创意产业，是昆虫产业与创意产业融合的产物、传统思维与创意思维结合的产物，能极大地提升昆虫产品的附加值，延伸昆虫产业链，拓展昆虫产业的辐射面，从而极大地释放昆虫产业的能量。昆虫创意产业的本质是“跳出昆虫（产业）看昆虫（产业）”，是用创新、系统、综合的思维来重新审视昆虫产业，充分挖掘昆虫产业的产品形态、技术研发和销售模式等。

昆虫创意产业，其实就是用创新的思维和创造的方法，综合、全面、系统地开发利用昆虫资源，充分地挖掘潜能并应用得淋漓尽致，也可以称之为“昆虫综合产业”或“昆虫＋”产业。就像一个公司的养殖技术人员，可能他主要擅长的是养殖，但他除了能养殖昆虫之外，还能做好行政接待、开发文创产品、网络营销产品等其他工作，甚至这些工作做得比养殖还要出色，那么我们为什么不能全面综合利用这个人才，让他为公司创造更多的价值呢？同样的道理，举个例子，某种昆虫可能除了是一种美食之外，还是一种药材，甚至还可以用来监测环境、仿生制作机器人等，那么，我们为什么非要把它定位为"食用昆虫"而忽略其他价值的挖掘呢？正是这种思维的束缚，严重制约了昆虫产业的发展和突破。

昆虫创意产业，最核心的观念在于透过创意打造"创意全景产业链"，包括核心产业、支持产业、配套产业和延伸产业相关联的一系列产业，构筑了融合一二三产业的全景产业链条，带来产业融合的经济乘数效益。

二、昆虫创意产业的特性

系统性　也叫综合性。昆虫创意产业要求按照系统论的理念，对某种昆虫产业的养殖、加工、营销等各个环节系统性、综合性地考虑和策划，要用全局观和系统论作为指导思想，而不是孤立地看待问题和做产业。

延伸性　昆虫创意产业要求尽最大可能地横向和纵向延伸某种昆虫的产业链。所谓横向延伸，就是昆虫产业与其他产业或行业的交叉融合；所谓纵向延伸，就是通过深度挖掘昆虫产品的价值而不断延长产业链。

创意性　昆虫创意产业区别于传统昆虫产业的一个重要特征就是"创意"，包括养殖、业态、加工、营销等方面的各类创意性做法。若没有不同于传统做法的"创意"元素，那就不能称之为"昆虫创意产业"。

交叉性　也叫融合性。昆虫创意产业中的很多"创意"都是传统昆虫产业与其他产业的交叉融合而诞生出某种或某些特色的创新性的产物或产业，从而带来新的消费市场，激发昆虫产业新的潜能。

蓝海性　由于昆虫创意产业多数都是创新创意性的做法和产品，是传统行业和传统市场里没有的东西，再加上是针对市场调研和需求而做的针对性的创新成果，所以，这样的产品或产业多数都是唯一性的、创新性的、市场上尚未出现的，从而在市场上成为蓝海产品或行业，显著提高企业和市场的竞争力。

创新性　昆虫创意产业要求人们要有强烈的创新精神和冒险精神，敢于用新知识和新思维去开发新产品和新工艺，开拓新市场和新产业，使创意昆虫产品价值升级，销售渠道更广，以克服昆虫产品的固有弊端，大幅度提升昆虫产品的附加值和市场占有率。

高附加值性　昆虫创意产业的主要目的和功能，是通过创意性的嫁接做法，显著提升产品的附加值，从而提升市场竞争力。以智力投入、创新创意的形式融入昆虫产品生产和销售等过程中，获得超出物质生产和精神生产的体验附加值、审美附加值、知识附加值、科技附加值、文化附加值和绿色附加值等。

高盈利性　昆虫创意产业是通过创意创新提高产品的附加值和蓝海性，从而将其培育成为高成长性、高盈利性的朝阳产业。人们的消费观念已经由数量型向质量型转变，包装精美、外观奇特、创意无限、高个性化的产品能显著提升市场综合竞争力，从而实现高盈利性和可持续发展。

高品位性　很多创意昆虫产品是对传统昆虫产品进行"二次开发"，进行艺术化处理，使昆虫资源的文化内涵能够生动形象地展示出来。个性化设计和制造已成为创意昆虫产品竞争的重要手段和制胜筹码，用创意产业的思维方式重塑昆虫的产业体系，拓展昆虫产业的生产、生态、旅游、文化、教育等综合功能，使蕴含在昆虫资源中的文化和美学等潜能得以充分释放，形成创意产业链和产业集群。

三、昆虫创意产业与昆虫产业的关系

“昆虫产业”与“昆虫创意产业”尽管只有“创意”这一词之差，但概念和内涵及其产业价值却发生了很大的提升变化。

昆虫创意产业是传统昆虫产业的全面改造升级，而不仅仅是昆虫产业的一个新亮点；昆虫创意产业不仅仅是在昆虫产业这棵“老树”上发了一个“新芽”，而是传统昆虫产业整棵“老树”全面焕然一新；昆虫产业是昆虫创意产业的子集(图 7-1A)，而非只是与昆虫产业有一点点交集(图 7-1B)或只是昆虫产业的一点点拓展而已。

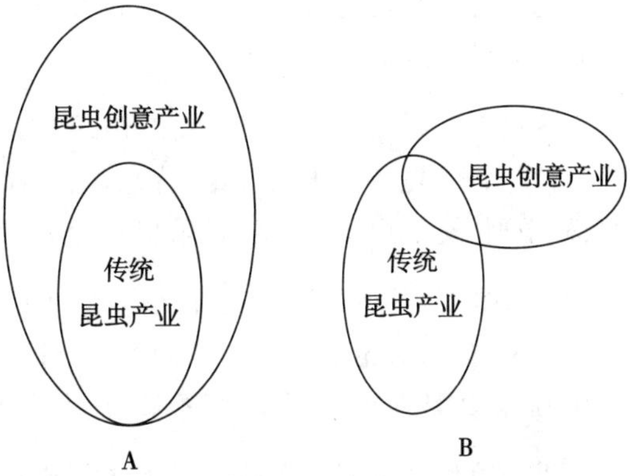

图 7-1　昆虫产业与昆虫创意产业关系图

假设传统的昆虫产业是一块比较值钱的石头，那么昆虫创意产业就是昆虫产业这块“石头”被创意思维点石成金，摇身一变成了“金子”，或者通俗地讲，昆虫产业可能使某类昆虫卖了 100 块钱，昆虫创意产业或许能使同样的昆虫卖 1 000 元钱、10 000 元钱，甚至更多钱；假设昆虫产业是本科，那么昆虫创意产业就是研究生，至少是硕士研究生，是本科的提升，而不是本科的一个“分支”或“亮点”，最起码全面涵盖本科，而不是只与本科有一点交集。

再举个例子，就如同教育部提出“新农科”建设思路，是对传统农科所有专业的全面升级改造，而不是传统农科的某个亮点，或只对某个专业的改造。“昆虫创意产业”是对传统昆虫产业所有资源昆虫类群的全面升级改造，而不只是对某些类型昆虫产业的改造；就如同农学、植保、园艺、畜牧、水产等传统农科专业都需要按照“新农科”的精神和思路升级改造但需要挨个试点、逐步推进，昆虫产业中的食用昆虫、药用昆虫、旅游昆虫、环保昆虫、天敌昆虫等类群也需要按照“昆虫创意产业”的思维挨个探索具体的实现路径，而不是一下就全部告诉读者所有的昆虫类群具体如何改造升级成“昆虫创意产业”；就如同本书作者只是大概找到了昆虫学科如何按照“新农科”的精神进行改造，本书作者也只是大概找到了爬沙虫等食用药用昆虫、萤火虫等赏玩旅游昆虫和部分研学科普昆虫如何按照“昆虫创意产业”的精神进行改造，其他很多类型昆虫产业的改造思路还需要艰苦摸索；就如同“新农科”精神只是给传统农科提升改造指引了方向，“昆虫创意产业”理念也只是给传统昆虫产业指出了一条新的改造提升思路，具体实现路径还需要长久持续探索。因此，从这个角度来讲，“昆虫创意产业”也是对昆虫学科的“新农科”理念改造探索，会对其他农业学科的“新农科”改造提供有益的参考。

第三节 昆虫创意产业的内容

昆虫创意产业的内容，狭义来说，主要包括创意产品、产业形态、创意营销等；广义来说，还至少包括创意养殖（创意养殖基地、创意养殖器具等）。

一、创意产品

昆虫产品的创意，是昆虫创意产业的第一层次。其打造目标是让昆虫产品由实用功能型向文化审美型甚至更多的型态延伸转变，实现昆虫产品的多种功能，其重点包括昆虫产品的形态加工与科技改造。

昆虫创意产品要具有“四高”“五化”“六型”“七美”等特征，分别是：四高（高附加值、高盈利性、高知识化、高品位化）、五化（特色化、个性化、艺术化、景观化、智能化）、六型（审美型、文化型、科学型、安全型、观赏型、娱乐型）、七美（美色、美形、美质、美味、美感、美景、美心）。

不管是哪类昆虫，不管是什么产品，不能就原型照搬，而是要下功夫动脑子，根据市场和顾客的心理需求，对昆虫进行加工创意。让昆虫不再难看，不再丑陋，而是要有趣，有吸引力，有亲和力，尤其是在食品、药品等领域，让大家不再排斥。

正是因为昆虫创意产品融入了文化艺术和科技元素等新内容，把传统开发与文化开发结合起来，赋予了丰富的内涵与附加值，将传统的昆虫产品通过“创意”工具，转化为更具审美价值形态、健康生态理念、文化创造内涵的全新产品，其经济价值和社会价值才有了显著的提升，这是传统昆虫产品无法比拟的。

当前，我国高端创意昆虫产品稀缺，市场亟待开发。可以预测，不久的将来，昆虫创意产品将会迅速超越传统昆虫产品，成为中国高端昆虫产品市场的主力军。

二、创意产业形态

除了昆虫创意产品，昆虫创意产业更广的内容和内涵还包括若干种昆虫创意产业形态：

1. 昆虫创意旅游产业群

以萤火虫为例，阐述昆虫创意旅游产业群的构建。用创意思维为指导，萤火虫旅游产业群可以衍生出如下产业：

（1）萤火虫创意旅游产业　根据萤火虫的生物学特性和文化属性，可以开发包括乡村游、研学游、情侣游、亲子游等在内的各类萤火虫主题旅游，还可以发展萤火虫露营基地、房车基地等产业形态。

（2）萤火虫创意意境产业　可以和当地文化和特色相结合，打造“禅意萤光”“悬崖萤火”“萤火虫（乡愁）村落”；结合玻璃反光等原理，环境周边安装玻璃、镜面薄膜等，打造萤火虫“万花筒”玻璃屋；结合研发的萤火虫灯和各种灯光手段，打造萤光“阿凡达”的境界；结合萤火虫成虫寿命短等特性，在萤火虫景区推出“生命苦短，珍爱亲人”等文化主题活动，还可以开发出“萤火虫沙漏”等文创产品。

(3)萤火虫创意食宿产业 可以推出萤火虫文化餐厅，其外部环境、餐具、食品、音乐、氛围、文创等都要与萤火虫有关；还可以推出萤火虫主题民宿或酒店，将萤火虫景观和创意产品巧妙融入房间，打造适合亲子和情侣等的萤火虫主题套房，结合酒店文化推出特色服务和文创产品，打造各种特色节日以促销酒店产品，甚至将那些较大型的生态酒店打造成一个小型的萤火虫景区。

(4)萤火虫创意节日产业 根据萤火虫的生物学习性和文化属性，可以深度挖掘出系列萤火虫创意节日，比如，萤火虫文化节、萤火虫田园艺术/音乐节、萤火虫祭、萤火虫露营节、萤火虫爱情文化节、稻田萤火虫节、萤火虫励志文化节、萤火虫乡愁文化节，等等。

(5)萤火虫创意文创产业 萤火虫是最容易开发各类优质创意工艺品或文创产品的昆虫，可以推出萤火虫 IP(萤宝和萤小乖等)，然后推出萤火虫衣饰、玩具、胸针、发卡、灯饰、文具、手提包、手机壳等系列产品，甚至还可以和其他元素融合推出综合性的文创产品，比如，“禅意萤光”系列文创产品(把“禅”和“萤”巧妙结合起来)，还有将萤火虫腹部发光与打火机点火巧妙结合的“萤火虫打火机”等。

2. 昆虫创意康养产业群

康养产业是目前国内外的一个热门产业，但多数都停留在医疗、保健、休养及景观康养等层面，昆虫在康养领域的利用也基本局限在医药昆虫等领域。

其实，还有很多昆虫可以创意性地在康养领域发挥作用。比如，观赏萤火虫具有治疗焦虑、缓解压力等作用，可以用来“养心”；爬沙虫可以治疗夜尿等疾病，可以用来“养身”；两者可以结合而推出“服爬沙虫，赏萤火虫”的“养身养心”套餐，尤其是有助于失眠和压力大人群的康养。再比如，很多景观昆虫或鸣叫昆虫等都能让人赏心悦目，怡情养性，这对于心理康养和理疗具有较好的作用，从而发展“昆虫创意康养/理疗产业”。

3. 昆虫创意科教产业群

几乎所有的昆虫都具有科教功能，尤其是在目前国家大力重视研学游、科普等工作的大背景下，昆虫的科教产业应该是一个亟待充分开发的朝阳蓝海产业，同时，昆虫科技产业也是一个非常需要创意创新的产业。

最简单和传统的昆虫科教产业就是举办各类昆虫标本展，或者活体生态昆虫展，要么低层次，要么高档次(环境和课程)，但这些仍然没有达到真正的“昆虫创意科教产业群”的高度和层次。其中一个重要原因就是，从事这些产业的多数都不是昆虫专业科班出身，偶有专业背景的，创意思路等也没完全打开。

其实，昆虫科教可以在形式、内容、深度等层面全面深挖，从而做大做强，形成一个产业集群。比如，集城市休闲、科教、娱乐、休闲、亲子等综合功能于一体的新型城市“昆虫博物馆”的建设方案和理念等，就是一个崭新的需要极高的专业和创意融合度的思路；在包括幼儿园在内的各类私立或公立学校校园里见缝插针式地策划和建造“昆虫乐园”“昆虫学校”“萤火虫主题教室”“萤火虫自然学堂”等，把昆虫科教融入学生的全面培养中去，也是一个值得探索的新生事物；在城市绿道或城市公园等公共场所因地制宜地巧妙设置建造“昆虫科普小品”，也是一种新型的城市昆虫科教产业形态；结合城市的科技馆和植物园、动物园等嫁接合作各类丰富多彩的创意性强的昆虫科普活动，也是一种极大地把昆虫科教产业融入城市公共平台的探索；与大型商场、电影院、咖啡馆、酒吧、田园景区甚至农家乐等合作推出各类灵活多样的昆虫科普活动；如此等等，不一而足。

除了上述层面和层次的昆虫科教，还可以深入挖掘创造出更宏观层面的昆虫科教产业。比如，可以利用萤火虫"囊萤夜读"的文化背景和青少年对萤火虫的认知及喜爱，打造萤火虫自然学堂或"囊萤夜读"萤火虫主题书院之类的昆虫 IP 科教产业。

另外，在上述的产业探索中，还要特别留意该产业的附属产业，这也是一个目前很多人忽视的产业，那就是系列昆虫科技延伸产品。也就是说，我们要善于将用于科学教育和科普展览的昆虫深入挖掘出丰富多彩的系列实体或文创产品，让游客参观或参与完这些昆虫科教活动后，还能很自然地购买由此衍生的各类产品，这就拉长了产业链，会取得更大的经济效益，还能让游客把这些有科技含量的活体昆虫或文创产品带回家，进一步地学习，或者影响到更多的人，从而取得更大的社会效益。

4. 昆虫创意文化产业群

很多的昆虫在深度挖掘后，都可以或深或浅地与文化产业或创意产业结合，而诞生出昆虫创意文化产业。

比如，昆虫与服饰产业的结合，包括很多精美的昆虫写实地或素描地画在服饰上，或者将昆虫的某一部分特征或色彩嫁接到服饰上，还可以用仿生学的原理将某些昆虫的仿生材料移植到服饰上，都可以诞生很多新型的产品和产业；昆虫与很多书画和旅游等工艺品或艺术品结合，就能产生新颖的特色产品；昆虫还可以与众多的文创产品结合研发很多昆虫主题的文创产品，甚至还可以深入挖掘，产生更深层次的昆虫创意产业。比如，拍摄萤火虫主题动漫或影视作品，成立萤火虫系列主题学院：萤火虫乡愁文化学院、萤火虫爱情文化学院、萤火虫生命教育和美学教育学院、萤火虫自然学堂或"囊萤夜读"萤火虫主题书院等。

5. 昆虫创意养殖产业群

昆虫创意产业还体现在昆虫产业与相关产业的创意性结合，从而诞生具有蓝海市场特征的创意产品。

比如，在水稻田里同时养殖水生萤火虫或者爬沙虫，不仅有种植收入（当然，农产品的产量会降低，耕作方式要改变），而且有昆虫的产值，最主要和最巧妙的是，这些"虫"的活动会对水稻等农作物的品质产生积极影响，这些"虫"对水质等环境因子的变化相当敏感，能代言这些产品的生态性和有机性，数倍地提高该农产品的价格。与此同时，还能发展萤火虫特色旅游，从而完美巧妙地打通一二三产业，将传统农业变为"六产萤光农业"，这种模式，我们称之为"稻虫共生"。还可以在水生昆虫养殖的同时，上面种植一些特色菜类，创建一种新型的"虫菜共生"模式。还可以把萤火虫、爬沙虫等作为宠物养殖，创建一种新型的"（水生）昆虫宠物"产业。在很多偏远贫困山区的河沟里养殖爬沙虫等水生资源昆虫，既保护了水源，又解决了留守和老弱病残人员的就业，还能发展一种新型的农村集体水生昆虫养殖经济，我们称之为"昆虫溪沟经济"。

即使单一的某个昆虫产业，也可以与其他创意结合而诞生一种新型的产品甚至产业，比如：有些昆虫加入音乐或色剂或磁场后，就会改变体色或某些习性，从而成为一种有趣的新产品；有些蛙类肚子里装上活体萤火虫等后就会发光，一跳一亮，甚是可爱，也是一种萌宠或研学游产品或旅游产品。

6. 其他昆虫创意产业思路

只要思路开阔活跃，昆虫创意创业的范围会很广阔。比如，还可以发展昆虫创意婚庆产业，将蝴蝶和萤火虫等特色昆虫融入求婚、婚礼、婚纱摄影等产业，让蝴蝶和萤火虫所代言的浪漫、爱情等元素和婚庆完美结合，从而拓展出一种新型业态；把萤火虫融入高档房产或小镇建设中，让萤火虫代言和象征该小区或小镇环境的生态和优质，从而显著提升该房产的品质和影响力，发展"昆虫创意房产产业"；把昆虫打成粉，掺入其他传统食品，做成昆虫月饼、面包、饼干、口香糖等，这些可以称之为"昆虫创意食品产业"；逐步研究用某些特殊的昆虫预测地震或做各种机器人，还可以用昆虫的各种创意元素做成各种仿生产品，发展"昆虫创意仿生产业"。

三、创意营销

昆虫产业(更不用说昆虫创意产业)完全不同于传统的种养殖业，所以，它应该有符合自身规律的特色创意性营销方式、思路和模式。

比如，萤火虫甚至爬沙虫等明星或另类昆虫的各类产品销售，就很适合网络直播或网红营销；昆虫食品、药品、保健品等都有别于常规产品，应该根据所对应的昆虫特征，而采取创意性的营销思路，包括这些产品的起名、包装等都要有创意性；有些昆虫之间可以混搭销售，比如，蝴蝶和萤火虫组成的"萤飞蝶舞"组合景观，爬沙虫和萤火虫组成的"夜间康养"组合套餐；昆虫与其他产业的融合销售，如爬沙虫酒、萤火虫酒、萤火虫茶叶、萤火虫矿泉水等。很多昆虫创意产业的终极表现形式可能是IP的推出，比如，萤火虫的IP"萤宝""萤小乖"的创意策划。

当然了，很多时候，昆虫创意产业的营销思路其实是和昆虫创意产业的产业创新结合在一起，不好区分的。

四、创意养殖

养殖昆虫的过程中也可以融入创意思维，我们称之为"创意养殖"。创意养殖至少包括两个方面：创意养殖基地和创意养殖器具。

创意养殖基地　是指在规划和建设昆虫养殖基地的时候，不能只考虑该基地的养殖功能，还要加入创意性元素，使之在养殖的同时，具有观赏、科普、旅游、休闲、康养等功能，这样该养殖基地就同时能产生其他方面的产业效益。

创意养殖器具　是指在昆虫养殖器具的设计上，要利用身边的闲散材料，巧妙地设计，在减少养殖投入成本的同时，还能研发出具有创意性的养殖器具，也可以作为科普素材。比如，制作一个底部有斜面、上面有遮盖且能悬浮的中、小型养殖器具，可以放在鱼塘或水塘上，充分利用水面养殖水生萤火虫，作为一种新型的养殖器具和模式；在养爬沙虫的时候，可以安装一个简易器具，养殖各类水生蔬菜等植物，实现"虫菜共生"；可以用较粗的竹竿做成竹筒，用来艺术化地养殖爬沙虫。

第四节　昆虫创意产业的功能

昆虫创意产业，使昆虫产品从传统走向时尚，从低端走向高端，从单一走向多元，从单向走向集群，使得整个产业升级；使传统昆虫产业与众多学科和产业交叉融合，组成更有市场吸引力的新型复合产业，极大地延长了产业链，显著提升了产品的附加值；使昆虫产业从配角变为主角，从幕后走到台前，从小众变成大众，拓展了市场占有量；创新出很多与传统种养殖相叠加复合的新型农业模式，让昆虫在大农业尤其是创意农业中发挥枢纽作用；能够将“绿水青山”的生态优势转化成“金山银山”的经济优势，有助于环境保护，有利于乡村振兴；显著提升了昆虫产品和行业的品质和竞争力，使昆虫产业从“红海”走向“蓝海”，引领传统昆虫产业“蝶变”和“涅槃”。

昆虫创意产业思维，不仅是一种新型生产方式，更是一种新型生活方式，也是“昆虫产品生产和创意生产”的双重生产，物质生产与知识生产紧密结合，推进创新和创意产业双重发力，在推动农业发展方式转变、农业供给侧结构性改革和农业发展新旧动能转换方面具有重要的作用，有利于实现生态效益、文化效益、经济效益和社会效益的有机统一。

昆虫创意产业能够激发激活很多传统行业，创新创造出很多新型产业，拉动内需，刺激消费，提高人民生活水平和品质，还能深度挖掘和传播昆虫文化，也能激活昆虫学科，能为专家和企业家等从业者带来更多的灵感和素材。

很多事物，有用的部分是可以衡量的，但有时候可能看似“无用”或普通人没看到的部分最值钱，所以，昆虫产业中昆虫属性直接反映的产业价值大家都能看到和发掘，但无形的看不到的价值和产业却很容易被忽视。

第五节　昆虫创意产业的构建

作为一个新生事物，昆虫创意产业的高质量构建需要具备一定的基础，掌握相关的思路或规律，按照一定的步骤，结合实际情况，灵活创新融合，才能诞生最佳的昆虫创意产业方案。昆虫创意产业的构建是最重要最关键的一项工作。

一、构建昆虫创意产业的基础

要想构建昆虫创意产业，不管是专家，还是企业家，还是策划师，不管是个人，还是上述人员组成的团队，一定要有下面的这些知识储备。

1. 掌握昆虫学知识

对昆虫的基础知识尤其是所要产业化物种的基础生物学及其相关文化要相当熟悉。比如，若不全面了解昆虫学的知识(不仅是基本的常识，还包括很多稀奇古怪的边角知识)，就无法开发出丰富多彩的昆虫主题研学游课程。所以，目前很多昆虫主题研学游课程都是常见的传统设计，鲜有水生昆虫、土壤昆虫、文化昆虫、环保昆虫等方面的经典课程，其中一个原因就是很多人对上述领域不够熟悉。

比如，若只知道萤火虫成虫能发光，如何策划萤火虫幼虫等虫态发光的活动？若以为只有夏天才有萤火虫，如何能想到“冬季赏萤”的活动？如果不知道萤火虫发光的原理及其系列文化内容，如何策划出“为爱发光”等系列文创产品？更不要说发展萤火虫的影视产业了。所以，很多国家很多地方所谓的萤火虫产业，多数都是简单的成虫展览和观赏，收点门票，带动点住宿等收入，日本和韩国及中国台湾等地简单开发了一些萤火虫文创产品，就觉得萤火虫产业做得差不多了，但若广泛延伸和扩展，其实可以做成一个无限扩大的萤火虫创意产业链或产业集群，从而将该产业数倍放大——这就是“昆虫创意产业”的威力！但所有的前提都是首先来源于对该物种全面深度的了解，才有拓展该物种产业的基础。这也正是所有想要发展好的企业必须要有足够的智力和技术支撑的原因之一。

2.具有丰富的知识储备和科学的知识构架

比如，就昆虫科普或研学游产业而言，若不懂得很多文学尤其是古代文学知识，就很难策划设计出“囊萤夜读”“破茧成蝶”等一系列昆虫与文化结合的优质课程，并开发出相关主题的独特文创产品，从而延伸昆虫产业链。

比如，如果不具备自动化及机械器材等方面的知识，根本无法在养殖器具和技术上有什么重大的创意性提升；如果不具备充足的农业知识，就无法研发出“稻虫共生”“虫菜共生”等一些创意性的新兴产业。

3.具备高超的市场营销和策划能力

除了上述那些“硬”知识之外，要想最终产生交叉融合性的昆虫创意产业，还很需要具备敏锐的市场嗅觉、高超的策划能力、极强的创新意识和能力等。

上述那些知识都属于“硬”知识，就像建筑材料的砖块，若想用这些建筑材料建设大厦高楼，还需要“钢筋”和“水泥”等的黏合。所以，当事人还要敏锐地感知和把握市场需求，尤其是潜在的隐形的需求，创新创造性地交叉融合，加入策划和创意元素，然后根据市场再灵活调整。

比如，在了解萤火虫发光知识和镜面反光知识的基础上，受万花筒原理的启发，结合市场的需要，才能创建出“萤火虫玻璃屋”等创意性产品和服务；只有在了解萤火虫发光和趋性等知识的基础上，结合创意和市场需求，才能创造出萤火虫表演和各类萤火虫造型等夜间经济的新玩法。在全面掌握萤火虫的习性并了解其他领域专业知识的基础上，结合市场需求，发挥无限创意，就能创造出无限的玩法，而不是简单地观赏萤火虫发光，从而构建新颖的业态，满足更多市场需求，打造系列萤火虫创意产业链，产生更多的经济效益、生态效益、文化效益和社会效益，发挥昆虫创意产业的威力。

综上所述，能构建优质昆虫创意产业的个人或团队，必须在非常熟悉昆虫学知识和相关技术技能的基础上，还要知识面非常广、创新能力和营销策划等能力都非常强，才能胜任。

二、构建昆虫创意产业的思路和规律

昆虫创意产业其实就是“昆虫产业”和“创意产业”融合的产物，但也不是两者简单相加，而是深度的融合，也可以称之为“昆虫产业＋”。构建昆虫创意产业，有如下思路或规律可以参考。

(一)所有虫态及其附属物的开发

多数人在开发昆虫产品的时候,主要关注的是成虫和/或幼虫/若虫(蚕蛹、蜂蛹等特殊蛹虫态的产品除外),而忽略了蛹(完全变态昆虫)尤其是卵的产品及其系列产业链的挖掘和开发,更忽略了这些昆虫所有虫态过程中虫体附属物的开发利用。其实,几乎所有资源昆虫的各个虫态都有利用价值,只是很多研究跟不上,养殖者和开发企业又不熟悉这些业务知识,消费者就只能被动地接受这些常规的传统昆虫产品,最终导致昆虫产品由于人为思维的狭隘而无法充分释放其生命力。

比如,被誉为"虫参"的爬沙虫,人们对它的产品定位主要是"美食"(食用昆虫)或者"医药"(药用昆虫)或者药食两用昆虫,对爬沙虫的利用基本全是幼虫,只有非常少数的人或地区偶尔食用成虫,个别的人出售或取食过蛹,没有任何有关卵的利用的报道。其实,爬沙虫的幼虫、蛹、成虫、卵,全部都能做成产品,尤其是蛹,是比幼虫还要好很多的产品开发虫态;而且,大家都只关注了虫体本身,并没有利用爬沙虫一生所要蜕的十多次皮(这些蜕皮都是可以开发产品的原材料),更没有利用爬沙虫幼虫、蛹、成虫的喷液(是一种杀虫剂或保健药用开发的原材料),甚至还有某些种类的卵块孵化之后的卵壳等。若能开发出上述产品,就是在传统爬沙虫产业基础上用创意产业的思维极大地横向、纵向地拓展了该产业链,自然就能显著提升该产业的综合效益。

再比如,市面上的萤火虫产品,基本全是清一色的成虫发光产品,其实,萤火虫的卵、幼虫、蛹、成虫都能发光,至少可以大量开发萤火虫幼虫发光产品或产业,而且还可以用成虫入药治疗一些疾病,还可以提取幼虫和成虫的某些毒素开发利用,甚至,我们还可以将某些萤火虫化蛹的蛹室做成工艺品售卖(就像毛翅目石蚕的蛹室可以做成精美的工艺品售卖一个道理),还可以模拟萤火虫的蛹室做成逼真的民宿建筑,让游客晚上参观完萤火虫景观后,住在外形酷似萤火虫蛹室、里面放着萤火虫的主题民宿里,这肯定又是一种受人欢迎的创意营销。

(二)昆虫文化属性及其所属地文化的挖掘

很多昆虫的创意产业,都是来自对这些昆虫的文化属性及其市场价值的深度挖掘,从而产生出很多产业业态。

研究证明,观赏萤火虫有缓解焦虑、舒缓压力等功效,具有"养心"的功能,所以,可以将萤火虫嵌入在一些常规康养项目中,从而推出"养身、养生和养心"相结合的立体康养产品。比如,在峨眉山发展萤火虫产业,就可以结合峨眉山四大奇观之一的"圣灯",从而推出"峨眉圣灯,人间萤火"的创意构想;结合峨眉山的佛教色彩和拜佛理念,推出"禅意萤光"和"拜佛祭萤"等旅游文化特色交叉产品。

再比如,在十分盛行取食爬沙虫的四川攀西地区,可以在推出老年阳光康养旅游的同时,推出适合老年人康养的系列爬沙虫旅游康养礼品;在湖南湘西苗寨里盛行的"桃花虫",素有盛名,历史悠久,也可以适度发展出具有特色的少数民族保健昆虫食品或礼品。

(三)物质或物体本身市场属性和功能的挖掘

物质本体本来具有多重价值和意义,但很多时候,我们人为地思想僵化地为其赋予某个的价值或意义，从而缩小了其市场空间，其实，完全可以放开思维，跳出藩篱，扩大其市场价值，从而拉伸产业链。

比如，萤火虫的养殖基地，尤其是室外生态自然养殖基地，本身就是旅游基地，所以，在规划萤火虫养殖基地的时候，适当加入一些旅游的元素，就是一个简单的旅游景区；即使是萤火虫室内养殖基地，也可以作为一个简易的观赏景点，至少可以作为一个研学游基地。这样的基地既有养殖功能，又有旅游运营功能，"一地两用""基地即景点"，该基地的"旅游运营"功能就是原来的基地属性和产业的延伸和拓展，也属于"昆虫创意产业"思维的运用。该思路和做法不仅可以用在萤火虫产业上，其实很多的养殖基地，可以成为研学游基地或乡村旅游的一个元素，不能简单地就只作为养殖基地，否则就太限制了该基地的功能和产业价值。

在一些昆虫主题的研学游产业中，很多昆虫除了是研学游的讲课对象之外，其实本身也是研学游产品或旅游礼品。例如，青少年或普通游客参观完蝴蝶等经典的昆虫主题研学游或旅游后，商家提前制作好的或游客 DIY 自己制作的包括蝶翅画在内的各种蝴蝶工艺品，甚至活体蝴蝶等就是旅游产品；游客参观萤火虫景区的时候，萤火虫成虫、幼虫等活体及其衍生品都可以作为旅游产品。这就是所谓的"产品即礼品"。

(四)交叉融合和组团应用

"交叉融合和组团应用"是昆虫创意产业的一个重要思路或规律，大致包括以下几种情况：

(1) 各种昆虫产业之间的融合和组团　比如，"萤飞蝶舞"就是经典的旅游昆虫打组合拳的代表。萤火虫和蝴蝶都是具有深厚文化底蕴的经典旅游昆虫，而且，前者幼虫吃荤不吃素，成虫晚上飞，后者却正好相反，幼虫吃素不吃荤，成虫白天舞，互不干扰。某个景区若能巧妙地把蝴蝶和萤火虫的养殖及旅游融在一起，形成"白天赏蝶，夜晚观萤"的独特旅游景观，将是很好的旅游套餐或组合，是"1＋1＞2"的叠加效应，两者应该联袂出演。再比如，萤火虫和爬沙虫的组合：萤火虫，让你享受浪漫；爬沙虫，让你"有能力"享受浪漫，两者拼合而成的"夜间昆虫套餐"应该成为新的旅游产品。

(2) 不同行业或产业之间的交叉融合　比如，萤火虫作为经典的发光生物和明星昆虫，理应也必须要在夜游经济中发出璀璨的光芒，成为夜间旅游的绝佳题材，更应该融合研学游及其他教育，发展"萤火虫自然学堂"之类的新型研学游或教育模式。比如，昆虫科普或会展，不但可以单独成为一个产业，还可以与房地产、商场、影院、车展、庆典等结合，成为特色交叉产业。比如，在水稻田里可以养殖水生萤火虫和爬沙虫等水生昆虫，从而构建一种"稻虫共生"种养殖结合的新型农业模式；可以在水生昆虫养殖的同时，水面上种植一些水生蔬菜或植物等，形成一种"虫菜共生"的新模式；在乡村溪沟里养殖爬沙虫等水生昆虫，在保护水源和生态环境的同时还能养殖昆虫从而带来经济效益，我们称之为"昆虫溪沟经济"；萤火虫存在于一个传统种植项目内，由于萤火虫对环境尤其是农药极其敏感，所以，可以用萤火虫来代言这个农业项目体的绿色、生态甚至有机，从而构建"萤火虫(有机景观)农业"。

(3) 不同学科之间的交叉融合　昆虫专业与生物技术等专业结合进行昆虫人工养殖及产品研发研究，与林学专业结合开展森林旅游和自然教育，与科学教育专业结合开展昆虫主题研学游，与化学专业结合开展昆虫活性成分检测和提取，与物理电子专业合作研发萤火虫发光产品和自动化人工养殖器具，与文学新闻学院合作研究昆虫与诗词、成语、书法、宗教、民族、地名等的关系并录制昆虫科普视频和自媒体宣传，与美术学院联合研发昆虫文创和旅游产品以及萤火虫的美学研究，与音乐学院联合开展鸣叫昆虫与乐器研发、昆虫主题乐曲编写、舞蹈和音乐剧，与旅游学院联合开发萤火虫等昆虫主题旅游，与体育学院联合研发昆虫武术和昆虫主题运动会，与心理学专业联合研究萤火虫等昆虫在心理理疗中的作用，与外语学院联合研究昆虫翻译的规律。

总之，要用全产业链思维和综合叠加思维，把某种昆虫（产业）放在更大、更广的背景下去思考和审视，将不同昆虫之间以及昆虫与不同行业、产业、学科之间纵向、横向地交叉融合或组团叠加，就能碰撞出新型的产业，拉长产业链，提升传统昆虫产业的附加值。

三、构建昆虫创意产业的步骤

昆虫创意产业主要涵盖昆虫养殖、产品生产、产品销售、产业拓展几个环节。

（1）在昆虫养殖过程中要巧妙地在养殖器具、技术和模式上进行创意性改造，如前述章节中提到的创意性养殖器具和“稻虫共生”“虫菜共生”“昆虫溪沟经济”等创意性昆虫养殖技术和产业模式。

（2）在产品生产过程中可以按照上述的部分规律对产品进行创意性设计和生产，尤其是对一些具有较强文化属性的昆虫，更是要对其进行全面深度的文创产品挖掘。例如，萤火虫系列文创产品显著提高了附加值，拉长了萤火虫的产业链。

（3）产品营销过程是最需要加入创意性思维和做法、也是最能体现昆虫创意产业精髓的环节，因为一样的产品，不同的营销思维，尤其是创意程度不同的营销方式而产生的营销结果和产业潜能的释放，可能会差别很大。例如，同样做萤火虫产业，不同的“玩”法（营销方法）会导致差距很大的结果和效益。

（4）昆虫创意产业还需要在产业拓展上下功夫，将会更大地激发昆虫产业潜力，从而爆发出更大的产业威力，带来更大的经济效益。例如，萤火虫 IP 形象的打造甚至文化影视产业的挖掘，都会极大地延伸萤火虫产业链。

从思维逻辑上，昆虫创意产业的构建可以按照如下步骤进行：先根据其主要功能或显著特征，将该种或该类昆虫主定位，然后开始拓展功能或产业链，大致顺序或思路如下。

第一层面：考虑一下，该种或该类昆虫除了传统的主定位，是否还有其他功能或价值。

比如，多数民众都将爬沙虫定位为食用昆虫，主要是用来做美食，其实，它的主要功能是药用，至少可以作为药食两用昆虫，其卵块、幼虫、蛹、成虫都可以利用，成虫的翅膀还可以做工艺品。萤火虫是经典的旅游、娱乐昆虫，但同时也可以入药（成虫可以直接入药，幼虫等提取毒素入药），还可以提取荧光素，还可以将萤火虫幼虫作为防治软体动物的天敌昆虫，还可以利用部分水生萤火虫幼虫取食钉螺的习性将其作为医学益虫。

所以，基本所有的昆虫资源都不是单一的功能，很多时候是从业者给某个昆虫贴上某项产业功能的标签，然后按照这个标签进行产业化，其实，是我们的思路没打开，对这个昆虫的认知太少，人为地削减了很多功能和市场价值。昆虫创意产业就是要求从业者全面综合地认知这个昆虫，充分挖掘其产业功能，从而拉伸产业链，最终扩大其市场和产业价值。

第二层面：深入思考和挖掘该昆虫是否还有其他功能或作用。

比如，蚤蝼是一种基本没有任何应用价值、侧重于分类研究的昆虫，但其实它也是一类资源昆虫。例如，蚤蝼可以作为仿生材料，开发地面和水面同时善跳的机器人以及在水里可以潜水跳跃的机器人，甚至还有可能开发成能预测地震的特殊昆虫。

因此，当我们从事一类昆虫的产业化开发的时候，不仅拓展该昆虫的基本功能，还要拓展到文化、仿生等领域，进一步延伸产业链。把昆虫产业放大到文化教育产业（包括科普、研学游、影视）、法医领域、仿生领域、工艺品领域等，都能极大地促进昆虫产业的拓展。

第三层面：在上述拓展思路的基础上，若进一步加入创意思维，与其他更远的产业交叉结合，则会产生更多的外延产业，从而进一步拓展延伸该昆虫的价值。

一方面，是与其他产业的结合，比如，昆虫产业与新型农业、美术、艺术品、文创产品、房地产、旅游业等的结合；另一方面，结合其他前沿学科手段，进行产品深加工，如基因工程、肠道微生物、提取甲壳素等。

四、构建昆虫创意产业的素材

（1）可以用于创意产业的昆虫生物学规律　一般来说，可以用于创意产业的昆虫生物学习性大致如下：

最能用于创意产业的是昆虫的各类行为学特征。比如，可以利用萤火虫的趋光性，进行若干萤火虫集体向某处飞来的表演；利用蝴蝶吸水的习性，可以让蝴蝶聚在一处呈现胜景；利用蛐蛐甚至爬沙虫等昆虫的打斗习性开发“斗虫”表演；利用很多昆虫能跑善跳等习性，开发适合青少年科普或亲子游戏的“昆虫运动会”；利用鸣虫的各类鸣叫声举办“昆虫音乐节”；可以把蝴蝶蛹卖给游客，让其观察“破茧成蝶”等行为得以励志；可以举行树上黏蝉、把金龟子做成“小风扇”、钓蜻蜓等有意思的科普和亲子游体验活动。这些都是利用了昆虫的行为习性，可以依据不同昆虫不同的习性而开发出多样的创意产业。

很多昆虫的成虫都可以做文创产品，比如，用翅膀做成画（如著名的蝶翅画），整个成虫虫体做成标本（蝴蝶标本），或者做成琥珀标本（中小型的甲壳类昆虫）。有些昆虫的蛹室可以做成工艺品，比如，毛翅目幼虫（石蚕）的蛹室是经典的工艺品，尤其是在人为的干预下让石蚕吐出金丝，可以制作金质的蛹室吊坠等工艺品。用爬沙虫幼虫的蜕皮包一些糯米等做成特色食品，或者沸水煮几分钟幼虫后剥皮制作。很多昆虫的卵或卵块等也可以做成创意性的工艺品、科普产品或食品等。

（2）提炼文化特色　有文化背景、人们喜闻乐见的昆虫（如蝴蝶、萤火虫等）都具有做成文化产品甚至影视作品的潜力，这将是产业扩大很多倍的新型昆虫创意产业。

（3）提炼美术和艺术特质　很多外形漂亮的昆虫都可以与美术和艺术品结合，做成各类创意手工制作和创意文创作品，甚至做成昆虫创意服装。

（4）很多行为特殊的昆虫都具有仿生价值，一旦开发，将是一个产业价值不可估量的领域。

第六节　昆虫创意产业的运营

一、昆虫创意产业人才的必备素质

昆虫创意产业的积极探索和健康运营主要是依靠一批具备下述素质的运营人才和研发人才。

(1)事业心　要喜欢昆虫,热爱昆虫产业,立志让昆虫造福人类,真正有做大做强昆虫产业甚至为昆虫产业奉献一切的情怀和决心。把昆虫产业作为一项伟大的事业来做,而不是作为普通的生意来做。这是最主要、最基础的素质。

(2)坚定和热情　要有宏伟的志向和足够的抗压能力,要能坚守自己的事业和信仰,越挫越勇而热情不减,相信昆虫创意产业一定能成功,愿意为之长久投资和耕耘,而不是短视行为,做了一年半载或两年三年,觉得效益不好或遇到困难就放弃。

(3)创新思维和开阔视野　要有极强的创新思维和开阔的视野,具有完善的丰富的知识结构(不仅要有理工科的知识,还要有人文、美学等方面的素养),才能打开思路,接受新生事物,并迅速地找到感觉,从而健康持续地创新创意。

(4)要有管理现代企业的主要素养　尤其是产品研发设计能力、专利转化和创新能力、产学研合作能力、品牌发展规划能力、人力资本开发和管理能力、把握市场机遇的能力,等等。

(5)要有正确选择的能力、把握“大势”的能力和“不争第一,只做唯一”的创新意识　那么多样的昆虫种类和昆虫产业,到底选择哪一种作为毕生的事业呢?选择比努力更重要,选择一个最恰当的物种和产业是成功的先决条件。正所谓谋“事”不如谋“势”、识时务者为俊杰,要盯住和选择国家和社会发展的大势和重大需求,顺势而为,才能获得政府和社会的青睐和支持;还要有“不争第一,只做唯一”的创新意识,不扎堆,不尾随,不跟不从,善于和敢于创新,挑战没人做过且具有产业价值的行业,如此,一般是“十年不开张,开张管百年”。研究和产业化的开端极为艰难,但一旦成功,则处于基本无人竞争的垄断境界,产业和科研都很好做,也能使得整个昆虫产业出现“百花争艳、蓝海朝阳”的良性发展局面。

二、昆虫创意产业的运作经营

1. 昆虫消费教育

昆虫、昆虫产品、昆虫产业、昆虫创意产业,对绝大多数消费者来说,都是新鲜而陌生的,而且不易接受,这也是制约昆虫创意产业的一大瓶颈问题,必须突破,才能迎来春天。

从大环境和大背景来看,昆虫创意产业要想有快速的发展,首先要有组织、有计划地向全体国民传授传播各类昆虫产品的消费知识和技能,培养正确、科学的昆虫产品消费观,这就是“昆虫消费教育”。

需要强调的是:第一,要用创意的方式教育消费者,而不是用传统的简单的教育模式;第二,要把昆虫消费教育作为一种昆虫科普或文化产业来做,而不纯粹是投资性的教育过程。

所以，一方面，我们不丢弃传统宣传媒介和途径，向社会大众宣传昆虫知识；另一方面，我们要结合研学游和科普活动、亲子活动等形式，用产业的思维和方式去传播昆虫文化，尤其是教育青少年孩子，让他们从小就了解昆虫，接受昆虫，热爱昆虫，为将来的一代人普遍具有昆虫产业意识而奠定基础。总之，要用多种方式，多途径多受众地进行消费教育，让广大消费者尽快接受昆虫产业，为昆虫产业的蓬勃发展奠定知识基础。

2. 瞄准市场，拓展市场

昆虫创意产业是一个特殊的产业，所以，一定要精准地找到自己的市场，否则，会徒而无功，无的放矢。需要注意的是：第一，要精准地、分门别类地找到每个昆虫物种所对应的市场，包括精准的消费者定位和市场定位。比如，售卖爬沙虫，到底定位在高档食品，还是康养保健品，甚至是药品？爬沙虫的重点受众人群，到底是中老年人的治疗夜尿等疾病，还是小儿的遗尿等疾病，还是提倡年轻人的"轻保健"？不同的思维和定位肯定会带来很大不同的产业结果，甚至关乎产业的成败。第二，要用创意产业的思维去寻找市场，拓展市场。这一点是昆虫创意产业的精髓，也与"瞄准市场"有机结合。

只有在寻找市场的同时拓展市场，然后反复斟酌，进而确定最精准的市场，才能有的放矢，精准营销，从而取得最佳的产业效果。

3. 创意性开发

按照昆虫创意产业构建的思路，对基地建设、养殖过程，尤其是产品开发和产业拓展各个环节进行昆虫创意产业打造。一定要把创意产业思维贯穿始终，在各个环节开发出各类创意性的产品。这是昆虫创意产业的基础。

4. 创意性营销

有了好的创意产品，还要有相应的高水平的创意性营销，才能取得最佳的产业效果。昆虫创意产业思维要求我们不仅卖产品，更要卖文化、卖创意，最终是为了尽量地拉长产业链，提高产品和产业的附加值。

第八章 昆虫创意产业实践

第一节 昆虫创意产业在乡村振兴中的应用

实施乡村振兴战略是党在深刻认识新时代“三农”发展新阶段、新规律、新任务基础上作出的重大战略部署。产业振兴是实施乡村振兴战略的枢纽，是解决“三农”问题的重要抓手。第一二三产业融合发展是乡村产业振兴的根本途径和必由之路，乡村产业振兴必须要培育一二三产业融合的新业态。在这个业态融合的过程中，昆虫创意产业具有打通和融合一二三产业共同发展的重要意义。

乡村振兴最核心的是产业振兴。当前，很多地方的乡村振兴产业都是传统的种植业和养殖业，少有创新性或交叉性或拓展性的产业，更鲜有昆虫创意产业。有机农业、生态农业、生态农庄、乡村旅游尤其是夜间旅游等都遇到了瓶颈问题，而昆虫产业尤其是昆虫创意产业却能以独特的着力点融合上述元素（比如“萤火虫创意农业”），起到激活的作用，可以取得创新性的突破，从而起到“四两拨千斤”的效果。所以，若思维恰当，路径正确，昆虫创意产业可以激活乡村振兴，破解诸多难题，甚至解决很多系统性的问题，成为全面乡村振兴的“助推器”。

我国地域辽阔，乡村资源禀赋差异大，如果不考虑区域特点地盲目跟风、相互攀比或重复建设，必然会带来发展思路单一、产业结构雷同、区域特色不鲜明等问题。在这种情况下，昆虫创意产业的多业态融合发展模式非常适宜乡村振兴，乡村在立足自身资源和优势条件的基础上探索昆虫创意产业发展的路径具有很强的合理性与可行性，昆虫资源产业化开发会成为破解现代农业发展困局的一把“钥匙”，未来发展潜力巨大。

昆虫创意产业在乡村振兴应用的过程并非单纯对乡村昆虫资源的产业化，而是让乡村因虫“百业兴旺”，是农业的全新业态，是一种乡村多元产业通过昆虫创意产业驱动的混合态。若将昆虫创意产业链纵向延展和横向拓宽，则可催生出多种昆虫创意产业新业态，进而取得乡村振兴的发展新成效。在昆虫创意产业的应用场景中，乡村振兴战略是结合得最为密切的，也就是说，昆虫创意产业可以切入到乡村振兴中的方方面面，包括乡村旅游、田园康养、新型农业、研学科普、农业增收、农产品附加值、农村环境治理、美丽乡村建设、田园综合体建设、精准扶贫、昆虫蛋白饲料等。

乡村振兴的难点和关键是产业振兴，而昆虫创意产业是很容易被人忽略的一个其实潜藏着巨大能量和前景的特殊产业，应该挖掘出来，在乡村振兴尤其是乡村产业振兴和乡村生态振兴中发挥应有的作用，发展新的“特色昆虫经济”，比如河道养殖昆虫以发展“昆虫溪沟经济”，稻田养殖昆虫以发展“稻虫共生经济”，温室内养殖昆虫以发展“昆虫大棚经济”，走出一条用资源昆虫撬动乡村振兴的特色路子。

一、昆虫创意产业在乡村振兴中的应用路径

昆虫创意产业在乡村振兴中的应用，可以纵向地按照昆虫类别阐述，也可以按照应用领域阐述。

（一）按照昆虫类别

1. 休闲旅游昆虫

乡村的休闲旅游昆虫也可以称为“乡村景观昆虫”，是指那些特别适合乡村环境、乡村旅游、乡村产业的各类适合观赏和用作景观的资源昆虫。主要有萤火虫、蝴蝶和蜻蜓等。

萤火虫因其独特的夜晚发光景观效果成为首选的乡村景观昆虫，又因为萤火虫与自然生态和乡村的天然契合性，使得萤火虫在乡村振兴中的作用首先体现在乡村旅游上，尤其是能显著拉动乡村的夜间旅游。同时，萤火虫乡村旅游还可以向外拓展，发展很多新的业态，如：研学游、情侣游、乡愁游、亲子游、养心游等；萤火虫景观可以建在野外生态环境中，也可以发展室内人工景观，还可以发展萤火虫溶洞、稻田、温泉、森林等；还可以拓展带动其他旅游项目，如萤火虫主题餐厅、民宿、温泉、康养、酒吧、婚庆等，甚至还可以继续扩展到心理理疗（观赏萤火虫有缓解焦虑和压力等作用）、励志文化（萤火虫有“囊萤夜读”的典故）、房地产（让萤火虫飞舞在房产区，代言房产的良好生态环境）等领域。其实，萤火虫不仅能带动第三产业，还能渗透到第一和第二产业，如，萤火虫有机/生态景观农业（萤火虫与有机或生态农业相结合，代言有机或生态，同时具有景观效果），萤火虫系列文创产品（各类萤火虫旅游产品等），萤火虫医药（萤火虫成虫本身就是中药，幼虫也能提取药用成分），萤火虫工业（荧光素产业）等。

蝴蝶作为另外一种经典的传统景观昆虫，可以独立成景，也可以与萤火虫相结合，发展“萤飞蝶舞”的复合特色景观，两者搭配相得益彰，绝佳组合，会给游客带来全天候的视觉饕餮盛宴。

蜻蜓也是一种很有价值的景观昆虫，但在应用中需要注意的是：首先，蜻蜓不能与水生萤火虫混养或隔得很近，因为蜻蜓的稚虫会取食水生萤火虫的幼虫；其次，蜻蜓除了供游客“赏”外，还要让游客能“玩”，比如四川一带的“钓蜻蜓”，就是一种能让游客参与体验的活动；再次，蜻蜓景观还能发挥它的文化底蕴和功能，如与蜻蜓有关的诗词成语、蜻蜓仿生知识、各类蜻蜓标本等，特别适合应用在科普游和研学游上；最后，还要注意将蜻蜓的药用、食用价值发挥出来，因为蜻蜓的幼虫（俗称“水虿”）具有丰富的营养和很高的药用价值，是一种著名的药食两用昆虫。

2. 食用药用昆虫

食用药用昆虫也可以称为“健康昆虫”，是指具有营养保健作用甚至具有一定药效的能促进人类健康的资源昆虫，包括爬沙虫、蝉花、九香虫、龙虱、蜻蜓等众多种类。现以爬沙虫为例，阐述食用药用昆虫在乡村振兴中的应用途径。

爬沙虫是广翅目齿蛉科昆虫（主要是巨齿蛉属和部分大型齿蛉属）幼虫的俗称或统称，营

养丰富，是一种广泛食用的珍馐佳肴，能治疗小儿夜尿、老人尿频等疾病，具有重要的药用和食用价值，有“动物人参”“水中人参”“虫参”“土人参”等美誉。爬沙虫除了在日本有着悠久的应用历史外，在四川、云南、重庆、广西、广东等地也已成为非常昂贵和紧俏的药食两用的滋补食品，且有开发成保健品的巨大潜力。目前，由于需求量增加，而野外爬沙虫量却锐减，所以有巨大的市场缺口，价格不断攀升，蕴含着巨大的商机。

要发展爬沙虫产业，首先，要大力发展爬沙虫的人工繁育。爬沙虫的繁育至少有四种模式：首先，河道养殖以发展“昆虫溪沟经济”，能把乡村的溪沟利用起来；其次，稻田养殖以发展“稻虫共生经济”，能把乡村的稻田利用起来；再次，室内养殖以发展“昆虫大棚经济”，能把乡村的闲散房屋和废弃大棚利用起来；最后，还可以将爬沙虫养殖和芽苗菜等的养殖结合起来，发展“虫菜共生经济”。

爬沙虫的产品可以多样化，比如：将爬沙虫的幼虫或蛹做成各类袋装的或盒装的即食产品，还可以做成辣酱、粉剂、冷冻干燥产品等；还可以在深入研究爬沙虫幼虫或蛹的营养、功能成分的基础上，将其做成蛋白粉、含片、胶囊等，开发保健酒等各类饮品，甚至还可以开发控尿（小儿夜尿、老人尿频）的药物，甚至开发出具有滋阴壮阳、补肾等功能的药品。爬沙虫残体可以作为家禽、鸟类和龟类等养殖业饲料，生产“虫参鸡”“战斗鸡”等特色产品。

爬沙虫养殖对环境没有任何的污染，相反却能显著监测和促进环境保护，而且与“三农”相联系，既能显著提升传统农业（稻虫共生、菜虫共生、大棚养虫），还能极大地利用众多溪沟（溪沟经济），是当下乡村振兴的一种全新探索。同时，这些产业不需要青壮年劳动力，能充分利用农村的留守妇女和老弱病残劳动力，对巩固精准脱贫成果和促进就业等都有益处，具有较好的经济效益、生态效益和社会效益。

3. 研学科普昆虫

由于昆虫具有种类多、易获得、知识点多等特征，再加上多数昆虫还具有深厚的文化，能衍生出很多体验活动和各类游戏，昆虫成为很好的研学和科普材料。

发展乡村的昆虫研学科普产业，是一条低成本的乡村振兴之路，基本不需要投入太多的硬件设施，风险不大，主要是利用当地的生物材料，转化成科普旅游材料，从而拉动吃住行娱购游等众多产业，带动乡村振兴。乡村研学科普旅游产业的核心和难点是昆虫主题自然教育类的课程设计、师资培养，再就是各类景观的打造和基地的建造等。

4. 环保垃圾昆虫

环保昆虫是指能够处理农业垃圾、厨余垃圾等各类有机垃圾的资源昆虫，主要用在农村环境治理和畜禽粪便处理上。这是一种以昆虫为纽带的新型循环农业体系，可以在乡村振兴中的循环农业、垃圾资源化利用、美丽乡村建设中发挥重要作用。

目前，主要应用黄粉虫处理各类菜叶及餐厨垃圾，用黑水虻和蝇蛆处理畜禽粪便和厨余垃圾，用白星花金龟幼虫处理各类农业有机垃圾。由于各类处理厨余垃圾的环保昆虫各有优缺点，再加上考虑到要延长其产业链的因素，处理有机垃圾可以采用“环境生物系统技术，多重技术组合处理”的“1＋3＋N”技术模式，即：“1”是指微生物初步分解，因为微生物的初步分解是所有处理餐厨垃圾方式中的必需步骤；“3”是指“黄粉虫＋黑水虻＋白星花金龟”，如此组合才能优势互补，达到最佳的处理效果；“N”是指“改良大沼”（大型、超大型沼气池的模式，不是以产气为目的，而是先确保废弃物无害化暂时储存，连续处理），“净化植物”（能治理污水、吸污的一些植物，以水生植物为主，如浮萍、水葫芦等），还可以养殖蝇蛆、蟑螂、独角仙等其他环保昆虫甚至蚯蚓，这些环保昆虫甚至蚯蚓也各自具有处理餐厨的优势和缺点，可以辅助养殖，主要是增加处理餐厨垃圾技术和虫种的多样性，增加资源化处理餐厨垃圾研学游基地的科普内容，尤其是独角仙还具有很好的观赏价值，另外，还可以养殖爬沙虫和萤火虫、蝴蝶等，这既是对上述产品的进一步利用，也有利于研学游和亲子游等旅游产业，还能促进生态有机产品生产和美丽乡村建设，进而促进康养和养老等产业。

这种模式，不仅能有效地利用昆虫处理有机垃圾，还能拓展到很多领域和产业，能产生更多的综合效益，有利于产业的健康持续发展。这些环保昆虫，能取食各类有机垃圾，转化成昆虫蛋白，其虫粪可以作为高档的有机肥料还田，改良土壤，不仅保护了生态，还促进了垃圾的资源化利用，还能促进循环高效农业，促进百姓增收，具有生态、经济、社会等多重效益。

5. 工业原料昆虫

工业原料昆虫是指那些大批量地进行工厂化产品加工的原料昆虫或是其产物可以大批量地进行工厂化产品加工的昆虫。包括各种绢丝昆虫（家蚕、柞蚕等）和五倍子蚜、紫胶虫、白蜡虫、胭脂虫等。

这些昆虫特别适合中南部一些省份，尤其是结合林业等产业一起发展，作为林间或林下经济的一个特色，已经在多地精准扶贫和乡村振兴中产生了积极的作用，取得了很好的经济、社会、生态效益。

工业原料昆虫除了传统的价值和利用途径之外，还可以在研学科普、创意工艺品制作、特色体验活动等领域延伸出新的产业。

6. 饲用昆虫

环保昆虫中的黄粉虫、黑水虻等都是著名的饲用昆虫。这些昆虫不仅可以用来作为优质饲料喂食各类畜禽及龟鳖和水产等，还能延伸到特色创意养殖业：比如，可以用黄粉虫等喂食土鸡，发展“虫子鸡（蛋）”产业；可以用爬沙虫残体等喂食土鸡，发展“战斗鸡”（土鸡食用爬沙虫后会变得斗性大增，战斗力很强）特色品牌，这些都是“羊毛出在猪身上”的创意思路和做法。

7. 天敌昆虫

天敌昆虫是一类寄生或捕食其他昆虫或螨类的昆虫，长期在农田、林区和牧场中控制着害虫的发展和蔓延。天敌昆虫在自然界中大量存在，对于某些害虫的发生和成灾起着制约作用，对于维持生态平衡、保持物种多样性起着重要作用。

目前，乡村越来越重视绿色农业、生态农业、有机农业，以虫治虫发展天敌昆虫越来越受到追捧，应用范围越来越广，能显著促进和提升现代农业的品质和农产品的附加值。

天敌昆虫可以和萤火虫等代言有机或生态的昆虫联袂组合成“昆虫套餐”，从而催生出“萤火虫有机景观农业”等新业态，同时在此基础上发展昆虫研学科普和各类体验活动，还能促进农产品的销售。

8. 授粉昆虫

授粉昆虫或称传粉昆虫，是有助于植物尤其是农作物传粉授粉的一类特殊的资源昆虫，有助于提升农产品的品质和产量，被称为“农业之翼”。

我国在农林业上对授粉昆虫的应用较为广泛，在许多异花授粉的经济作物上取得了显著的成效，如意蜂、中蜂除已广泛用于农林作物、瓜果传粉外，还在大棚蔬菜和瓜果传粉方面得到了新的广泛应用。

授粉昆虫除了可以促进农业生产、提高农产品产量和品质之外，还可以发展昆虫主题研学科普，以及各类昆虫授粉体验活动，这些也是创意性产业拓展。

（二）按照应用领域

1. 昆虫助力乡村夜游经济

由于独特的夜间发光习性，萤火虫成为发展夜游经济的绝好题材，又由于萤火虫就喜欢乡村原始自然洁净的生态环境，乡村发展萤火虫夜游经济，显得非常贴切和自然，也是乡村生态旅游的突破点。

尤其是很多贫困山区，地处偏远，生态环境良好，萤火虫恰巧又对生存环境要求极高，所以，完全可以顺理成章地养殖萤火虫，进而吸引游客来乡村夜间旅游。一旦有众多游客因萤火虫而来，就会带动吃、住、行、娱、购、游，农产品的销售等全成了自然而然的事情，一下就破解了偏远乡村没人来、农产品不好销售等诸多难题。还能促进农、商、文、旅、体融合发展，进而提升旅游特色和品质。发展研学游、亲子游、情侣游、乡愁游等多种旅游品种；发展多种景观，如萤火虫溶洞、稻田等；发展多种经营业态，如萤火虫主题餐厅、民宿、温泉等；发展“稻虫共生”及其系列创意产品，还可打造“萤火虫生态村落”和“萤火虫创意产业链”，举办“萤飞蝶舞”昆虫旅游文化周等。

2. 昆虫代言有机农业

由于萤火虫对生存环境要求极为苛刻，有大量萤火虫生存的地方，一般都是水质、土壤等指标优质，且农药、化肥等未施用或未超标，又因其幼虫可以捕食蜗牛等软体有害生物，陆生萤火虫还可以作为天敌昆虫应用于生物防治，水生萤火虫因其幼虫可以捕食田螺、钉螺甚至福寿螺等软体动物，还可以用于水田和池塘等有害生物和卫生害虫的防治。因此，可以在有机农业或生态农业区养殖陆生或水生萤火虫，用萤火虫来反映和代言该处的优质环境及其所产的优质有机或生态农产品，增加其信任度和知名度，进而显著提升销售量和价格。尤其是若再发展萤火虫夜游经济，还能带来显著的旅游收入，同时，能让游客直接感受农产品的品质，直接促销相关产品。

2016 年，贵州省遵义市凤冈县借力“黔货出山”的战略部署，提出以“良心产业 · 有机凤冈”为引领，提出全域有机、全产业链有机的“双有机”概念，把洁净的土壤、清新的空气、优良的生态作为实施“双有机”战略的“命根子”，在生态环境的“防、控、治”上做文章，实施“土长、河长、林长”三长制管理制度，对国土空间形成了一个多维立体的保护。2018 年，凤冈县开始实施萤火虫与有机农业融合的试验，野外繁育萤火虫 20 多万只，并提出打造黔北“萤光谷”计划，通过萤火虫养殖，代言有机环境，打造包括“萤火虫茶”“萤火虫水稻”在内的系列萤火虫主题农产品，发展“萤火虫有机景观农业”，还能带动乡村旅游发展，开发特色青少年研学游和科普游。

四川金楠山谷农林科技有限公司在位于四川省乐山市犍为县的金楠山谷生态农场里养殖

萤火虫多年，将萤火虫融入铁皮石斛、金钱柳、水稻等种植中，用萤火虫这种对环境敏感的特殊昆虫代言上述农产品的生态性、有机性和高附加值，推出了“萤火虫有机中药材”“萤光稻”等品牌，走出了一条特色之路。

3. 昆虫诠释“两山”理论

习近平总书记提出的“绿水青山就是金山银山”(简称“两山”理论)深刻地揭示了一个生态学经济学命题:“绿水青山”和“金山银山”之间的关系。保护“绿水青山”肯定有利于乡村振兴和生态建设，但如何让“绿水青山”真正转变为“金山银山”、如何理解“就是”这二字的含义，却是一个值得各级政府和广大群众深刻思考的问题，否则，“绿水青山”迟迟无法转化为“金山银山”，就会让群众丧失主动保护“绿水青山”的积极性。

而昆虫创意产业却为“绿水青山就是金山银山”增添了绝好的案例，成功地、自然地使得很多“绿水青山”直接变成了“金山银山”。比如，“绿水青山”的环境中，适合养殖很多种资源昆虫，最适合生态养殖萤火虫和爬沙虫，尤其适合发展“昆虫溪沟经济”模式，而且是低成本、易管理、无污染，由此带来萤火虫夜游经济和爬沙虫康养产业等众多特色产业，从而将“绿水青山”变成“金山银山”，将生态优势转化为经济优势。

4. 昆虫拓展休闲科普旅游内容

以教育、体验、休闲、娱乐为一体的休闲农业如今正受到消费者的青睐。生物类资源是休闲农业利用最广泛的资源，昆虫资源作为生物资源中特殊的资源，在休闲农业中的利用前景广阔，随着人们对休闲内容和方式出现新的追求，昆虫将以其独特的魅力在休闲农业中发挥重要的作用，呈现更多的休闲文化和产品。

建设昆虫主题景观、游乐场、博物馆、美食村等，销售昆虫纪念品，让游客动手捉虫，制作精美的昆虫标本，甚至出售昆虫活体，丰富景区文化。但与此同时，也要注重保护物种多样性，根据当地资源禀赋合理规划，适度开发，保护生态平衡，确保可持续发展。还可以在景区周边配套开发昆虫循环养殖基地，养殖可用作饲料的蝗虫、黄粉虫、蝇蛆等，其粪便又可以作为有机肥用于栽种有机蔬果，增强景区餐饮业的竞争力。结合昆虫的生长习性，了解昆虫的天敌、食物等，通过科技和创意，引导人们亲自去体验和参与。挖掘昆虫休闲文化，尤其是扑蝶、赏萤、斗蟋蟀、养蝈蝈等更是源远流长。在景区设置昆虫神话、传说、诗句的标志，丰富景区人文气息，打造景区文化底蕴。在充分挖掘昆虫文化的同时，也要注意有效结合当地历史文化、人文地理，打造特色品牌文化。在教育部门大力倡导劳动教育的时代背景下，昆虫乡村旅游还可以适度结合和加入劳动教育的元素，以提升其产业内涵和魅力。

可以因地制宜地充分利用乡村的昆虫和动植物等资源，精心设计很多优质研学科普课程，根据材料研发很多研学科普产品，在接待研学游的同时售卖很多科普产品；开发设计一些与昆虫有关的互动体验和与亲子有关的游戏，发展特色亲子游，在亲近大自然的高质量游乐中获取知识，还能促进亲子感情；抑或根据实际情况，发展蝴蝶、萤火虫、蜻蜓等与爱情有关的昆虫旅游项目，针对情侣开展特色旅游，同时发展婚纱摄影和爱情文化节等活动。在乡村昆虫旅游策划设计中，要特别突出某些或全部昆虫的“养身养心养生”功能和“乡愁景观”的打造，还要通过创办昆虫节日或者当地与昆虫有关的节日进行节庆营销，如举办昆虫音乐季“听天籁之音，玩虫王争霸”，或者举行萤火虫/蝴蝶爱情文化节等。一旦上述产业可以让群众致富，就可以产生良性循环，将赚来的钱再投入到上述环节的提升打造上，进一步提升整体游玩质量和吸引力，从而带来更大的利益，形成一种“基本是零起点，从小到大，逐步滚动”的利用昆虫资源及其他生物资源发展特色产业从而带动乡村振兴的特殊道路。

四川省乐山市峨边彝族自治县省级贫困村星星村2019年“六一”期间举办“蝶舞萤飞”昆虫文化旅游周，是在贫困山区发展昆虫创意休闲科普旅游的成功探索和尝试。在此过程中，可以把昆虫旅游、观赏、美食、研学、科普、体验、游戏及其他的旅游元素都融入进去，从而取得很好的经济、生态和社会效益，而这其中最重要的是用萤火虫和蝴蝶等明星昆虫把游客吸引来，其次就是还要有优质的课程设置和科普师资。还可以推出系列移动式昆虫科普馆和微型昆虫科普场景，打造“昆虫学校”，开发系列研学产品，将昆虫研学科普与乡村振兴有机结合，走出一条“蓝海”道路。

除了开发有创意的昆虫休闲科普旅游产品，还要注意在营销上体现创意。山东共鸣农业发展有限公司多年来专注于金蝉产业，青岛莱西市的金蝉养殖户根据养殖地靠近莱西市市区，紧挨308国道，受众集中，交通方便，金蝉养殖地封闭等特点，结合出蝉时间与孩子暑假时间重合的便利，利用微信朋友圈、小视频等方式制造热点，吸引传统媒体进行适当宣传，重点打造亲子金蝉采摘、制作金蝉生物学资料进行科普教育，取得了很好的效果：首先是节省了自己采摘的人工，还提高了售价（2016年时，当地市场价0.6元/只，采摘价却是1.0元/只），同时引导采摘群众参与到金蝉烹饪过程中，延长了金蝉产业链，增加了养殖户的收入。

5.昆虫打造创意主题村落

先看一个对乡村振兴有很大启发的经典案例——无中生有地创造乡村IP的台湾桃米村。桃米村位于台湾中部，距离日月潭只有15分钟车程，原是一个传统的农业村。20世纪90年代，在台湾的城市化进程中，农村劳动力严重外溢，人口老化，产业没落，加上1999年的“921”大地震，桃米村369户中62%受到重创，再建势在必行。在灾后重建中，桃米村在政府、学界、社会组织及小区居民的努力下，以建设“生态桃米村”为方向，不仅在废墟上重建家园，而且借此机会彻底“大翻身”。经过十余年建设，桃米生态村已从一个环境杂乱、发展无力的边缘社区，转型成为一个融有机农业、生态保育、文化创意等于一体的乡土生态建设典范。尤其值得一提的是，桃米村面积占台湾的0.05%，却拥有台湾青蛙种类的72%、蜻蜓种类的31%、鸟类种类的16%，生物资源很优越，桃米人将这一优势进行了极致利用。在当地政府帮助下，桃米村民挖掘资源潜力，不断宣传各种各样的青蛙和色彩斑斓的蜻蜓，把青蛙设计成各种可爱的卡通形象，遍布乡村醒目位置，建立了全台首个青蛙观光特色社区；鼓励村民动手，用纸、布、石头等乡村材料，制作手工艺品，很快使桃米村从地震废墟变成昆虫生态文化体验休闲区。桃米生态村提炼的新文化符号是“青蛙共和国”：在桃米，处处可以看到青蛙雕塑和图案，还有湿地公园以及一家家民宿院落里的生态池——为青蛙营造生态家园。你甚至可以看到，男、女卫生间也命名为“公蛙”和“母蛙”。以桃米作为原型的3D立体动画电影《桃蛙源记》的拍摄，使桃米社区的产业从青蛙观光、生态、旅游，走向了影视、媒体，产业链条不断延伸和生长。桃米村在服务经济中找到了结合美学、感性、游憩与创意的第四级产业，转型成为融有机农业、生态保育、文化创意、乡村旅游于一体的乡土生态典范。

打造昆虫创意主题IP村落的最适合的昆虫之一应该是萤火虫，其原因是：萤火虫对植物、庄稼、环境、人畜等都无危害，还能吃掉蜗牛等有害动物以发展有机农业或生态农业；萤火虫是妇孺皆知、男女老少都爱的著名发光昆虫，是全国各地探索夜间经济的绝好素材和突破点，是旅游尤其是夜间旅游的“吸客利器”；萤火虫不污染环境，反倒代言优质环境，且具有深厚多元文化，能极大地代言美丽乡村，提升形象，扩大影响力；萤火虫与农业、农村紧密结合，很容易打通一二三产业，成为乡村振兴的绝好思路和路径；萤火虫能将生态优势转化为产业优势和经济优势，是“两山理论”的绝好注脚，是乡愁的绝好素材。

打造萤火虫创意主题 IP 村落（比如“萤火虫乡愁村落”“萤火虫生态村落”“萤光部落/村寨/村落”等），首先，是要大量生态养殖萤火虫，打下坚实基础；其次是要建设若干经典的萤火虫景点，比如“萤光大道”“萤飞蝶舞”“萤光谷”“萤火虫泡泡屋”“萤火虫主题餐厅”“萤火虫主题酒店”“萤火虫养生养心谷”“萤火虫童话世界”“萤火虫阿凡达世界”“萤火虫露营/房车基地”“萤火虫婚礼/婚纱/摄影基地”“萤火虫爱情文化园”“萤飞蝶舞（＋花海）”“一里萤光”“萤火虫树顶溜索”“萤火虫温泉”“萤火虫禅道”等；再次，就是要将萤火虫嵌入传统农业，发展萤火虫农业（或称“萤光六产农业”），提升农业附加值；最后，就是深挖萤火虫文化，延长产业链，尤其是文创产业、文化/影视产业，建设“萤火虫乡愁文化学院”“萤火虫创意产业学院”“萤火虫爱情文化学院”“萤火虫生命教育和美学教育学院”“萤火虫励志自然学堂”“萤火虫文创学堂”“珍稀动物/昆虫博物馆/博览园”等，推出“萤火虫文化节”“萤火虫祭”“萤火虫露营节”等活动，甚至拍摄萤火虫主题动漫或影视作品。

6. 昆虫创造特色农业模式

其实，昆虫创意产业在农业和乡村振兴中的另外一个大的发挥舞台和潜力空间，是将昆虫置于大农业产业体系中，用创意产业的思维，因地制宜地创造出各类以昆虫为纽带的特色新型农业模式，从而促进乡村振兴。在这方面，全国各地在不同领域做出了各类有益的探索。

四川虫生生物科技有限公司历经几年探索，研发出了多种“萤火虫农业”模式。比如，与四川金楠山谷农林科技有限公司合作推出“萤火虫中药材”：将陆生萤火虫幼虫投放在铁皮石斛种植基床上，加置特殊器具防止幼虫逃逸，让萤火虫幼虫取食严重危害铁皮石斛的蜗牛、蛞蝓等，在生物防治有害动物的同时，还能养殖萤火虫进而发展萤火虫景观，还能用萤火虫代言铁皮石斛的生态和有机，从而提升综合效益（包括经济、生态和社会效益）；与成都稷耘农业发展有限公司合作探索“稻虫共生”新型种养殖模式，即在优质水稻田里同时养殖对水质和农药敏感、能代言生态或有机农产品且本身具有高附加值的特色水生昆虫，包括稻田标准和改造方法、水稻品种选择，适合“稻虫共生”的水生昆虫筛选，水生昆虫的养殖和管理，水稻的种植、管理及收获，水稻、水生昆虫、萤火虫等的产业延伸和融合，从而激发革新传统水稻生产，引发“水稻创意产业革命”，极大延伸产业链和提升农业产值，打通“绿水青山”向“金山银山”的转换通道。除此之外，四川虫生生物科技有限公司还在积极探索“溪沟经济”（溪沟里养殖爬沙虫等水生经济昆虫）、“虫菜共生”（爬沙虫及水生萤火虫幼虫等养殖的同时能种植一些水生植物）、“林中养虫”（在树林中间架设器具养殖爬沙虫等昆虫，充分利用林间空间）等新兴昆虫创意产业模式。

四川金楠山谷农林科技有限公司将黄粉虫、黑水虻、白星花金龟等环保昆虫加入农业循环系统中，建立了新型的农业模式和体系，如图 8-1 所示。

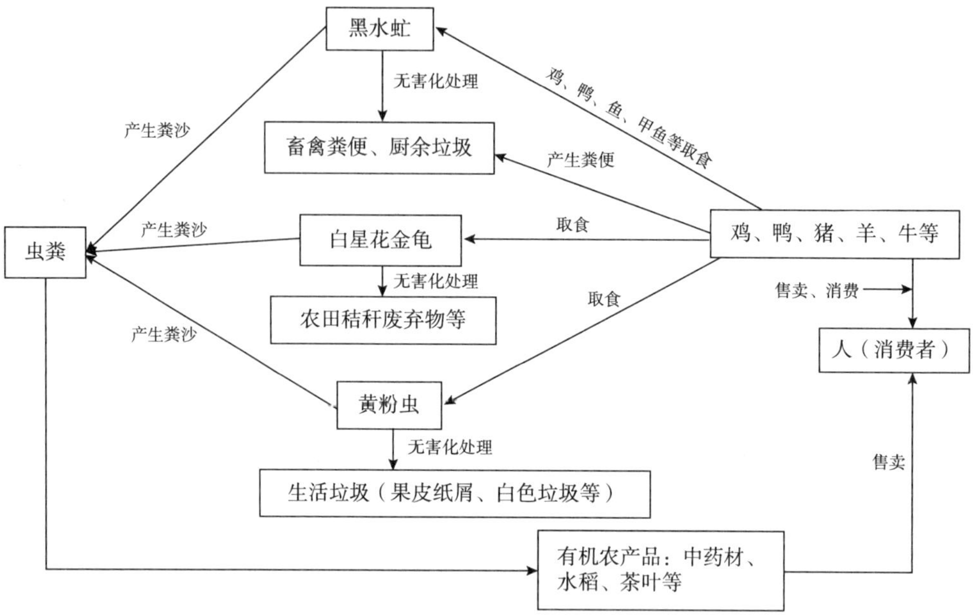

图 8-1　以昆虫为纽带的农业循环系统

山东在源生态农业发展有限责任公司将昆虫作为纽带，建立了“果—虫—菌—草—牧”生态循环系统：通过构建复合系统，利用“虫—菌”（“虫”指的是花金龟复合种群和蚂蚱，“菌”指的是腐解菌团和赤松茸）复合环境生物系统技术，将废弃秸秆生物转化为动物蛋白饲料、虫砂基生物菌肥、赤松茸等高品质产品；其中动物蛋白饲料可以回归到养殖业中，为生态养殖提供蛋白新选择，虫砂基生物菌肥和赤松茸的种植废料回归到种植业中（以桃种植为例），为桃的有机生产提供可溯源有机质，最终形成“消费即生产”的循环经济综合体，如图 8-2 所示。该模式通过“果—虫—菌—草—牧”构建复合系统，利用“虫—菌”复合转化果园废弃物技术、果树生食食物链改造及提升技术、林下食用菌生产系统技术、昆虫类产品精细生物化工系统技术等 4 大关键系统技术，将废弃秸秆生物转化为昆虫、优质果品、食用菌等高品质产品，将秸秆先离田再还田，利用率达 100%。首创虫砂基人工土壤，回田每年可提高土壤有机质含量 1.0%～1.2%，实现零废弃果园，用蝗虫粪便做肥料种植的蜜桃明显更甜，质量更优。

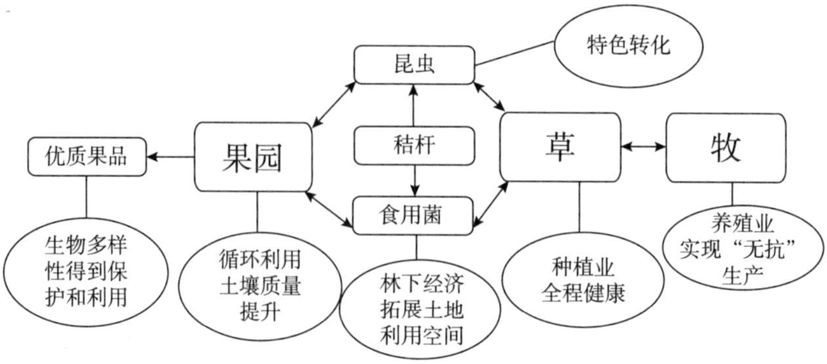

图 8-2　“果—虫—菌—草—牧”生态循环系统

山东省乐陵市孟氏渔业有限公司的标准化养殖基地以盐碱地为主，主要植被为芦苇，土质松软，建造池坝的宽度较大，整体投入和后期维护成本偏高，因而留有较大池坝空地，芦苇丛生。面对这种情况，集团公司创建了“上虫下渔”的立体生态循环养殖模式，如图 8-3 所示。

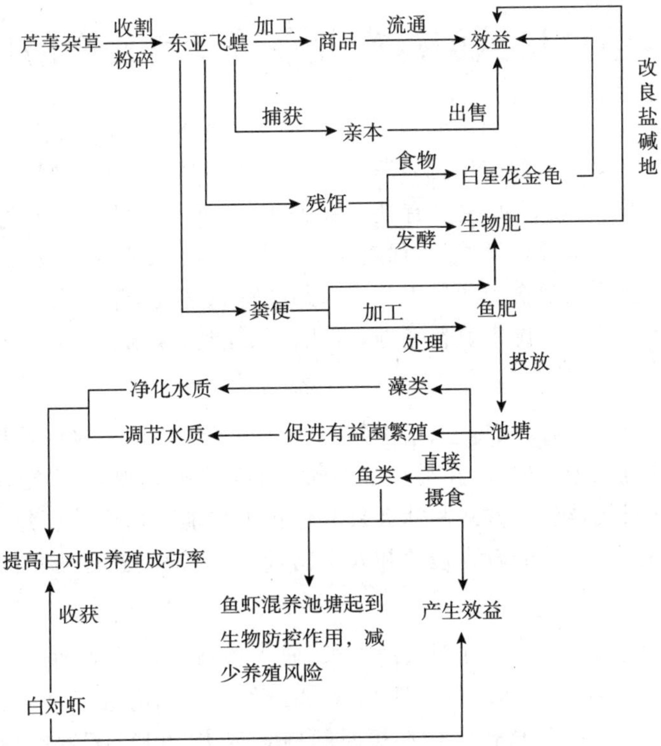

图 8-3　“上虫下渔”立体生态养殖模式

山东省烟台市牟平区高陵镇服务队联合山东省蚕业研究所、山东省现代农业产业技术体系食用菌产业创新团队烟台综合试验站合力创建了“柳蚕—食用菌—蚱蝉—金龟子”的立体养殖模式：主要栽植垂柳、竹柳等树种，树叶放养柳蚕，地表栽培食用菌（灵芝等），树根种养蚱蝉，建有腐食性金龟子养殖池消化菌渣、木渣，形成生物质循环，打造“一种三养”型式（“一种”指食用菌仿野生栽培；“三养”指养殖柳蚕、蚱蝉、金龟子）；也可承担技术培训观摩和科普研学活动，嵌入文旅产业，将带动一二三产业融合发展，践行“绿水青山就是金山银山”的发展理念。该模式的主要产品有：可食用的各类食用菌、柳蚕（蛹、蛾等）、蚱蝉，可观赏的柳蚕蛾、金龟子成虫等标本，可作饲料和药材的金龟子幼虫，可作肥料的虫沙（柳蚕和金龟子的粪便）等。

即使传统的昆虫产业，只要加入创意（比如与其他农产品跨界融合），生产创意性农产品，也能走出一条不寻常的路子。四川省阿坝藏族羌族自治州黑水县根据其生态自然环境和物种特点，确定第一产业以发展沟域经济为主，重点发展“生态蔬菜、藏香猪、早实核桃、黑水中蜂、道地药材、凤尾鸡”六大优势产业，并将“养蜂”这一传统昆虫产业与其他产业嫁接，产生了“跨界融合”的创意性产品，取得了“1＋1＞2”的效果。黑水中蜂系阿坝中蜂分支，是中华蜜蜂中最好的品种之一，当地的核桃是其粉源植物之一；黑水县是我国著名的核桃产区之一，“黑水核桃”已成为知名品牌。阿坝州黑金园农林有限责任公司巧妙地将传统的养蜂（蜂产品）和核桃等农产品结合起来，开发出了多类创意性产品：将蜂蜜与核桃结合，制作成手工蜂蜜核桃牛轧糖，受到很多年轻人及小朋友的喜爱，还开发出核桃蜂蜜阿胶糕，并将蜂蜜与川贝和柠檬熬制成蜂蜜川贝柠檬膏(具有润肺止咳的功效)，如此强强联合，跨界组合，让产品变得多元化，延伸了产业链，最终促进了农民增收和乡村振兴。

第二节　昆虫创意产业在研学科普中的应用

科学普及简称“科普”，是指利用各种传播媒介以通俗易懂的方式，让公众接受自然科学和社会科学知识，推广科学技术的应用，倡导科学方法，传播科学思想，弘扬科学精神的活动，是一种社会教育。从事科普活动的主要有社会科普馆、科研单位或科研基地、学校科普室等载体，科普的重点是科学技术及科学原理，而对于农业科普、昆虫科普则较少。即使偶尔有昆虫主题的科普馆，也主要是以观赏类的标本为主，形式单一，甚至千篇一律，鲜有昆虫全面科普基地，更缺乏高质量的自然生态昆虫科普基地，没法提供完整、深刻、生动、自然、系统的昆虫科普教育。

研学旅行是由学校根据区域特色、学生年龄特点和各学科教学内容需要，组织学生通过集体旅行、集中食宿的方式走出校园，在与平常不同的生活中拓宽视野、丰富知识，加深与自然和文化的亲近感，增加对集体生活方式和社会公共道德的体验。研学旅行继承和发展了我国传统游学“读万卷书，行万里路”的教育理念和人文精神，成为素质教育的新内容和新方式，也是一种特殊的科普形式。

随着时代的发展、国家的重视和群众的需求，研学旅行和科普活动近些年来蓬勃发展，越来越多的家庭鼓励并支持孩子利用节假日、寒暑假参加专业机构组织的研学旅行、自然科考活动等。2013 年以来，我国研学科普机构在短时间内呈现出“井喷式”发展趋势，无论是传统的自然保护和教育咨询机构，还是亲子活动俱乐部、户外探险、教育营地、旅行社等各类机构都积极参与进来。但目前很多机构的昆虫主题研学科普质量参差不齐，鱼龙混杂，很多的内容都是浮于表面，甚至是由外行“专家”讲授，孩子只能学到皮毛或耍得高兴而学不到太多的知识。还有很多的科普活动太侧重展览，形式大于内容，多数都是让游客观看，或者讲授简单的昆虫知识。其实，真正高级的研学科普活动应是内容大于形式，而且是深度的科普。

研学旅行和科普活动很多时候都紧密结合，不好分割，因此，本节中统称“研学科普”。

一、昆虫创意研学科普理论

(一)昆虫主题研学科普概论

在各种各样的主题项目中，自然教育以其独特的魅力成为研学旅行和科普活动的宠儿。自然主题的研学科普活动多以大自然为场所，而昆虫是大自然中进化最成功、分布最广，孩子们最容易接触到、熟悉却又陌生的动物类群，它们具有五花八门的生存策略和令人匪夷所思的独特外貌，留给孩子们的都是无尽的发现和探索；而教育可以通过与自然环境和奇妙生物的接触，激发孩子对于自然界周围事物的好奇心和探究欲望。此外，昆虫研学科普活动具有其他自然主题活动不可比拟的优势：不同于大部分要求保持绝对安静的观鸟活动，昆虫户外探索活动具有更强的趣味性和自由度；不同于大型兽类或其他动物主题户外活动，昆虫户外探索活动具有相对更高的安全性；昆虫种类众多，选择面广，课程设计素材广；昆虫分布广，无处不在，很容易找到活动场所和素材；昆虫能动有趣，比静止的植物或地质等研学科普题材更容易引起孩子的兴趣；昆虫体型小，易携带，且不容易传播各类人畜疾病，很多都对人体无害，安全可靠；昆虫可拓展的产业领域广，很容易延长相关产业链，等等。因此，以昆虫作为自然教育的入门启蒙最合适不过。

昆虫主题的研学科普，主要是通过讲座、体验、游戏等形式，让学生从视觉、触觉、听觉、嗅觉等各个层面全面认知昆虫，感受昆虫世界的奥妙，培养观察昆虫的能力、对大自然和生命的感知、对事物的好奇心，提高动手实践能力，拓展孩子的兴趣，让孩子从钢筋水泥和电子屏幕中走出来，让孩子们热爱生命、热爱大自然、保护环境，增加对昆虫的了解，从而正确地对待和利用昆虫资源。同时，还要将互动体验、亲子游戏、创新创造、情感励志等元素融入，并研发科普文创产品，探索全新的昆虫科普模式。

（二）昆虫创意产业和研学科普的有机结合

1. 昆虫研学科普过程的主题化和深度体验

在昆虫研学科普基地和课程开发之前，要确立好项目主题内涵与体验深度，要达到主题鲜明，立意准确。

主题上的区分可以通过昆虫的分类进行区分，并结合物种背后的文化予以深化体验。如果以蝴蝶为主题，在内容的设置上就应该侧重蝴蝶蜕变过程，以及艺术审美的培养；如果以萤火虫为主题，应当注重深度体验，通过对萤火虫发光的观察来激发孩子们对生命科学与浪漫美学的兴趣，并着重突出“囊萤夜读”的励志文化、珍爱生命的生命教育、欣赏萤光的美学教育等，以此来深挖和深化课程设计。

除此之外，还可以通过昆虫生活场景来进行区分，这样的主题就应当强调深度体验过程中对孩子们行动、执行、合作能力的培养。例如，研学老师带领大家进入山谷、溪沟中寻找昆虫，在此过程中可以设计和融入很多有趣且体验性很强、能够锻炼多方面能力的内容。

还可以以昆虫的行为学特征为主题来进行项目设计，例如让孩子们观察蝴蝶化蛹、羽化、交配等过程来讲解生命科学，激发孩子们的懂得感恩和坚强等优良品质。还可以设计昆虫主题文学课程，比如专门讲授与昆虫有关的文字、姓氏、地名、民俗、文学作品、成语典故，等等；或者讲授昆虫资源开发专题课程，甚至单独讲授生物防治主题课程等。

2. 昆虫研学科普与高新技术的有效结合

昆虫创意研学场景打造要注重生态与科技的有机结合，因为有些昆虫的稀缺性与危险性不适宜让学生直接进行接触，所以要通过高科技进行打造。比如，用VR/AR、3D、触屏等技术增加客户体验，用全息技术更绚烂地展示昆虫幻影；还要用最新的昆虫展示技术来增加活动丰富度和客户体验，比如，用引诱剂吸引蝴蝶向人群飞舞，用特殊技术实现“白日流萤”（白天观看萤火虫发光）。

由于昆虫生长的自然环境多在野外，所以在带队时也应配发高科技的学生定位装置和自救装置，来降低昆虫研学的危险性。

3. 昆虫研学旅行中自然主题空间打造

自然教育课程体验是昆虫研学旅行的最大卖点，整个场域的搭建依托自然教育这个主产业，进行空间布局和运营设计。昆虫研学的空间搭建应该由建造者聘请专业的设计师与建筑师来完成，合理规划空间布局与线路设计才能够充分发挥昆虫创意研学的价值。

在场馆的设计上也应该进行创新。马来西亚一家研学游博物馆对昆虫场景用心设计，有如梦如幻的“潘多拉森林”、见证生命奇迹的“蜕变潭”、体验暗夜中熠熠星光的“聚星宫”、让人莞尔一笑的“仿尘世”、向游人展示幕后养殖程序的“繁衍舍”、带游人进入全新视界的“幻虫坊”，以及诉说着大自然无穷幻象的“虫鸣传”等，让人耳目一新，且极具吸引力。

4. 昆虫研学科普应当注重系列课程设计

昆虫研学科普的课程设计要具备特殊性与阶段性。针对年龄段较小的学生可以设置以“学”为核心的课程，例如“蝴蝶放飞”“寻虫记”“蝴蝶养殖乐”“虫鸣解密”“捉虫记”“虫子时光”“软骨虫虫解谜团”等。针对具有一定研学要求与基础生物理论知识的学生可以设置以“研”为主的课程，例如“萤火虫发光原理探析”“蜜蜂的团队协作机制研究”等。

针对阶段性的授课可以设置章节性，例如不同季度对相应季度存在的昆虫进行授课讲解，让学生深刻理解不同昆虫对不同温度和季节的响应；即使针对萤火虫这一类物种，也可以分阶段性地从春季萤火虫讲授到冬季萤火虫，从而矫正多数人以为只有夏、秋季节才有萤火虫（成虫）的误解。

幼儿园与小学生的研学课程设置要更加注重亲子共同参与的过程，比如蝴蝶生命周期、昆虫在大自然中的角色、分辨昆虫、丛林音乐、创意摄影、昆虫亲子游戏和体验互动活动等，给亲子家庭提供体验自然教育的同时促进亲子情感交流。

5. 昆虫研学科普中的衍生产业

在昆虫研学科普过程中，深度的体验才能够给人带来难忘的经历，学生们除了课程学习之外，还可以享用包括昆虫食物在内的自然美食，会使学生的体验感倍增，留下难忘的经历。活动结束的时候可以购买相应的衍生品，尤其是各类研学产品，包括昆虫标本、活体昆虫、昆虫创意产品等。用自然教育做灵魂，用体验增加客群黏性，多元化消费会增加研学基地的收入。

研学科普的过程可以记录下来，通过剪辑、添加字幕、添加动画等将其制成一集集的学生本人为主角的科普纪录片，作为学生的纪念品，也可以线下建立基地，线上通过自媒体制作“研学科普短片”，并与相关的视频播放平台合作推出这些纪录片，比如创建抖音科普账号，定时发布不同主题的研学科普短片，吸引粉丝，扩大影响力。

编设一些科研创新小课题，让学生自行去探索，在丰富课程内容和提高课程质量的同时，还能产生一些科研成果和开发产品。比如，将磁石放入东亚飞蝗养殖笼，会使蝗虫体色发生多种变化，由此变成孩子的宠物，这既是科研成果，又是一个衍生产品。

需要强调和推崇的是：可以与昆虫主题研学科普一起推出昆虫主题餐厅。比如，萤火虫或蝴蝶主题餐厅，不仅在餐厅的外部装修设计上体现萤火虫或蝴蝶的科普文化，还要在餐具和桌凳设计上以及菜品上体现萤火虫或蝴蝶元素，在餐厅里还可以设置一些科普、文创及网红打卡点。

（三）昆虫创意研学科普的横向延伸

1. 农业昆虫创意研学科普

昆虫本身就是大农业中的一个重要元素，农业本身就与劳动教育密不可分。所以，昆虫主题研学科普完全可以与农业知识科普教育、农业休闲观光以及近期国家倡导的劳动教育结合在一起，如此则可以拓展和丰富昆虫研学科普的内容和领域，放大其价值和产业链。

2. 科技昆虫创意研学科普

运用高科技手段来静态动态展示或进行昆虫浸入式主体化的体验，从而激发学生对科技的好奇心与求知欲，也增加昆虫研学科普的品位、魅力和科技含量。此外，还可以通过一系列生动活泼的科技娱乐活动，让孩子们观察昆虫自然现象，感知外部世界，参与科技实践，在轻松愉快的氛围中获得科技启蒙教育，真正做到寓教于乐。

3. 文化昆虫创意研学科普

以传统昆虫文化为核心，让学生重点学习和体验昆虫历史、昆虫文学、昆虫哲学等知识，挖掘特有的昆虫文化价值。可以通过多媒体展陈、电影、情景剧及传统皮影等方式，结合昆虫文化，为孩子们打造兴趣课堂，提供一个感受和互动体验的场所，使青少年在中国传统昆虫文化的熏陶中陶冶情操。

4. 拓展昆虫创意研学科普

将昆虫研学科普和营地建设、拓展训练等有机地结合在一起，让学生在昆虫生态拓展场地，不仅能学到昆虫研学科普知识和体验捉虫、赏虫等活动，还能在创新性的昆虫创意拓展活动中达到增强自信、磨炼意志、团队协作等教育目的，还可以进行奇妙的昆虫主题露营生活，进行自然探索、生存训练等项目，锻炼孩子的体力、脑手协调能力、意志力和勇气胆量，培养孩子的人际交往、团队意识等个人能力。

（四）昆虫创意研学科普的纵向深挖

1. 昆虫研学科普之“团结互助”

昆虫研学科普活动中多数的活动需要团队配合才能够完成，野外环境中条件恶劣，同学们必须互帮互助才能够真正地获得成功，例如在 DIY 的昆虫标本制作活动以及协作捕虫的过程中需要大家相互配合。此外也让同学们在自我管理的过程中学会了理解、体谅、互助、互爱。

2. 昆虫研学科普之“感受文化”

昆虫文化博大精深，若在昆虫研学科普中加入这些内容（比如最简单的昆虫成语、诗词、英语翻译等），并以灵活有趣的形式展示出来，甚至开发出昆虫文创产品，能让学生在研学科普中受到文化熏陶。

3. 昆虫研学科普之“生命美学”

昆虫本身生长、生存、生活的过程其实也映射了人的一生，通过短短的一段时间就能感受生命的蜕变，就能看到毛毛虫蜕变成美丽的蝴蝶，看到萤火虫交配后死去，进而感知生命的力量和美学，学会珍惜生命。

4. 昆虫研学科普之“学会感恩”

昆虫身上有着许多美好的品质，例如蚂蚁和蜜蜂的分工协作、负子蝽的伟大父爱、蠼螋的护卵行为、雄螳螂为了繁衍而牺牲自我，等等。若在昆虫研学科普活动中注意这些信息的挖掘，会让学生从昆虫身上学会感恩，体味大自然赋予的人性之美。

（五）昆虫研学科普的要素和环节

昆虫研学科普是一个完整的闭环产业链，至少要包含基地设计、课程设计、师资培训、研学产品等四个要素和环节。

1. 基地设计

不管是野外生态还是室内人工研学科普基地的设计和打造，都要因地制宜，精心设计，同时要注意与课程设计紧密结合，相互呼应。

野外生态研学科普基地的设计，重点是充分发挥野外自然生态环境的优势，利用好地理地势和植被生态，尤其是溪沟和山谷等特殊地形，放殖丰富多彩的昆虫物种，为设计多样化的课程和体验奠定物质基础。比如，可以把池塘、溪流甚至水田等作为水生昆虫的科普区，开阔和肥沃的地方作为土壤昆虫科普区，禾本科植物茂密的地方（适合螽斯等直翅目昆虫）和树林处（适合蝉）可以作为鸣虫科普区，还可以因地制宜地开辟若干专题昆虫区，比如，竹林昆虫、授粉昆虫、农业害虫等。

室内人工研学科普基地的设计，根据是否新建可以大致分为在原有基地（比如科技馆或某些室内设施）上改造或者建设新的专业性的室内科普基地，根据使用时间可以分为临时性的和长期性的，根据市场定位可分为偏专业性的新型博物馆性质基地和专业与游乐兼有的研学游乐馆性质基地。若是在原有基地上改造且为临时性的，那就最大化地利用好现有条件，比如，若原地有玻璃走廊，那就可以设计“萤火虫镜面走廊”这种新型的体验方式。若是专门新建或者长期运营的改造项目，那就要根据场地、区位、资金、运营、定位等因素充分论证，精心设计，确保市场收益和长期运作，尤其是投资较大的博物馆类项目建设，一定要用昆虫创意产业的思维，跳出原有的、传统的、甚至千篇一律的“昆虫王国”或普通博物馆性质的设计，结合研学旅游和新型科普的要求，在科普和研学的基础上，更多地融入体验、互动、文化、亲子等元素，增加基地的魅力和功能，拉长产业链，才能长期持续发展。值得一提的是：四川虫生生物科技有限公司探索的“移动式昆虫研学科普馆”和在校园、湿地、公园、绿道等设置“昆虫学校”，为更加灵活地市场化运作昆虫主题研学科普提供了新的思路和模式，值得深入探索和实践。

要把昆虫主题研学科普基地当景区来设计和打造，比如，建造类似“昆虫主题迪士尼”的景区，将大量的昆虫科普知识转化成各种喜闻乐见的娱乐设施和形式，设置昆虫造型屋、卡通人物扮演等，营造浓厚的昆虫体验娱乐氛围，迅速吸引学生的注意力，让学生先喜欢这个基地，研学科普的组织和效果就有保证了。

2. 课程设计

课程设计是非常重要的一个环节，直接关系到研学科普的质量。高水平的课程设计者，需要非常熟悉所设计课程所涉及的系统知识，以保证课程的权威性和专业性；其次，要有丰富的延伸知识，以拓展课程的丰富度和灵活性；最后，要让课程设计符合教育学规律，符合课程受众的年龄特点等。另外,研学科普活动一定要有自己独特、新颖、权威、专业的课程和路线,不能走"红海"战略,一定要做唯一性的产品(比如萤火虫主题),这样才能迅速拔得头筹,打开局面,赢得主动。

需要特别强调的是,专业课程的设计,一定要防止出现两种极端的情况:一种就是"玩"的成分太多,学生玩得很"嗨",但没学到或没学到足够的专业性知识,更有甚者,还出现了一些不严谨甚至错误的知识点,从严格意义上说,这是"伪研学";另外一种情况就是"学"的成分太多,成了"野外的教室",就是刻板地讲授专业知识,只是把课堂搬到了野外而已,授课内容也比较刻板,没有或基本没有专业知识之外的拓展,更缺乏体验互动游乐性的环节,严肃有余体验不足而导致学生参与的积极性不高。因此,要力戒出现上述两种情况,最好中和一下,既有专业性、知识性,又有知识拓展和体验性、互动性,而且一定要注意加入创意,创新性地设计精彩的课程(比如"昆虫运动会"系列课程和项目的设计),而不是抄来抄去,千篇一律,浮于表面。昆虫主题研学科普课程设计和活动落脚点,一定要在帮助学生全面认知昆虫所代表的自然界,树立正确的生态观、世界观,进行生命教育,引导学生认真对待生命、对待大自然,保持对大自然的敬畏,甚至还可以引导学生通过昆虫科普理解诸如人生的"生态位"等哲学思考,这样就会显著提升研学科普的深度、高度和质量;同时,还要适当加入创新创业教育,引导学生对昆虫的生物学现象尤其是行为进行深入研究(比如萤火虫幼虫的取食行为和发光行为),并对昆虫资源和昆虫产业有初步的认识和探索(比如寻找各地,尤其是高海拔地区能处理有机垃圾的资源昆虫),在上述这些过程中,还有可能产生很多发明专利和科技论文等研学科普的显性成果。

若要设计昆虫主题课程,首先要掌握全面系统的昆虫学知识,才能游刃有余、因地制宜地设计出专业性的课程;其次,还要根据教育学规律,加入相关的昆虫文化、昆虫游戏,甚至昆虫英语和文学,并融入感恩教育、生命教育等内容,不仅让学生学到知识,还要有情商和心智的提升。同时,要多开发一些有趣的昆虫科普体验游戏,比如,黏蝉(既了解了蝉的知识及其发声机理,还启发了各种创新的黏蝉方式,让孩子体会到了昆虫游戏的乐趣)、钓蜻蜓(将一只雌性蜻蜓用细绳子拴在一个小棍上当引子,牵着被拴的蜻蜓专往空中蜻蜓成群的地方走,雌雄蜻蜓就"相恋"而纠缠在一起,这时,人们慢慢地将线绳收回,就能捉住雄性蜻蜓)、金龟子"风扇"(把金龟子或竹象虫等用竹片或木条插在两头,做成"风扇",既有趣,又能动手实践,还能让学生深入了解甲虫的行为习性)、各类昆虫主题的亲子游戏(比如模拟负子蝽的背卵习性而开发的"父背子"亲子感恩游戏)、举办"斗蟋"等打斗昆虫比赛项目、昆虫"电影"(灯诱昆虫),甚至开发"鸣虫争霸赛"或"昆虫音乐会或演唱会",寓教于乐,在娱乐中学习和体验鸣虫、昆虫主题音乐、乐器研发等综合性知识。

若在野外自然生态环境中,可以充分利用自然条件,加入生态体验理论的精髓,设计水生昆虫、土壤昆虫、陆地昆虫、飞行昆虫、资源昆虫、农业害虫、拟态昆虫、鸣叫昆虫、食用昆虫及其他特色昆虫等主题的课程,白天可以加入黏蝉等有趣的科普体验活动,晚上可以加入观萤和灯诱昆虫等体验性和趣味性很强的科普项目,不仅要注意白天的课程设计,还要开发晚上的特殊课程。还可以根据基地的不同特征而设计出相应的延伸课程,比如,若是在农场,则可以延伸讲授"稻虫共生",加入农业科普和劳动教育,还可以将水生的负子蝽作为父爱感恩教育的题材。野外昆虫科普课程设计过程中,要特别注意那些有特殊科普价值的昆虫:比如,直翅目蚤蝼特殊的水上跳跃和筑巢习性、蜻蜓特有的"心"形交配行为、水生萤火虫的发光行为、石蚕的筑巢行为、蚁狮捕食行为观察等，都可以成为科普教育课程中的精彩内容。另外，需要提醒的是：在设计课程的时候，很容易忽略水生昆虫和土壤昆虫（其中一个原因就是研究和熟悉水生昆虫和土壤昆虫的人很少），其实，水生昆虫和土壤昆虫是很容易出彩、很容易受学生喜欢、体验度非常高、知识性非常强的课程题材，比如，常见溪流水生昆虫幼虫/稚虫的捕捞、鉴定及其文化讲解（如"朝生暮死"的蜉蝣等），土壤动物的采集、分离、鉴定和科普（如蝼蛄的鸣叫及开掘足、蛴螬及其产业价值、土壤中一些非昆虫的"小虫"科普）。

萤火虫主题研学科普的课程设计，不是简单地介绍萤火虫的科普知识，让大家看看萤火虫就结束了，其实，萤火虫的科普课程可以深挖。比如，邀请学生或游客参与萤火虫栖息地的打造（脱鞋后踩泥为水生萤火虫幼虫养殖打基础等）并为萤火虫投食，亲手制作灯笼、鸡蛋、豆荚、发囊等盛放萤火虫的器具，既能宣传萤火虫文化，还能增加体验性和提高授课效果；还可以邀请学生或游客参观各种萤火虫造型，参与拍照，设计萤火虫科普知识问答，举办萤火虫歌曲或诗词比赛等。即使是观赏萤火虫，也有"萤火虫镜面走廊""火树萤花""囊萤夜读""萤光拼字""天女散萤"等多种有趣的方式，在让游客体验萤火虫的同时还能更全面和深刻地学习萤火虫知识。

室内研学科普项目的课程设计则很受基地硬件的限制，而且活体昆虫养殖和展示受到一定的影响（尤其是那些能够飞翔和空间要求大的种类）。这种情况下，课程设计可能更多的是偏向知识科普，但也要力所能及地多设计一些互动体验活动，尽量增加趣味性和参与性，比如，活体动物观赏和体验、昆虫标本制作体验、昆虫显微观察、昆虫打斗等类型的娱乐活动、昆虫主题游戏、昆虫工艺品制作（包括蝶翅画、昆虫琥珀制作、昆虫泥塑、昆虫剪纸、亲子昆虫陶瓷彩绘体验等）、朋克昆虫、昆虫集市、昆虫剧场、寻虫记（尤其是夜间循声捉鸣虫等）、昆虫美食、蚂蚁迷宫趣味体验、昆虫摄影作品竞赛、昆虫写生等。

3. 师资培训

高质量的研学科普师资是核心要素，也是研学科普机构的核心竞争力，但却很容易被忽略，且是目前很多研学科普机构的短板，市场上严重缺乏高质量的研学科普专业化人才，导致研学科普的授课水平参差不齐。

上述问题与高质量的师资要求有关：不仅要求研学科普授课老师具备全面丰富的专业知识，而且还要有一定的文学、英语等知识，以及拓展知识的能力和手工制作等技能，还要有一定的师范和导游素养，如很好的口才和仪表，甚至还要有一定的组织管理能力等。同时具备上述所有能力或多数能力的人才非常罕见，而且也没有相关的学校和培训机构在培训或能培训这样的师资，以致成为目前研学科普的硬伤，极大影响了研学科普的质量。

4. 研学产品

研学产品的研发和销售目前基本是研学科普产业的空白，原因如下：首先，很多研学科普机构以为把基地建好、课程设计好、学生来了找人把课讲好，最多加入一些总结提升就结束了，没有对研学产品引起足够的注意或重视；其次，要研发高品质专业性的研学科普产品，要求拥有知识结构合理的、足够强大的研发和营销团队，能做到这一点的研学科普机构很少。

比如，萤火虫主题研学科普活动，可以推出萤火虫系列 IP 产品、各类活体萤火虫（幼虫和成虫）产品、萤火虫养殖人工饲料，甚至系列萤火虫科普读物等，这些都是研学产品；蝴蝶主题研学科普活动，不仅只推出各类大同小异的蝶翅画产品，或者售卖一些蝴蝶成虫或蛹等，还可以研发更有科技含量且有科普、创新、教育等意义的高质量研学产品。

除此之外，昆虫科普的书籍、视频，昆虫主题扑克、五子棋，昆虫卡片、书签、衣服、学习用品、生活用品、小饰品等都是研学产品（当然了，其中有一部分会与昆虫主题旅游产品重合）。同时，需要说明的是：其实，除了要研发销售给游客或学生的研学科普产品之外，还应当配合中小学教学研发符合昆虫研学科普的各类特殊教具；另外，研学产品的重要工作是研发，但产品的营销也很关键。

这些研学产品的研发和营销，不仅拉长了研学科普的产业链，挖掘了产业潜力，增加了收入，而且，还可以让学生和游客将很多研学产品（实际上也是研学材料）带回家，继续深入地研学科普，拓展延伸了研学科普的空间、时间和内容，也是对传统研学科普的突破和完善。

二、昆虫创意研学科普实践

昆虫主题研学科普活动包含了研学旅行、科普教育、科学教育以及其他形式的活动；科普教育又分为博物馆等固定室内科普教育和流动室内科普教育等形式，甚至可以创新移动式科普馆等符合未来需求的新模式。本小节举例说明各类形式的昆虫创意研学科普案例。

（一）研学旅行

作为一种将教育活动与旅游体验合二为一的新兴活动形式，研学旅行目前正受到越来越多的重视和青睐。遗憾的是，近年来，各种以研学为名的旅行项目却“重旅游，轻研学”，甚至成了包装成研学活动的纯粹旅游项目，脱离了科学与教育的正轨。探索科普工作的有效形式，推动科普研学的健康发展，是当前科学传播面临的重要课题。

今后的发展方向应该是：探索面向提升青少年科学素养的科普研学的有益模式，支持科研院所、高等院校、高新企业的科技专家成为优秀的科普研学导师；更多的高校和科研院所应面向青少年开放，设计开发优质的科普研学课程；在科普研学活动中，不仅要注重传授科学知识，更要重视传播科学精神和培养青少年的科学志向。

1. 昆虫主题研学旅行营地的打造

国内正在兴起的营地教育是一种在营地以集体生活、学习为形式，面向青少年群体，通过一系列的专业课程，在导师和辅导员的引导下，为孩子们带来集趣味性、创造性和教育意义为一体，促进每一位孩子身体、心理、社交能力以及心灵成长的教育活动。

我国的营地教育经历了精英阶段和大众化阶段两个时期，中国最早的夏令营是由国家出资的公益性活动，一般只有少数优秀学生才能参加，具有奖励性质，属于精英阶段。随着教育理念进步，20 世纪 90 年代以来，夏令营的组织者不再只是学校、教育部门，民间商业性质夏令营开始出现，参与的学生群体扩大化，进入大众化阶段。

现在营地教育借鉴了国外发达国家成熟的营地运作模式，活动载体主要是各类主题营地，营地课程设计亦多采用国外的课程体系，形成了励志情商、素质拓展、户外运动、自然教育、军事拓展、主题文化、科技创客等主题营地。

根据地球生物区系特点，国内知名科学教育品牌石探记自主研发了国内外数十条极具代表性的科考线路和营地活动，长年派出科学家团队主持国内外科考营的亲子科学考察活动。

石探记的户外科学营包括国际科学营、国内科学营和以北京为核心的短途科学营等。

中国昆虫学第一营地是国内第一家以昆虫为主题的专业教育基地，坐落于福建省武夷山国家公园的森林秘境中。营地拥有中国昆虫学领域最专业的师资团队，为全国青少年提供昆虫相关主题的课程与体验活动。在初阶的昆虫主题活动中，孩子们将从自然体验和初认知开始，熟悉营地的生态环境，认识营地内植物、昆虫等，结合戏剧元素、自然定向等趣味活动形式，在探索中加深对自然的认知，建立初步的生态观；进阶的昆虫主题活动则将依托专业科学家团队研发的主题昆虫系列课程、植物与昆虫等课程，聚焦更加专业的昆虫学训练，通过体验科学家的工作内容，分析拆解科考任务，让孩子们在小组合作中培养科学精神和沟通技能。

中昆虫业湖北生物科技有限公司建造的昆虫科普“三位一体馆”（科普馆＋养殖基地＋应用基地）也带来了一定的启发。科普馆分为 4 个功能区：食用昆虫区，介绍了食用昆虫的历史、种类、食用方式、食用禁忌、药食两用昆虫食疗效果等；观赏昆虫区，介绍了观赏昆虫的历史、种类、采集方式、价值等；资源昆虫区，介绍了资源昆虫的历史、种类、作用、价值、应用渠道及应用结果等；昆虫 DIY 区，即让观赏者亲自制作昆虫产品，如昆虫标本、昆虫食品、昆虫模型、昆虫深加工产品等，在此区域还有一些昆虫衍生产品，可以销售带走，如昆虫玩偶、昆虫灯、昆虫标本、昆虫饲料、昆虫食品、昆虫宠物用品等五大系列近百种产品。养殖基地模拟昆虫野外生活环境建设，分为三大类养殖区，同时销售相关创意产品：食用昆虫养殖区、观赏昆虫养殖区、资源昆虫养殖区。应用基地包括：昆虫处理有机垃圾循环应用基地（包括黑水虻处理禽畜粪便与餐厨垃圾应用区和蛴螬处理秸秆与腐烂果蔬应用区）、昆虫养殖禽畜应用基地（包括昆虫养殖虫草鸡应用基地、昆虫养殖藏香猪应用基地）、昆虫养殖水产品应用基地（昆虫养殖龟鳖应用基地、昆虫养殖青蛙应用基地、昆虫养殖虾稻应用基地、昆虫养殖黑鱼应用基地）、昆虫虫沙应用种植基地。

2. 昆虫主题研学旅行产业链的延伸

对于大部分孩子而言，想要跟着科学家们一起去世界各地考察神奇的昆虫世界，或许还有一些遥远，但是如果有一本书能够栩栩如生地记录下研学科考途中所有的奇闻趣事，为你揭开世界上那些精彩动人的生物奥秘，即使不能亲身投入到研学科考的行列中，也足以激发孩子们心中对科学、对自然的热爱。“科学家带你走世界”系列图书，是由石探记科学家团队与福建少年儿童出版社联手打造的少年科普读物，将聚焦科学家们科考途中遇见的形形色色的动物物种。

图 8-4　青少年研学科普图书

《马达加斯加探秘》（图 8-4）作为系列丛书的第一本，着眼于石探记科学家团队 3 位科学家 36 次深入马达加斯加的科考历程，介绍马达加斯加这座印度洋上的神奇小岛中最具有代表性的生物区域和动植物知识：长颈象、透翅珍蝶、螳螂、郭公虫、花金龟、步甲、大蕈甲……一系列外形奇特、古灵精怪的昆虫争奇斗艳，除了让人眼花缭乱的昆虫世界，书中还呈现了丰富有趣的科考故事，与动物精灵们亲密接触的时刻。这本原汁原味的独家一手笔记，囊括了上百种神秘的物种记录，近千张精美的摄影图片，惊险刺激的科考经历……在《酷虫学校》作者夏吉安老师的笔下，科学家化身为生动活泼的漫画人物，科考照片和漫画相结合的形式更受孩子们欢迎。目前，这本科普书籍已被纳入2020年福建省“暑假读一本好书”书目，是科普研学延伸项目的完美体现。

山东省蚕业研究所在低成本稚、壮蚕人工饲料，配套饲育蚕具的选择，适宜人工饲料育品种筛选等方面进行了多年研究，建立了适合中国国情的人工饲料养蚕技术体系。“科普蚕宝宝”采用香肠式人工饲料及彩色蚕、彩色茧技术，饲养者能完整地观察到家蚕的生长发育、吐丝、结茧、化蛹、化蛾、产卵等蚕宝宝一生的全过程，具有较高的知识性、科普性、趣味性，特别能丰富广大青少年科技知识和课外生活，增加青少年的生物学知识，培养学科学的兴趣和能力，是最新的科技宠物，也是素质教育最佳的活教材（图8-5）。

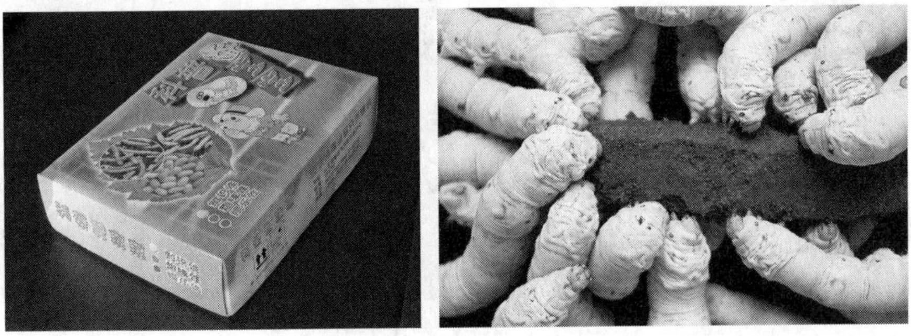

图8-5　蚕宝宝科普产品

山东省蚕业研究所资源昆虫研究室收集了山东省主要特种经济昆虫种类，开展了主题为“小昆虫的大世界”公益科普、“成长计划夏令营”研学活动，主要活动内容有听一堂昆虫基础知识科普讲座、用显微镜观察微小昆虫活动轨迹、参观蚕桑产品展览室、手工制作昆虫标本，以及实地观察胶东半岛特色资源昆虫活体资源库。比如，黑广肩步甲、螽斯是柞蚕的捕食性害虫之一，生产上通过诱杀来防治，将捕杀的成虫用来作为研学活动中的昆虫标本制作材料，达到了“变害、变废为宝”的效果，延长了产业链和价值链。

（二）科普教育

青少年是社会进步与发展的后备力量和希望，科学技术的普及决定着国家竞争力的强弱。因此，必须重视对青少年的科普教育，从小培养他们科学思考的精神，引发他们对科学探索的兴趣。进行科普教育的关键是要让青少年参与进去，引导他们去看、去学、去实践，这样才能真正提高他们的科学素养，达到科普教育的效果。

1. 科普场馆的建造

科普教育的第一步就是看。无论是流动式的科普展，还是固定式的科普场馆，都给孩子们提供了很好的科普教育场所，让他们能通过科普近距离认识到科学的魅力，激发他们对未知世界的好奇心和求知欲。如通过昆虫科普展或自然科学博物馆，孩子们可以近距离接触到神奇的自然世界。在北京市中关村图书大厦便有这样一家昆虫主题的博物馆——石探记博物科学馆（图8-6）。这是国内首家书店内的博物馆，在这个30平方米的空间里，孩子们能寻找到几十种活泼可爱的活体蜥蜴、蛙类和昆虫，几千号来自东南亚、非洲、亚马孙雨林和中国各地的奇异艳丽的甲虫、蝴蝶和竹节虫标本，上百件从5亿年前的寒武纪到我们现在生活的第四纪，横跨地球整个生命史的远古生物化石、琥珀。

图 8-6　石探记博物科学馆

石探记科学家团队还基于博物馆，在多个平台（抖音、快手、京东等）开展了多次专题公益科普线上直播，如“神奇的动物朋友”“生物学家一刻钟”“12 动物天团地球日出道”“科学家来了”等，并在室外开设了“晒晒我的宝贝们”等一系列自然集市活动，通过线上线下结合的方式，让各年龄段的自然科学爱好者们都能畅游奇妙的自然世界。

目前，室内昆虫科普馆多数都是亦步亦趋，抄袭模仿，大同小异，难以突破，鲜有创意创新之作。应该摈弃静态式、灌输性、纯知识的传统博物馆模式，大胆地探索加入更让人喜闻乐见的灵活多样的研学科普形式。尤其是城市昆虫博物馆的建设，更要以趣味性和突显昆虫的作用为主，增加体验、互动、娱乐的元素，不仅只是传授昆虫学知识，更要加入很多文化、创新、思考、启发性的内容，还要嵌入生命教育、感恩教育、环保教育等情感和道德教育的基因，把“博物馆”当作景区来打造。不仅要注意白天的运营，还要根据很多夜间昆虫的习性打造“夜间昆虫博物馆”。昆虫主题博物馆，既有综合性的（各类昆虫都有），也有专题性的（如萤飞蝶舞科普馆）。

2. 自然教室的建设

2019 年，石探记科学家团队受邀为北京中小学打造校内“自然教室”：利用学校走廊阳光房的现状，打造一个普及自然科学知识的悦学自然走廊，培养孩子对科学的兴趣，挖掘最初的探索欲。依据展示及执行的功能差异，自然教室可分为植物区、昆虫区、化石琥珀区、微观世界区、阅览区等。植物区内，以人工现代植物造景和亿万年植物化石为纽带，展现了东洋区区系内丰富的植物多样性，以及古代与现代东洋区内植物演化痕迹。植物标本特别展示采用双面透明标本框，让孩子们可以更加全面地观察植物标本结构，如植物叶片正反面形态特征存在差异等。昆虫区内，设置了各个类群昆虫标本展示区以及昆虫标本人工生态造景区，涵盖孩子们熟悉又陌生的昆虫类群,例如“臭大姐”、蝴蝶、飞蛾等。化石琥珀区内,重点展示了远古生物与现生生物之间的关系,在展示柜中展示远古时代昆虫琥珀与化石,在墙壁上展示对应类群的现生标本,为孩子们展现生物演化的魔力。微观世界区的设计融合了2020年年度热点事件——新型冠状病毒,集中展现了冠状病毒的形态、前世今生以及微观世界的其他生物与人类的关系。阅览区内,以书架陈列丰富的自然科学类书籍,便于孩子们阅读增长知识。

自然教室的总体设计引用大自然清新的色彩,结合学校视觉元素,使用质感自然、绿色环保的吸音板材料,还原最真实、生态的空间体验,并同时通过有效的隔断和动线的调整增加展览的功能性和体验性。

3. 昆虫巡展及科普讲座的组织

自2017年起,石探记科学家团队曾在北京、深圳、武汉、福州、沧州等多个城市举办昆虫、琥珀等相关主题的展览共计数十场。公众可欣赏到数以万计原产自热带、亚热带地区的奇异昆虫标本,例如国内罕见的巨型竹节虫、色彩绚丽夺人眼球的蝴蝶和蛾类、造型奇异的长角象、威风凛凛的大型甲虫。在虫珀展上,公众将随着展出的一系列珍贵虫珀如“蜥蜴琥珀”“虾琥珀”“恐龙羽毛琥珀”“蝎子琥珀”“拟蝎搭车琥珀”“蜉蝣琥珀”等,穿越回亿万年前的荒野地球,感受从古至今的昆虫演化历史。展览之余,现场公众可以免费参加科学家们的科普讲堂,让人们沉浸在优质的科学环境中,提升自身科学素养。

科普讲堂将科学课程融入动植物博物馆、古生物馆、科技馆、书店、学校等场所,广泛吸引在校学生、年轻人及更多渴望受到良好教育熏陶的社会群体。

4. 线上科普的开展

全民科普离不开新时代的互联网媒介,知识科普短视频和直播在其中扮演着极其重要的角色。2019年年初,石探记科学家团队多名成员受邀加入由抖音发起的全民科普活动“DOU知计划”,担任“抖音科普顾问团”成员。石探记科学家团队负责人陈睿博士的抖音账号“动物学博士”里记录了他和团队踏遍世界的科学考察足迹。马来西亚的热带雨林里生活着一种外形酷似兰花的螳螂,“动物学博士”抖音账号里记录了这样一段视频,一经发布便获得了数百万的播放量和数十万的点赞。除此以外,还有同样广受公众喜爱的来自世界各地的奇异生物的真实记录:亚马孙丛林里一种翅上带有天然“88”图案的涡蛱蝶、闪着蓝色荧光的大蓝闪蝶、世界上最大、毒性也最强的子弹蚁、马来西亚国蝶“红颈鸟翼凤蝶”、世界上唯一一块蝴蝶琥珀、让人直呼可爱的“大眼”蜂猴等。这些生物为网友们打开了新世界的大门,大家纷纷留言感慨:“原来世界上竟然真的有这么神奇的动物存在。”

2020年年初,新冠肺炎疫情肆虐全球。在这种特殊时代背景下,石探记科学家团队先后联手中央广播电视总台旗下央视频,抖音、西瓜视频、今日头条等字节跳动旗下产品,分别推出系列科学公益直播课程“科学家带你去探险”和“科学探险王”(图8-7)。系列课程精选了生物学家在全世界十余个生物热点地区的最精彩的科考故事,带领大家体会人在荒野的酸甜苦辣:发现新奇物种的欣喜若狂、路遇“危险”的惊心动魄、车船抛锚被困野外的心酸无奈……课程主题诸如“南美亚马孙中的阿凡达世界”“探寻红毛猩猩之岛”“青藏高原天然氧吧的秘密”“缅甸动物的战与和”“走进非洲失落的岛屿马达加斯加”“科学家新疆奇遇记”“寻猎狂野蒙古”“黑暗中的诡秘世界”等。

图 8-7　科学公益直播课程

2020 年世界地球日期间，石探记科学家团队与快手、世界动物保护协会、新京报书评、ipanda 共同发起为期一周的“12 动物天团”活动，并受快手邀请担任 10 个动物主题的科普直播任务，以大众喜闻乐见的内容呈现形式，激发更多人了解认识动物的兴趣(图 8-8)。

图 8-8　快手上的科普直播活动

5. 科普课程的设计

“天森 SKYFOREST 七彩蝶”品牌与福建某现代农业产业园合作打造了以蝴蝶为代表的观赏昆虫为主题的“昆虫花卉展示馆”，呈现昆虫与农业种植两者互惠互利、协同进化的关系。园内不仅展示了代表物种“达摩凤蝶”“青斑蝶”成虫访花行为在人工温室中起到的授粉作用，让果树和花卉在封闭环境中开花结果，同时，还生动地展示了达摩凤蝶幼虫取食柠檬树的过程——园内投放蝴蝶数量较多，导致了一棵柠檬树出现数百条之多的幼虫，让果树一片狼藉。园区内让游客通过近距离观察，欣赏蝴蝶的同时，用寓教于乐的形式，普及了昆虫和温室农业的相关知识。

(三)科学教育

1. 科学教育与科普教育的区别

“科学教育”与“科普教育”仅一字之差，但却有着本质的区别。科普教育面向的是广大的社会群体，属于一种社会教育，不同于学校正规教育或职业培训。科普教育具有社会性、群众性和持续性 3 个特性，形象地说，科学普及是以时代为背景，以社会为舞台，以人为主角，以科技为内容，面向广大百姓的一台“现代文明戏”。这台大戏是没有传统保留节目的，它随着对象的不同、地域的不同、时间的不同，特别是社会热点的不同，不断进行着更新和变化。

而科学教育面向的是全体青少年，是一种以传授基本科学知识为载体，以素质教育为核心，体验科学思维方法和科学探究方法，建立完整的科学知识观与价值观，进行科研基础能力训练和科学技术应用的教育。对青少年进行科学教育的初衷，并非希望人人都成为科学家，而是旨在唤醒青少年原本具有的科学素质，培养科学精神与科学态度。通过科学教育激发青少年的兴趣爱好、训练青少年的思维方式、提升青少年的想象力与创新能力。科学教育的主战场一般来说多为学校，但随着中国父母科学意识的不断觉醒，科学教育机构在近几年来受到了极大追捧，大有雨后破竹之势。

2. 科学课程及活动设计

科学课程的第一步是看和听。通过浅显易懂的语言将专业的科学知识传授给孩子，并结合户外自然探索的实际体验，让孩子在趣味中不断培养学习原动力，完善科学知识体系，培养科学思维。

科学课程的第二步是做。通过设计一些趣味性较强的实验和标本制作，让学生们亲手参与到"做"的过程中来。石探记科学家团队的专家老师们研发设计了一系列趣味十足的科学实验，包括虫珀滴胶实验、化石修复实验、蝶翅画制作、昆虫标本制作等。在实验的过程中，充分引导、总结和知识扩展，改变传统教师做学生看的模式，让学生自己去做，并在做的同时不断引导他们提出问题、解决问题，让他们在实验的过程中不仅能够学习到丰富实用的科学知识，同时也能锻炼动手实践能力，培养探索精神和科学思维。

3. 科学教育活动的实施

一般来说，科学教育活动的实施从入门到进阶到精英分为三步走。

第一阶段夯实基础知识，锻造人才的根基。在第一阶段，科学教育侧重于培养孩子的科学兴趣，并化兴趣为学习知识的动力，从零散知识到系统的基础知识体系，打好科学根基，打造具体丰富知识储备和发散思维能力的科学小学士。

第二阶段培养科学思维，提升科学素养。在第二阶段，科学教育的媒介开始从课程转变为课题式学习：从提出科学问题，到思考，分析问题，到最后解决问题。课题结合了数学、统计学、生物学、物理学、化学等多种学科，极大程度地提高孩子的科学思维和创新能力，打造具备严谨的科学思维和深厚的科学素养的科学小硕士。

第三阶段小科学家选拔计划。在第三阶段，科学家导师将带着孩子进入最顶尖的实验室，带领学员一起做研究，一起发表国际高水平论文。孩子在进大学之前就有机会拿到进入世界顶尖大学的金钥匙，逐步向科学家精英的行列靠拢。

三、其他形式

昆虫主题的研学科普，与昆虫旅游、昆虫文化等产业都有交叉融合，不宜进行严格划分，其产业形式也不仅限于研学旅行、科普教育、科学教育等，还可以与很多的行业灵活有机融合而产生各类新型的科普模式：可以与很多中小学或幼儿园联合打造昆虫主题的"校园科普农场/课堂"，进行系统性的自然教育，还可以融入劳动教育；与科技馆和商场等合作开展题为"科普嘉年华"的室内科普，和一些英语培训机构等联合开展"英语·昆虫剧"，在各类灵活的平台上举办"昆虫文化节"，联合建立萤火虫主题幼儿园或蝴蝶主题幼儿园（"天森 SKYFOREST 七彩蝶"品牌在数百所幼儿园开展了幼儿体验蝴蝶"破茧成蝶"奇妙过程的专题科普活动），在城市绿道等公共场所建立"昆虫课堂"发展城市昆虫休闲产业，在抖音等平台上直播萤火虫等明星昆虫科普，建立昆虫主题商业街，建立昆虫宠物店，在大城市大型商场等场所建立"昆虫主题咖啡馆"或"萤火虫主题情侣馆"等新型商业模式，与媒体联合打造"爸爸/妈妈/爸妈去哪儿"之昆虫科普版栏目，利用各类自媒体发展线上网络科普等。

第三节　昆虫创意产业在休闲旅游中的应用

休闲旅游，顾名思义，就是在旅游的同时，还能让心灵得到放松，是一种休闲式的旅游方式。它与普通旅游的不同之处在于，一“静”一“动”，一“居”一“行”，一“闲”一“累”，它是旅游者拥有较多的闲暇时间和有可自由支配的经济收入，旅游地有了一定服务设施条件下而逐渐形成的，是旅游得以丰富发展的产物。休闲旅游具有自己的特点：更注重修身养性、目的地重复、消费能级高、一地停留时间长、自助或半自助方式、文化需求高。

随着人们生活水平的提高和恩格尔系数的降低，休闲旅游越来越成为生活的时尚，人们越来越多地选择外出旅游。随着旅游业的日趋火热和人们对旅游质量的要求日益提高，再加上旅游景区同质化和花样不好翻新问题日益严重，众多旅游昆虫及其创意产业应该在新时期休闲旅游产业中扮演重要角色，并发挥更大的作用。尤其是对于南方省份的乡村旅游和生态环境好的自然景区来说，特色昆虫旅游更值得关注，其能显著增加新的业态和吸引力，特别是在“禁野”决定对一些动物科普影响较大的景区，以一些新颖的符合国家规定的昆虫代替原有动物，是一条值得探索的路径。尤其是对于夜间经济，若创意性地加以利用，萤火虫会成为“夜间吸客利器”，成为探索新型“昆虫夜间经济”的良好素材。昆虫旅游也是提升现代旅游精神，发展特色旅游、猎奇旅游、意境旅游、文化旅游、夜间旅游的有效途径之一，休闲昆虫和昆虫宠物等也是丰富人们文化生活、休闲养心康养的良好载体。这些昆虫主题的娱乐休闲旅游方式不仅拉动了旅游等产业，还能传播昆虫文化，生动地唤醒消费者保护昆虫、保护生态、保护大自然的意识，也是一种生命教育和环保教育，能起到一举多得的经济、生态、社会等综合效益。

目前，昆虫的旅游价值体现得明显不足：一是昆虫体型小，不易被发现。昆虫具有明显的生境与季节性特征，对生长环境的要求也很特殊，相对于秀美的山川大河和壮丽的自然风光，人们很容易忽视这些“小生命”，如果没有昆虫科普的基础知识，也很难注意到它们的存在。二是开发重点多偏向于观赏。国内虽然建设了一些以展示性为主的蝴蝶馆、蝴蝶园，但是由于开发侧重点失衡，人们偏重于它的观赏性开发，而忽视了科普教育等其他功能的挖掘。三是解说材料缺失。昆虫种类繁多，个体差异性较大，如果没有丰富、准确、生动的解说和介绍，很难引起游客的兴趣，使游客对昆虫的生活习性、历史文化有详细的了解；目前，由于昆虫科普等的不到位和从业者的不专业性，很多昆虫旅游景区的解说材料欠缺，尤其是昆虫拉丁学名的拼写和正斜体等出错率极高。

应用在休闲旅游产业中的昆虫可以统称为“赏玩昆虫”，广义包括“旅游昆虫”“休闲娱乐昆虫”“庆典昆虫”，甚至包括研学科普产业中涉及的昆虫（可以称之为“研学昆虫”或“科普昆虫”）等，研学科普昆虫在本章第二节中已有介绍，此节不涉及。

赏玩昆虫的概念范围和包含种类其实非常广，凡能给人以美感，可供赏玩、娱乐甚至庆典，能增添生活情趣、有益身心健康的昆虫均可统称为赏玩昆虫。大概包括形体类（此类昆虫具有奇特、怪异或优美的体形，包括蝴蝶、竹节虫、螳螂、吉丁虫、角蝉及各类拟态昆虫等）、发光类（萤火虫等）、鸣叫类（蟋蟀、蝈蝈、油葫芦、金钟儿、蝉等）、运动类（包括具有格斗习性的蟋蟀和具有较好的飞翔耐力的甲虫以及叩头虫等）、宠物类（锹甲、兰花螳螂等）等。需要强调的是：以上类别并无绝对的界限，很多昆虫兼有多重赏玩价值。

从事赏玩昆虫产业需要注意：第一，要引导从业者和消费者具有高度的法律意识和充分的法律知识，千万不能光为了吸引游客而非法采集或贩卖国家保护昆虫物种；第二，要引导从业者具有一定的生态意识，不能乱引进物种而破坏了当地的物种，引发生态灾难，要把生物多样性的保护放在首位，利用必须建立在全面、妥善保护周围生态和环境的基础上，各级主管部门要加强管理，规定昆虫开发的种类和注意事项，建设工程严格审批，对游客加强宣传教育，注意生态旅游的环境容量；第三，要引导从业者和消费者树立正确的娱乐观，不能将斗蟋等竞技性活动演变成赌博性质，不能因饲养昆虫宠物导致玩物丧志；第四，要引导从业者和消费者具有安全意识，不能使用危险的物种，只要有一定危险性的都要提醒游客（比如要提醒那些对蝴蝶鳞粉过敏的游客注意不要碰触蝴蝶鳞粉），同时，若售卖昆虫美食，也要对消费者进行必要的提醒（有些人取食昆虫会过敏）；第五，还有很多可以用于休闲旅游产业的其他赏玩昆虫，只是人们还没来得及开发，同时，要科学规划，统筹兼顾，尽量选用本地虫种，突出当地昆虫旅游产品的特色；第六，在建设土木工程时，要合理布局，尽量少污染环境，将其对生态环境的影响降到最低；第七，在昆虫主题的休闲旅游过程中要积极主动地融入生态教育和科普教育，提高群众的文化水平，唤醒人们的生态意识；第八，要因地制宜，不能盲目跟风，一个省内的昆虫旅游景区最好不要重复建设，也不要发展太多，太滥，要少而精，这样才会使昆虫旅游可持续地科学发展；第九，上述提及的常见赏玩昆虫，在实际产业应用中，创意性的元素和做法在很多景区都做得远远不够，这些昆虫的产业价值远没有被发挥出来，所以，从某种程度上来说，赏玩昆虫产业最需要创意性思维，可称之为“创意赏玩昆虫产业”。

本节内容先是总体阐述昆虫产业在休闲旅游上的应用思路，然后以蝴蝶和萤火虫两类经典的赏玩昆虫为例，分别阐述如何创意性地做“创意赏玩昆虫产业”。不同种类昆虫的生物学特性（含行为学特性）差别很大，所以，它们在休闲旅游产业上的应用模式和思路等都差别很大，不好总结统一性的规律，只能以蝴蝶和萤火虫为例，起到举一反三的作用，启发所有赏玩昆虫从业者要高度重视创意性开发和营销，至少不能一提到蝴蝶，就只想到建个蝴蝶园，观赏蝴蝶，拍个照片，售卖千篇一律的蝴蝶工艺品，最多做个研学游就差不多算“蝴蝶旅游产业”了，这远远不够；不能一想到萤火虫，就是放飞萤火虫，收一下门票，最多搞个晚餐、各类露营之类的活动，这远远不够；不能一想到要做昆虫主题研学游基地，就做个“昆虫王国”，把很多常见的昆虫养殖在那里，只作简单的科普介绍就完了，这远远不够。

一、昆虫创意旅游产业理论

（一）昆虫创意旅游产业概述

昆虫创意旅游产业有别于传统昆虫旅游业，两者最本质的区别就是传统昆虫旅游产业中的“昆虫”属于自然资源，而昆虫创意旅游产业中的“昆虫创意”属于文化资源。文化旅游和自然旅游是两大市场主题，文化旅游更多依赖于历史文化，自然旅游更多依赖于生态环境。一个地方拥有这两类资源中的一个，就具备了旅游发展的基础，如果同时拥有这两类资源，它的市场更广，吸引力更大，旅游对社会经济的带动力也更明显。从宏观层面上来看，昆虫作为有载体的智力输出实际上是文化的一种，昆虫创意旅游产业严格意义上讲应当隶属于文化旅游产业。因此，昆虫创意旅游产业实际上是在以昆虫作为创意载体的基础上通过旅游来与游客产生交互所延伸的获利过程。昆虫创意旅游多重特色的产业将给传统旅游业的发展带来新的机会和思路，对传统旅游产业结构转型起到推动作用，对城市与乡村的消费市场有很强的拉动能力，对相关产业资源整合利用和效益增值有促进作用。

1. 昆虫创意与昆虫旅游

昆虫创意是昆虫旅游的灵魂和内涵，昆虫旅游则是昆虫创意的表现形式和重要载体。二者融合发展，从而实现双赢和提升。

狭义的昆虫创意旅游是指以昆虫创意为旅游核心资源的创意旅游模式，如全息昆虫馆、萤火虫世界等；广义的昆虫创意旅游是基于昆虫创意的对传统旅游模式的颠覆式提升，是多维度立体化的，表现为吃喝娱乐购全方位的提升。

总的来说，昆虫创意旅游的核心是创意，特别强调创造一种昆虫文化符号，然后销售这种文化和文化符号，并强调昆虫创意旅游的昆虫创意是一种形态，产业是一种生产行销模式，两者的连接点就是创意。因此，昆虫创意旅游产业可以理解为蕴含人为因素创造的昆虫文化的创意旅游产业。

2. 昆虫创意旅游产业的特点和未来

昆虫创意旅游产业与一般的产业经营具有共同的特点，如产品的生产与形成、服务与推销、市场与竞争等，但也具有其特殊的价值，并具有不可替代性的特点。昆虫创意旅游产业是依托昆虫旅游资源，通过科学合理地开发利用，为社会公众提供创意旅游产品和服务的活动，以及与这些活动有关联的活动的集合，并通过市场化的运作取得社会效益和经济效益。在这个过程中应当明确昆虫创意旅游产业主要目的是合理开发昆虫旅游资源，根本途径是要通过产业化的运作，并要特别关注区域差异与同质化竞争。

随着互联网的兴起和消费模式的升级，以及“文旅融合”“夜经济”等对于传统昆虫创意旅游业的赋能与提升，昆虫创意旅游产业有别于传统昆虫观光旅游等常规旅游项目，侧重于自主性、个性化和目的性，在于它的旅游生态环境和文化环境的原始自然性、旅游项目和线路的新奇探险性、旅游形式的自主参与性。随着社会经济文化水平的发展和旅游者审美层次的提高，昆虫创意旅游呈现出蓬勃发展的态势。

3. 昆虫创意旅游产业的发展模式

旅游业的参与方一般是政府、企业，或政企共同协作，旅游产业发展的主要模式有政府主导、市场发展以及政府与市场相结合三种模式。

国外创意旅游产业发展大都采取政府与市场相结合的发展模式，市场体系较为完善，政府职能定位较为合理，市场在创意旅游产品开发和调节产业要素配备方面发挥了主导作用，创意旅游资源得到了较好的开发利用。但从国内来讲，创意旅游产业发展起步较晚，政府职能与市场作用方面认识模糊，一方面，大多数地区采取政府主导的发展模式，从在地旅游资源的规划开发、营销策划、资金筹措、日常管理都由政府大包大揽，政事不分，政企不分，不计成本，不讲效益，一旦政府热情消失，资源便处于无序的开发利用状态，缺乏可持续发展的动力和活力；另一方面，个别地区则采取了自由放任的市场发展模式，在相关法规不健全和监管不到位的情况下，擅自将创意旅游资源交企业经营，既缺乏科学的引导和指导，又缺乏有效的日常监管措施，导致屡屡发生破坏资源的行为。

借鉴国内外创意旅游产业发展的经验教训，昆虫创意旅游产业发展应当采取政府与市场相结合的发展模式，需要合理界定政府职能，充分发挥市场机制的调节作用，需要有一系列的配套政策和法律制度来保障，需要紧密结合各地文化旅游资源的地域特点。

4. 昆虫创意旅游产业的打造

首先要对在地昆虫资源进行考察与评估，对于昆虫资源较为丰富、适宜开发的地区要注意以下几个方面：一是要进行昆虫的高端策划和整体包装；二是应根据市场需求导向和昆虫资源本身的特点，在整合过程中对其重新进行定位、设计、营销，形成适销对路的旅游产品；三是要以项目体带动并壮大昆虫工艺旅游产业，实现小虫子促大经济。

注重开发研制具有地方特色、浓厚文化内涵、能吸引游客的昆虫系列创意工艺品、纪念品，通过延长昆虫创意旅游产业链条，提高昆虫创意的综合带动效应，增强对游客的吸引力。在此基础上对相关配套昆虫产业进行专业化分工，搞好整体发展规划，以昆虫创意旅游核心产业和要素产业促进旅游相关产业发展，带动主题性昆虫交通、商贸、住宿、餐饮等其他产业，扩大关联互动效应，紧紧围绕昆虫创意来进行“吃、住、行、游、娱、购”六要素打造，对昆虫资源进行多层次、综合性开发，将资源优势转化为产业优势，实现旅游产业由传统的“门票经济”向现代的“产业经济”转变，充分发挥昆虫创意旅游产业的带动功能。

同时，实现昆虫创意旅游产业健康快速发展，必须加快人才培养，提高从业者的素质。昆虫创意旅游产业人才梯队需要爱虫（开发专家，整个人才梯队的核心人物，一般是该产业的项目主导者与负责人）、知虫（讲解专家，对于昆虫有着深入的了解，能够讲解或者阐述别人眼中不一样的昆虫）、养虫（养殖专家，具备完善的养殖知识，保护和养殖昆虫，做到常态维持）的核心人才，以及需要昆虫创意的策划（能够对整个昆虫旅游产业的品牌化与规模化的打造进行系统科学的方案设计）、设计（能够可视化的实现昆虫创意的视觉呈现）、营销（能够将昆虫创意旅游产业的产品与服务市场化与商品化，并提升其美誉度和知名度）的专业人才与团队。

（二）创意赏玩昆虫产业的总体思路

1. 昆虫资源的休闲旅游吸引功能

只有能够吸引旅游者产生旅游动机并可被利用来开展旅游活动的昆虫资源才能成为旅游资源，才能进行旅游开发和游憩利用。

（1）观赏性　观赏性是昆虫能作为旅游资源的重要特性。那些色彩鲜艳、形态奇特、鸣声动听、好斗成性或会发萤光的昆虫，如蝴蝶、甲虫、螽斯、萤火虫、蜻蜓、豆娘等，都可称之为观赏昆虫。这类昆虫的赏玩性极高，旅游开发的潜力巨大，可以作为昆虫旅游景观和昆虫工艺品的素材。

（2）珍稀性　我国的昆虫资源不仅丰富，而且还不乏独有的珍稀和濒危种类。利用这一特点进行适度的游憩开发，往往能满足游客求新求奇的旅游心理需求。

（3）科普性　昆虫是地球上最古老的物种之一，历史悠久，种类丰富，行为独特，外形漂亮，具有极高的科研价值和科普价值，是向公众普及科学知识、进行环保教育的很好的实物教材，尤其适合建造博物馆以标本的形式科普。

（4）食用性　很多适宜开发昆虫旅游的地方，一般都具有丰富的食用昆虫。若把这些食用昆虫精心烹饪加工后，做成美味佳肴，甚至旅游食品，也会有利于丰富旅游景区的特色小吃和增加景区收入。

(5)文化性　有关昆虫的物质属性方面主要体现在昆虫的食用、药用、养殖、虫害的防治等；有关昆虫的精神文化层面主要由昆虫的神话、传说、文学、绘画、崇拜、民俗等构成。这些丰富多彩的昆虫文化为发展昆虫特色主题景观和旅游提供了很好的内涵支撑。

2.赏玩昆虫在休闲旅游上的开发利用途径

(1)观赏昆虫景观　这里的观赏昆虫主要是指外形漂亮、赏心悦目的昆虫，如蝴蝶、萤火虫、蜻蜓、甲虫等。

建立蝴蝶等特色观赏昆虫公园，放养和繁殖观赏昆虫以供人们游憩观赏将是森林旅游和休憩旅游中值得开发的一项内容；在原有森林康养旅游中放入萤火虫，辅之以树屋、森林空中栈道等，用来发展夜间“养心”森林旅游，也是很大的亮点。除此之外，蝴蝶甚至萤火虫还可以应用在婚庆、婚纱及其他各类派对和庆典上，这体现了产业的拓展性。

需要指出的是：发展这些昆虫旅游景观时要注意突出自己的特色，不能步人后尘，而且要与景区的固有文化有机融合，因地制宜，打造特色。比如，四川峨眉山有“圣灯”文化和奇观，可将萤火虫与圣灯文化结合，推出“散落在人间的圣灯”或“人间萤河”；还可以将拜佛与拜萤结合起来，将佛的空灵和萤的奇幻结合在一起；建立四川省第一家集展览、科教、旅游、购物、娱乐等为一体的蝴蝶生态景区和我国最长的蝴蝶长廊，与佛教文化结合放生蝴蝶，与白娘子文化结合打造爱情天堂。比如，广西上林有萤火虫和爱情文化典故背景，若在此景区加入萤火虫元素，必然相得益彰。比如，将萤火虫与四川乐山峨边彝族自治县大堡镇化林村的悬崖梯田及彝族美神甘嫫阿妞，推出中国乃至世界第一个“悬崖萤火”或“萤约·美神”景点。有文化特色的策划思路，会使得该景区具有唯一性——即使没有昆虫物种的唯一性，但至少有文化和结合形式的唯一性，这就保证了市场的蓝海性。

除此之外，从业者还要注意多主题昆虫景观的开发，不要单一主题，要推出组合套餐(但一定要有机结合的)，比如，“萤飞蝶舞(白天赏蝶、夜晚观萤)”“大熊猫、小萤火(在熊猫谷里同时养殖萤火虫，将两个明星物种巧妙结合)”就是绝好的昆虫旅游套餐，两者优势互补，相得益彰；同时，还要注意与其他行业的交叉融合，比如，昆虫食品、昆虫主题的科普活动和研学游等。还有一类较为特殊的昆虫景观旅游，比如，柞蚕幼虫的体色主要有绿色、黄色、蓝色、白色、红色等，极具观赏价值，利用相关科研院所保育的品种资源、保育场等，推出以柞蚕文化为主题的休闲旅游精品线路，也促进了生态柞蚕场的建设，放大了传统柞蚕产业的价值。

(2)鸣叫昆虫景观　并不是所有会鸣叫的昆虫都可以用来发展景观，须选择有欣赏价值的昆虫。螽斯和蟋蟀是创意产业中常用的良好昆虫载体。蝈蝈是鸣虫的一大宗，与油葫芦的地位不相上下，喜养者极众。蟋蟀具有顽强无敌、勇决胜负的武士风采，被誉为“天下第一虫”。蟋蟀除了可以鸣叫还可以用来打斗，著名的“斗蟋”早就成为具有千年历史的一种文化活动。各地旅游景点可以在调查本地鸣虫资源的基础上筛选特色种类发展鸣虫景观，将这些善鸣昆虫，人工饲养或采集，然后集中于一处，形成以听觉刺激为主的特色景观，打造立体旅游。

发展夜间昆虫旅游，除了萤火虫给游客视觉和精神上的刺激和愉悦之外，还可以辅之以蟋蟀、螽斯、蝉、蝼蛄以及蛙声，还可以加入爬沙虫、蝗虫、蟋蟀等夜间健康昆虫夜宵小食做配套，发展夜间昆虫视觉、听觉、味觉等多重旅游业态，以实现还原自然，陶冶情操，养身养心的目的。

(3)昆虫“迪士尼”乐园 近些年，名为“昆虫王国”的昆虫主题科普乐园等在多地悄然诞生，但多数是常规传统的规划创意，千篇一律，很难突破，乏善可陈，其产业效果可想而知。诸如“昆虫迪士尼乐园”的创意思路可以为突破这个窘境提供一定的参考。

昆虫“迪士尼”乐园是一个运用各种道具和技术全面展示昆虫魅力的大型娱乐旅游景观，是一种沉浸式昆虫乐园。景观以昆虫城堡的外形，涵盖昆虫神话、童话故事以及昆虫仿生等，包含有鸣叫昆虫、观赏昆虫、打斗昆虫及各种有独特外形、机理和本领的昆虫，让游客进入该景区就像进入了一个五纷五彩、活灵活现的昆虫世界。比如，活体昆虫观赏活动可以展示蝴蝶是如何从丑陋的毛毛虫蜕变成美丽的蝴蝶，让游客在获得昆虫知识的同时感悟人生，还可以让游客亲自参与，捉几只昆虫，学着制作标本，不但会延长游客在景区的逗留时间，还能让其感受到快乐和收获；模拟昆虫区的活动可以展示昆虫的打斗、交配、取食、筑巢等有意思的生活行为；昆虫仿生区的活动可以让游客配备上特制的各种道具，模仿昆虫在空中飞翔、大幅度跳跃、在水中仰泳等，让游客在感受昆虫生存智慧的同时能参与娱乐，还能健身；昆虫文化区是将与昆虫有关的各种诗词、故事、神话、童话中的情景用各类道具形象展示，游客在其中游览和参与，可以丰富知识，获得乐趣，尤其适合儿童旅游。

(4)昆虫美食村 很多昆虫都是美味佳肴，因此可以根据当地饮食习惯和昆虫特色，建立昆虫美食村，丰富旅游景区的餐饮文化，甚至可以发展特色昆虫旅游食品，丰富景区产业内容，提高景区收入。

比如，四川的攀西地区具有丰富的爬沙虫资源和食用文化，若结合攀西地区的中老年人阳光康养度假的定位和特色，而推出专门针对老年人的“虫参”爬沙虫系列旅游礼品，也会有很大的市场。

(5)生态旅游庄园 由于昆虫具有分解有机垃圾的功能，且很多副产物都有价值，再加上其食用和观赏等功能和部分昆虫能粗放养殖的特点，使得在景区尤其是一些小景区可以建立以昆虫为特色和核心的生态旅游庄园。这种思路最适合乡村旅游。

比如，可以在一些非重点的小景区(尤其是低海拔的小山)建立种植养殖循环经济园区：用种植的一些新鲜蔬菜菜叶及景区的杂草及各种有机垃圾、粪便等来养殖黄粉虫、蝗虫、蛴螬等昆虫，这些昆虫可以用来做成各种美味发展景区餐饮，其粪便和死虫等可以用来喂饲虫子鸡、生态鱼等，鸡和昆虫的粪便又可以用昆虫来分解，或者用作绿色蔬菜的有机肥料，这样种植的各类蔬菜可以作为景区自产的食品，如此整个景区的种植养殖等就形成完整的循环经济产业链，而且几乎不产生有机垃圾，在充分利用资源的同时还能保护生态环境。在此基础上，还可以发展住宿和各种特色怀旧、生态、农家旅游，让游客亲自参与养殖、种植，了解农业知识和昆虫知识，体味劳作乐趣，感受农家风味，一举多得。

(6)昆虫博物体验馆 科普旅游是通过对旅游地深层次开发，突出其科学文化内涵，以满足人们探索大自然奥秘的好奇心，提高自然科学知识普及的生态旅游精品项目。昆虫这一类物种的专业性和特殊性，使其成为生物学和生态学的活教材，其美丽奇特的外形、多样的生活习性、丰富的文化内涵，使得建立昆虫博物馆具有极大的可行性和必要性。因此，如果能在旅游景区建立一个昆虫馆，聚昆虫趣味知识于一室，将会使游客在饱览自然风光的同时学到知识，增加景区的内涵和魅力。

但需要特别提醒的是：目前，从业者还没有很好地打开思路，很多与旅游沾边的各类昆虫主题博物馆，还没有摆脱传统博物馆的建设和运营思路、模式。殊不知，以知识科普为主、政府投资为主的严肃的传统博物馆，与以企业自主投资、重在市场效益的景区类博物馆差别很大，其规划、建设和运营思路和模式等都应该用创意产业的思维和市场经营的角度进行重新考量，创造性地建设和运营，使博物馆不仅有知识科普的功能，更要成为一个娱乐休闲旅游场所，在满足基本的知识性、专业性的同时，要显著提高其互动性、娱乐性和体验性，提高内容和产业的丰富度，突破传统昆虫博物馆的苑囿，将"昆虫博物馆"至少升级为"昆虫博物体验/游乐馆"，从而提高市场欢迎度和产业效果。

(7)昆虫旅游延伸文创产品和文化产业　和其他旅游产品或业态一样，昆虫旅游要想释放最大的产业能量，必须深挖昆虫旅游延伸文创产品，尤其是需要集合昆虫知识、营销知识、创意知识于一体的特殊文创产品，更加显得珍贵。

目前，市面上最盛行的各类昆虫旅游产品，多是与昆虫有关的光盘、书籍、玩具、饰品等，或者是有些活体昆虫(如蝴蝶或各类鸣虫等)，或者是各类昆虫标本，如虫草画、蝶翅画、蝴蝶书签、塑封贺卡、各类昆虫的人工琥珀(树脂包埋工艺品)、塑料仿真昆虫、蝴蝶风筝、虫草剪纸艺术品、刺绣工艺品、珠宝装饰品、陶瓷制品和纺织品上的虫草画纹图案，以及具蝴蝶图案的邮票、信封、硬币、纹章等艺术收藏品等，各个景区基本千篇一律。其实，这是一块蓝海市场，要大力开发观赏昆虫艺术精品，甚至衍生出昆虫绘画、诗文、音乐会等其他文化产业，提升现代旅游产业附加值。只要组建一个知识结构全面的团队，精心策划，一定能创造出非常有新意、有创意、受市场欢迎的昆虫旅游文创产品。比如，峨眉山的名字原为"蛾眉山"，是古人用来形容峨眉山的秀美，觉得大峨山和二峨山从远处看像是蛾子的"眉毛"(实为羽毛状触角，古人用"蛾眉"形容美女的眉毛)，在这种文化背景下，峨眉山其实可以借助其丰富的蛾子和蝴蝶物种资源，用"蛾眉"元素制作各种有内涵的文创产品，既宣传了"峨眉山"名字的由来及其秀美的特征，又推广了"蛾眉"文化和鳞翅目昆虫资源及其文创产品，还能加深峨眉山软文化和品牌的宣传，一举多得。比如，四川虫生生物科技有限公司联合广西涵洲文化传播有限公司推出的萤火虫系列文创产品，为昆虫创意旅游文创产品的制作做出了一定的探索。

需要强调的是：创意赏玩昆虫产业的产业链顶端之一是赏玩昆虫的文化产业和 IP 打造，所以，我们在做这些昆虫旅游产业的时候，一定要在做到某种程度和基础后，开始高水平地挖掘该昆虫的文化元素，进而提升成 IP，这样就能全面打通该产业，也能做深做宽做大该产业。比如，蝴蝶的"破茧成蝶""忠贞爱情"以及萤火虫的"囊萤夜读""为爱发光""一生只为你点亮""黑暗中的一点萤光"等励志和爱情文化元素的挖掘，甚至两者之间重叠部分的融合升华，最终将这些文化元素转化成各类文创产品和文旅活动，做成漫画、动画、影视作品等，最终推出 IP(比如萤火虫的"萤宝""萤小乖"等创意 IP)。

(8)昆虫宠物及昆虫休闲赏玩　可作宠物饲养赏玩的昆虫主要是鸣叫类(如蟋蟀、蝈蝈等)和美观类(如锹甲、兰花螳螂等)观赏昆虫。比如，宠养蟋蟀和蝈蝈在我国有悠久的历史，古代还有以金笼玉器做饲养器具的，但更多的还是用竹笼、陶罐饲养。此类昆虫饲养在家中，带在身边，可随时观其斗，闻其鸣，怡情养志。

上述昆虫为已经出现、初露端倪或已经形成市场和具有较久历史的宠物赏玩昆虫，其实还有很多的宠物性昆虫没有被开发。比如，很多的萤火虫幼虫甚至凶猛怪异的爬沙虫等都可以开发成宠物，关键是要创意性地开发产品和运营销售，再就是要创意性地引导消费者和拓展新市场。

除此之外，还有很多好玩的昆虫都可以作为休闲赏玩的载体。比如，可以将竹象虫或金龟子插上小竹棍做成“昆虫小风扇”；在四川等省份具有用蜘蛛网等方法“钓蜻蜓”的休闲娱乐活动，在山东用面筋、在四川用蜘蛛网黏蝉等娱乐活动都是昆虫的休闲赏玩；甚至还可以搞些更有创意和科研元素的新项目（蛙吃了萤火虫之后肚皮“发光”、磁场使得东亚飞蝗体色改变等）——当然，这些昆虫娱乐活动也可以作为昆虫科普或研学游的内容。

3.夜间经济下的昆虫创意旅游产业

夜间经济在近年来成为热词，夜间经济不管对于城市与乡村的旅游业建设都有着十分重要的作用与意义，夜间经济的重要作用并非只有单纯的延长娱乐时间，而是通过夜经济延长游客的住宿时长进一步带动吃喝玩乐购的全面化发展。据统计，在北京、上海、广东、深圳等一线城市，夜间消费的比重已占全天消费的50%以上，夜间经济已成为城市消费的新蓝海。城市在告别“夜太黑”，乡村也在告别“夜不亮”，“昆虫”与当下许多“熬夜的新新人类”一样，有着昼伏夜出的习惯，所以昆虫创意也将成为夜间经济中有趣的元素之一。因此，昆虫创意可以提高游客夜经济的参与度和逗留时间，释放夜间经济的巨大潜能。

夜间经济是20世纪70年代英国为改善城市中心区夜晚空巢现象提出的经济学概念，是指发生在当日18:00到次日6:00间以本地市民和外地游客为消费主体，以休闲、观光、购物、健身、文化、餐饮等为主要形式的现代城市消费经济。从夜游时段来看，黄金4小时（18:00—22:00）为夜游高峰时段，占比达到77%；从夜游体验时长来看，3～4小时夜游体验的游客最多，占比为48%。从主力客群来看，中青年情侣、以“80后”和“90后”为代表的家庭夜游群体是现代夜间消费的“主力军”；在白天忙碌的工作之后，夜晚成了消解压力、释放活力、放松休闲的最佳时机；家庭亲子出游群体收入较高，也较愿进行夜间消费；商务出差和个人独行的夜间体验需求最低。从夜游范围来看，同本地游客相比，外地游客夜晚更喜欢出去转一转，了解地方风情；一般来说，本地游客夜间游玩距离5千米，通常不超过10千米，而外地游客平均游玩距离为7千米。

夜间是旅游业消费时段，发展“昆虫创意夜间旅游”是延长旅游消费的一个重要手段，是拓展新消费领域的重要抓手。昆虫创意夜间经济是目前最能释放消费潜能的领域之一。昆虫创意在夜间旅游业中，城市与乡村旅游市场有着较大的区别，城市人流量大但高楼林立难以使昆虫生存，多数为延伸的昆虫IP与一些场馆、酒店、餐厅进行的生态化建设。乡村夜间经济与城市夜间经济相比发展差距较大，许多乡村夜生活近乎空白，已经开展此业务的乡村存在业态不够丰富的问题，只能提供少量的夜间观赏和游览项目，娱乐休闲功能明显不足，导致大量游客“白天看景，晚上走人”，难以形成夜间消费，但乡村有着非常丰富的昆虫资源，发展昆虫创意夜间经济的可行性非常高。

昆虫创意夜间旅游是昆虫创意产业重要的一环，昼伏夜出的昆虫并非全部都可与创意旅游的结合，至少要具有夜间有趣的行为，如萤火虫的发光能带来奇妙的视觉享受，蟋蟀的鸣叫能带来异样的听觉享受等。游客进行昆虫创意旅游，更多是寻求其带来的差异化体验，但是不进行昆虫创意的提升，将会缺少特色，趋于同质化，降低游客的体验感，难以吸引游客。其次，昆虫创意夜间旅游都需要在原有的旅游资源基础上进行延伸，要做好白天和夜间旅游的平衡与过渡，要注意智力投入和创意投入应大于财力投入。

夜间昆虫创意旅游产业的形式大概有如下几类：

(1)昆虫创意夜间田园　依托乡村稻田、花海、森林、河流等自然资源，以夜幕做背景，结合现代生物科技，通过生物学干预等技术推出昆虫“夜间表演”项目，结合现代声光电科技模拟“昆虫”行为，打造与白天迥异的夜间景观，既还原乡野气息，又提升田园景观的夜间观赏性。各类环境下的打造思路如下：

对于稻田景观，可以选择蟋蟀、蝈蝈、萤火虫、蝴蝶等昆虫，利用点状全息投影、灵动萤光光纤、音响等技术手段，通过全息投影与萤光光纤对稻田进行点缀，营造萤光点点与星空配合，并邀请编曲大师将虫鸣进行有伴奏的创作，打造极致的自然美学体验。

花海景区一般都是白天观赏，夜间基本没有项目，其实，可以选择蝴蝶、萤火虫等昆虫，利用点状全息投影、灵动萤光光纤、音响、香氛装置等技术手段，在黄昏以后对花海进行投影并加以萤光光纤进行点缀萤火虫效果，通过音响与香氛装置让人更加沉醉于其中，获得深度体验。

古人对于月下森林、竹林有着别样的喜爱，可以选择萤火虫、蟋蟀等昆虫，利用雾化装置、氛围灯、灵动萤光光纤等技术手段，打造仙境的感觉，并用氛围灯与萤光光纤进行点缀，在萤火虫与蟋蟀听觉视觉的配合下进行品质提升。

对于河流景观，可以选择爬沙虫和水生及半水生萤火虫等昆虫，利用雾化装置和水下萤光装置，发展夜间观萤、露营与灯诱等科普和互动体验活动，再加上水面萤光和溪边雾化等技术手段，会打造出别样的河流夜景。

(2)昆虫创意自然夜市　夜里的自然街市，对于游客来说是另外一种体验。打造自然夜市应更加注重文化体验和氛围营造，风土人情和文化工艺应该是乡村旅游夜间街市的特色。在白天街市功能的基础上，融入夜间休闲体验元素，如昆虫烧烤、斗蛐蛐大赛、萤火虫清吧、蝈蝈茶馆等，丰富业态，创新体验，延长游客的游玩时间。

(3)昆虫“深夜食堂”　昆虫资源是天然食材，昆虫版“深夜食堂”似乎更能展现食物昆虫的魅力与特色。作为小众餐饮食材，利用地方产出的特色有机昆虫，加入安全美味的自制调料，融入地方传统工艺，再使用地方特色的“土”器皿，就能形成勾引城市游客味蕾的一道道美食。结合夜市或独立建设成一片极具特色的昆虫深夜食堂，延长营业时间，开展与昆虫创意相关的活动，增强昆虫美食体验的新鲜感，将夜食昆虫体验打造成带动旅游发展的重要抓手。

(4)昆虫创意演艺活动　演艺活动已经成为夜间聚集人气的有效途径，对于昆虫题材而言，动辄几个亿的演艺投资并不适用。应结合本土文化和地域风情，通过“乡村文化资源＋昆虫创意”提升，挖掘本土的昆虫文化、特色舞蹈文化等，利用原生态的自然舞台，打造一批独一无二的具有本地文化特色的展演活动，如情景表演、民俗歌舞等。

(5)昆虫创意互动娱乐　主题性已成为旅游业的核心，昆虫这种小而美的东西可以让游客更多地参与到夜间活动中，增强娱乐性和互动体验性。设置多类型娱乐活动，如夜间捉虫、萤火虫民谣会、户外花海蝴蝶投影秀、野外昆虫烧烤等，吸引游客眼球的同时增加游客的参与度，将整个昆虫创意夜游活动推向一个高潮。

(6)昆虫主题住宿体验　昆虫创意夜经济的一个重要目的是让游客停留住宿，设置昆虫主题民宿、木屋、集装箱、营地等多元化的住宿设施，是吸引更多游客逗留、带动夜经济发展、让游客爱上昆虫创意的重要手段。融合本地自然人文环境要素的同时，应增加创意和美学元素，从而满足中青年客群的居住偏好。在发展“夜间经济”中一定要实事求是，因地制宜，具有当地特色，有当地的文化品位，走个性化、差异化发展之路，避免业态雷同和同质化竞争，不能为了发展而发展，国内一些主题住宿只是简单地将主题内容在墙壁与陈设上进行简单的绘制，审美水平十分差劲，所以基于昆虫美学来进行住所的设计一定不可简简单单对昆虫外形进行绘制与使用，而是需要更深层次的思考。

昆虫主题住宿的打造思路大概如下：①根据昆虫习性，比如打造萤光星空木屋，在屋顶处设计全适宜可调节天窗，可以仰望观星，平躺观萤，十分美妙。②根据昆虫外形，比如打造蝴蝶色彩美学民宿，通过设计师对蝴蝶翅膀花纹颜色进行提取与分析，并选取具有美学价值的对房间色彩进行装饰，并且设计相关地毯、床单等，体验蝴蝶色彩美学。③根据昆虫特点，比如打造蜂巢六边民宿，基于年轻人的习惯，可以对蜂巢六边进行改造，通过六边堆砌房屋的打造类似于胶囊房一样的 MINI 公寓给人带来全新的体验。④根据昆虫住所，打造蚁穴地下民宿，通过蚂蚁巢穴的设计，进行地下民宿的建设，冬暖夏凉，真正深度体验昆虫带来的生命美学乐趣。⑤其他形式，比如恐怖昆虫主题酒店、蛐蛐屋、蚕宝宝吐丝床屋等。

4. 文旅融合下的昆虫创意旅游产业

随着文化和旅游部的组建，文旅融合成为我国旅游领域最热的一个话题。文化和旅游的融合大有学问，文旅融合的方式和模式成为文化界和旅游界共同关注的问题。

近几年，一些地区在发展创意旅游时，多以物理外形来体现文化与创意，比如昆虫主题民宿，一些商家只是单纯的对昆虫外形进行卡通化，做成巨大的雕塑放在景区、房间等，这些做法真的符合创意旅游、自然审美发展的方向吗？从旅游开发的角度来说，如果这些新建昆虫主题项目仅仅是为了旅游发展，是值得商榷的。因为这种以物理外形为核心的传统昆虫景区形态对应的是观光旅游，难以满足度假休闲旅游的需求。昆虫创意旅游的核心，是昆虫创意和自然文化的体验，需要结合现代人的旅游需求，将不同的昆虫文化元素和基因转化为场景和故事，通过技术性和艺术性的创新，带给游客感官、行为、思维和情感体验。这种体验，才是昆虫创意旅游的核心。

昆虫创意旅游的发展应该通过活化的方式，与现代旅游类型相结合，形成旅游与创意的有机融合，才能创造出精彩绝伦的旅游产品，成为著名的文化旅游目的地，打造出昆虫创意旅游的高地。

我们在发展昆虫创意旅游时，要通过对昆虫文化与创意的挖掘，诸如萤火虫所蕴含的浪漫文化、国学文化，蜜蜂蕴含的仿生文化、建筑文化，蚕蕴含的社会学文化，爬沙虫蕴含的养生文化等，提炼活化并且打造 IP 属性的昆虫创意产品，满足度假旅游、体验旅游、研学旅行、康养旅游、休闲旅游等不同旅游形态下的需求。所有这些，都要以“昆虫＋创意＋旅游”融合来完成。

昆虫创意与旅游产业的融合首先是理念融合，从思想深处正确认识两者内在关系，才能推动两者深度融合和真正融合。理念融合的一个重要认识就是要破解昆虫创意和旅游谁大谁小、谁重谁轻的问题。旅游的意义首先在于提高生命质量，是加强生命质量内涵的方式，它不仅仅是经济行为，已经演化成文化行为。通过旅游，人们改变自己的生态，与自然密切联系让我们有更高的精神境界和生活质量。昆虫创意和旅游，两者都是一种文化现象，两者的融合实际上是相辅相成、互相促进的融合，而不是灵魂与形式上的融合。

昆虫创意产业为这个时代提供了许多新思路与新内涵，“以虫促旅”和“以旅彰虫”需要共同发展。

“以虫促旅”是要将昆虫创意要素和基因与现代旅游活动紧密联系在一起，形成一个完整的统一体。旅游是工业化和城市化发展的产物，在工业化和城市化过程中，由于生产和生活方式的改变，对于现代社会的人来说，昆虫创意与昆虫文化变得遥远与陌生。旅游就是寻找非惯常环境的活动，是一个现代社会生活寻找自然与纯真的现象，是现代文明和自然文明的对话过程。这就是说，对自然文明的需求是现代旅游活动的重要动因，文化创意与自然资源是旅游发展的核心资源，是提升旅游产品质量的重要途径，通过对自然文化资源的利用、昆虫创意的引入，不仅能够提升旅游品位，丰富旅游业态，也可增强旅游吸引力，拓展旅游发展的空间。

“以旅彰虫”是要借助旅游这种文化方式和消费形式，来强化传统昆虫文化与自然文明的保护和传承。我国传统文化大多是农耕社会形成的生产和生活方式，进入工业社会，随着生产和生活方式的改变，传统自然文明与乡土文化的保护和传承是一件非常困难的事情。随着工业社会生产和生活方式发生变化，回归乡土与自然就是一件很奢侈的事情了。工业化和城市化的生产和生活方式在创造现代文化的同时，也在不断地消亡着乡土与自然文明，仲夏的虫鸣与飞萤成为留在我们记忆中的符号和残缺的乡土元素。因此，在工业化和城市化下，乡土与自然文明必须与现代社会人的生活方式相结合，才能有效实现。工业化破坏了乡土与自然文明，让它不断消亡；旅游却在激活它，使其不断兴旺。拿民宿来说，老房子对当地居民来说，价值没那么大；但对于游客而言，则包含着乡土与自然的符号与记忆。旅游也是自然文明与乡土文化传播的重要载体，旅游的产业化和市场化能够丰富创意产品的供给方式、供给渠道、供给类型，带动昆虫创意产业发展。

5. 自然乡土下的昆虫创意旅游产业

乡村昆虫创意旅游和休闲昆虫创意农业的发展是实现乡村振兴战略的重要引擎和方式之一，全国很多地方都通过“创意＋乡村”的模式推动发展，如浙江鲁家村和陕西的袁家村等。在乡村振兴战略的背景下，通过创意昆虫的方式发展乡村旅游要注意“五化”。

(1)体验化　现在多数青年人、儿童及大量的城市人群早已脱离了乡村生活，对虫鸣、蝶舞非常陌生，但是我们的乡土、自然对他们有很大的吸引力。因此我们需要深度挖掘乡土与自然，将在野活动与休闲旅游度假相结合，通过原乡、原俗的昆虫创意生态体验来进行自然文明传承。

(2)科技化　科学技术要在昆虫创意旅游产业上发挥重要力量。比如，智能萤火虫养殖馆、现代蝴蝶园、透明蚁穴等，借助高科技打造昆虫场景类景观或体验性的旅游项目，如 3D 蜂巢探险、VR 蝴蝶麦田、机器蜻蜓、稻田声光电艺术等新一代休闲昆虫创意产品，都可以让游客体验多元的昆虫创意文化。

(3)艺术化　创意昆虫产业和艺术具有天然的渊源，如蝴蝶的生物美学、螳螂的仿生艺术、蝗虫的工业设计美学等都是大自然赐予的宝贵财富。在更加注重旅游审美性的当下，昆虫创意产业成为艺术造景的重要来源之一。

(4)文创化 文化创意与昆虫要素的融合,能够将地域特色的昆虫生动而丰富地呈现给消费者,也可提升昆虫的情感及多重消费价值。这是延伸乡村旅游产业链、提高创意产业附加价值、塑造昆虫"IP"品牌形象的有效手段。

(5)节庆化 结合当地文化和资源,创建和发展各类昆虫节日,能极大地丰富和支持当地旅游的特色和吸引力。比如,我国广西上林县就有关于昆虫的古老节日,名为"上林春社",据考证,该节日是男女狂欢的节庆活动,节日的夜晚大家拿着火把在山中赏萤观星。

二、昆虫创意旅游产业实践

本小节以旅游昆虫中的代表——蝴蝶和萤火虫为例,较为详细地阐述其产业化路径,以期对从业者起到举一反三的作用。

(一)蝴蝶创意休闲旅游产业

我国悠久而丰厚的蝴蝶文化根基孕育了广阔的蝴蝶产品消费市场,带来了巨大的经济价值。20世纪80年代中期开始在全国一些大城市的博物馆或少年宫,陆续出现了少量的活体蝴蝶馆、蝴蝶园,供人们观光休闲和开展科普教育活动;90年代以后,生态蝴蝶园、蝴蝶谷等如雨后春笋般纷纷出现。这些蝴蝶馆、蝴蝶园的出现,为喧闹的城市增加了一道靓丽的风景,深受广大市民尤其是青少年的喜爱。目前,我国的蝴蝶资源开发利用已经逐步市场化。但与其他发达国家相比,我国的蝴蝶旅游产业技术手段还不够先进,产业形象不够高端,规模和体系都还不健全,产业中缺乏创意元素。许多蝴蝶园建设方式雷同,缺乏主题、特色、创意,因而多数都经济效益不佳,处于勉强维持的境地。

下面,以蝴蝶园为例阐述目前蝴蝶产业市场的一些问题和较为成功的做法。

1. 蝴蝶园的概念

蝴蝶园是一种以活体蝴蝶与大量花卉(尤其是蝴蝶蜜源植物)、观赏植物及其硬质环境空间等园林景观共同组成的一种主题景点,有助于现代园林景观的内涵丰富和品质提升。蝴蝶园既能独立成章,又能与城市公园或景区中的其他项目交相辉映、相得益彰,具有特别的神秘感和良好的参与性,成为身居闹市的居民节假日出游、休闲观光的好去处。

2. 蝴蝶园的建设

蝴蝶园建设是将蝴蝶园从设想变为现实的关键环节,是将蝴蝶园的创意理念、建设原则以及设计内容付诸实施的具体行动。蝴蝶园的建设质量、建设效率和建设周期,不但直接关系着蝴蝶园以后的管理和经营效果,而且会给蝴蝶园未来的竞争能力和健康发展带来直接影响。

一个完整意义的蝴蝶景观园区,其建设内容应当包括蝴蝶园形象建设、蝴蝶观赏园建设、蝴蝶博物馆建设等主体项目建设内容,以及游客服务中心等建设内容。

蝴蝶园主体项目是蝴蝶园的核心建设内容。主体项目建设的水平、质量,甚至规模、数量,直接影响着整个蝴蝶园的建设水平、质量和档次。蝴蝶园的建设标准越高、规模越大,要求主体项目的建设内容越丰富、系统、完整、质量越好、水平越高。

(1)形象建设 蝴蝶园的形象建设是蝴蝶园的主体建设项目,是蝴蝶园向社会展示的第一面孔,是留给游客的第一印象。蝴蝶园形象的好坏不仅标志着蝴蝶园的建设和管理水平,还将直接影响蝴蝶园的宣传和经营效果。蝴蝶园形象建设的目的：渲染蝶园气氛，美化蝶园形象；扩大社会影响，吸引游客注意；引导入园游客，方便蝶园管理；提供典型参照、便于拍照留念。

形象大门　大门入口是蝴蝶园形象建设的核心，是蝴蝶园的门户和起始点，是游客接触蝴蝶园的第一印象，也是蝴蝶园最突出醒目的标志性建筑项目之一，体现了蝴蝶园的风格，并具有一定的文化色彩。蝴蝶园的主题风格定位多样化，如卡通、浪漫、休闲、科教、园林等，形象大门应该各具个性，并成为整个园区最富有特色的建筑。如图 8-9 所示。

图 8-9　蝴蝶园入口

由于蝴蝶园景区大门的位置与园区内各种活动安排、人流量疏密及集散、游客对园区某些景点的兴趣以及各种服务和管理等均有密切关系，因此大门的位置首先应按各景点的布局、游览路线及景点要求从总体规划着手考虑大门位置，同时还应该考虑次要出入口，兼顾蝴蝶园物资运输、废弃物输出等；其次要根据城市的规划要求，要与城市道路取得良好的关系。

售票厅　售票厅是景区营业的窗口之一，是蝴蝶园大门建设的重要组成部分，是大门形象及艺术构图中的重要内容。售票厅的布局，应考虑大门周边的环境状况、出入景区的布局形式、游客量及交通情况等多种因素（图 8-10）。

图 8-10　蝴蝶园售票厅

吉祥物　吉祥物是景区 IP 建设的重要组成部分，是人们在事物固有的属性和特征上，着意加工、美化甚至神话，采用转化事物的属性、谐音取意和艺术造型等手艺技法，由原生物演化而成的富有吉庆意味的象征物。吉祥物承载着人们自身的情感和愿望，表现着人们共同珍视的事情和事物。与国内外许多大型会展活动、体育赛事都有吉祥物一样，蝴蝶园也会创造属于自己的吉祥物。作为蝴蝶园的重要形象代表，吉祥物无疑是蝴蝶园中最吸引游客尤其是广大青少年眼球的标志性建设内容，自然也是人们竞相拍照的对象。蝴蝶园吉祥物通常采用卡通人物造型。如图 8-11 所示。

图 8-11　蝴蝶园吉祥物

蝴蝶主题雕塑　蝴蝶主题雕塑是蝴蝶园形象建设的核心，是蝴蝶园的标志性建设内容，当然也是游客拍照留念的重要背景物。主题雕塑通常具有特别寓意，一般安置在蝴蝶主题广场的中央或主景区。如图 8-12 所示。

图 8-12　蝴蝶主题雕塑

其他形象建设　其他形象建设包括蝴蝶园 logo、围栏、指路牌、游步道、垃圾桶、电灯杆、窨井盖、园艺等以蝴蝶图案为元素的软硬件。如图 8-13 所示。

图 8-13　蝴蝶园的其他形象建设

(2)蝴蝶观赏园建设　蝴蝶观赏园是蝴蝶园的主体建设项目，就是业内通称的活体蝴蝶园或活体蝴蝶馆，规模较大的称为园，规模较小的称为馆，是蝴蝶园的封闭型活体蝴蝶展示场所，是实现蝴蝶观光旅游的重要形式，也是蝴蝶园吸引游客的关键设施。建设活体蝴蝶观赏园的目的，在于生动、具体、活灵活现地向游客展示五彩缤纷的活体蝴蝶的综合美感，并通过与蝴蝶的近距离接触，激发人们认识自然、了解自然、接触自然进而保护自然的热情。同时，蝴蝶观赏园的合理选点、科学建设、严格管理，又是蝴蝶园获得良好经济效益和社会效益的重要保证。

①蝴蝶生态园的三种形式

温室型蝴蝶园(馆)　主要采用玻璃、阳光板或其他透明材料构建，其内部温度、湿度、光照以及通风换气等，均可根据实际需要进行人工或自动控制。通常，应将园(馆)中温度控制在25～30℃，相对湿度控制在70%～80%，光照强度控制在接近晴天自然光照水平，保持园(馆)内通风透气、空气新鲜，让绿植花卉四季常绿盛开，达到蝴蝶生存所需要的环境条件。游客在园区内一年四季可欣赏到蝴蝶翩翩起舞的景象，并可观察到蝴蝶四个不同虫态的生长繁殖全过程。蝴蝶集中饲养于园区内，因园区内条件优于自然环境，蝴蝶不受外界天敌、自然灾害的影响，存活时间相对延长。如图 8-14 所示。

该类型蝴蝶园(馆)的最大优势是其建设和经营不受项目实施地气候的局限和季节变化的影响，建设形象好，可以全年开放，全天候经营，适于在气候相对寒冷、温度相对较低的我国广大北方地区建设和使用；缺点是建设成本高，一次投资量大，也由于受到场地大小的限制，入园人数也有限。

图 8-14　温室型蝴蝶园(馆)

网室型蝴蝶园(馆)　网室型蝴蝶园(馆)是指在基础园林景观上空,加盖钢架网棚,将蝴蝶控制在一定范围内活动,游人通过入园观赏蝴蝶。主要采用尼龙网、不锈钢网或其他网状材料构建,其内部温度、湿度、光照等与自然界基本一致,通风换气良好。该类型蝴蝶园(馆)的最大优势是建设成本低,一次投资量小,建设成本相比温室要低70%以上,园区规模大小可更容易调整,适于在气候相对温和、温度相对较高的我国广大南方地区建设和使用;缺点是蝴蝶园(馆)形象相对较差,由于是露天环境,馆中环境不易人工或自动控制,其建设和经营会受到项目实施地的气候局限,雨季、高温、冬季等时段无法正常开展营业,不能全年使用,只能在自然界气温适合蝴蝶活动的季节开放。见图8-15。

图8-15　网室型蝴蝶园(馆)

天然蝴蝶谷　自然条件下形成蝴蝶大量聚集的景观,野外常见于远离人群活动、自然原生植被保存完好的山谷。可以通过人为选择适宜的自然条件场所,逐步改善恢复生态环境,保育培植蝴蝶寄主蜜源类植物,让区域范围内满足蝴蝶生存活动的要求,实现能够吸引蝴蝶长时间往返逗留环境,达到自然赏花赏蝶的景观效果。蝴蝶谷的优点是游客接待量不受场地影响,能在适宜的季节最大化开展经营活动。

②园(馆)内建设

在蝴蝶园(馆)内需建设蝴蝶羽化室、饲喂架,适当种植蝴蝶寄主与蜜源植物,设置水体和沙坑,创造适合蝴蝶生存和活动的生态环境,同时,需要建设软质与硬质园林景观。

羽化室　羽化室是蝴蝶养殖过程中第四个环节(收获蝴蝶)的必备设施。羽化室通常为温室结构,室内设有温度、湿度、光照、通风换气等控制设备,要严格控制好蝴蝶羽化环境参数,是一个小型人工气候室。室内安放多个蝴蝶羽化架、蝴蝶停憩设施等,精确模拟了在自然状态下蝴蝶羽化的环境。羽化室的建设也需要考虑防止鼠、鸟、蜂等各种天敌捕食蝴蝶和寄生性天敌以及病原物侵害。见图8-16。

园林景观设计与建设　蝴蝶园园林景观设计,需要具备两大属性。a.自然属性:作为一个有光、形、色、体的可感因素,一定的空间形态,较为独立的并易从区域形态背景中分离出来的客体。b.文化属性:具有一定的蝴蝶文化内涵,有观赏功能,改善环境及使用园林景观功能,可以通过其内涵引发人的情感、意趣、联想、移情等心理反应,即所谓的景观效应。

图 8-16　蝴蝶羽化室

园林的地形分为陆地及水体两人部分。地形的规划好坏直接影响着园林空间的美学特征和在园林的空间感受，更影响着园林的整体布局、景观的效果、排水、管道设施等要素。因此，蝴蝶园中的园林设计也必须遵循因景得宜、地形与环境相协调、随势生机及符合园林美四大原则。

因景得宜：地形规划是建设蝴蝶园的基础，也是建园的必要条件。应根据不同的地点和环境条件灵活组景，有山靠山，有水依水，充分攫取自然的美景为之所用。因此，地形的规划对景点的布置起着决定性的作用，在建园前必须进行地形规划。

地形与环境相协调：园林中的地形是具有连续性的，园林中的各组成部分是相互联系、相互影响、相互制约的，彼此不可能孤立而存在。因此，每块地形的规划既要保持排水及种植要求，又要与周围环境融为一体，力求达到自然过渡的效果。

随势生机：要想在一块土地上创造多种景观效果，首先必须进行合理的地形改造，再进行合理布局，依低挖湖，据高堆山或适当平整土地，使园林地形富于变化，并利用地形组织空间和控制视线，通过与其他园林要素的配合，形成一个自然丰富、优美的空间景域，满足人们观赏休息及进行各种活动的需求。只有山水相依，水陆比例合宜，才可能创造出好的蝴蝶园园林景观环境。

符合园林美：园林是人为的艺术加工和工程措施而成的。园林美源于自然又高于自然，是自然景观和人文景观的高度统一。园林美具有多元性，在园林的设计规划中必须遵循园林美的法则。

(3)蝴蝶博物馆建设　蝴蝶博物馆是蝴蝶园的主体建设项目，是蝴蝶科普知识、蝴蝶文化和蝴蝶艺术的集中展示场所。蝴蝶展览馆可以全面、系统、生动、具体地向参观者展示蝴蝶自然科普知识、文化价值和艺术价值的综合魅力。展览馆可分为几大区域：

蝴蝶科普知识展区　蝴蝶科普知识展区主要以图文展板为载体，配合多种蝴蝶生物模型加以展示。展馆无自然光，以射灯等其他光源营造展馆氛围。配备电子显示屏及触屏显示器，播放相关蝴蝶科普影视片和提供蝴蝶数字标本查询系统。见图 8-17。

蝴蝶标本展区　蝴蝶标本展区主要以展框、展柜等方式展示中外蝴蝶的实物标本，并标明蝴蝶的中文名、拉丁名、分布、典型特征和重要价值等。

蝴蝶生境体验区　蝴蝶生境体验区是通过模拟蝴蝶在自然界的真实生态环境，营造蝴蝶追逐、交配、产卵、取食、化蛹、羽化、访花、栖息、嬉戏的空间氛围，采用视屏投影、幻影成像、沉浸式影院等声光电现代技术，使人仿佛置身于一个多姿多彩的蝴蝶王国，让游客在身临其境中体会生态环境的美妙，理解保护蝴蝶资源的重要性。见图 8-18。

图 8-17　蝴蝶科普知识展区

图 8-18　蝴蝶生境体验区

蝴蝶生活史展区　蝴蝶属于完全变态昆虫，完成其个体发育过程需要经历卵、幼虫、蛹和成虫四个不同阶段。蝴蝶生活史展区设置养虫室、人工气候箱等蝴蝶人工养殖设施设备，开展小规模的试验性、展示性蝴蝶养殖，主要用于向游客展示蝴蝶各个虫态的形态特征、行为特征和演变过程等。蝴蝶生活史展区应配备实验台、供试蝴蝶、养虫箱、寄主植物、蜜源植物、补充营养液、记录本、玻璃试管、广口瓶、放大镜等材料、设备和工具。见图 8-19。

图 8-19　蝴蝶生活史展区

蝴蝶文化与艺术展区　以玻璃展柜、展箱、展台等形式，摆放蝴蝶文化与艺术展品，其中包括诗词、传说、歌曲、戏剧、邮票、剪纸、服饰、首饰等，展馆无自然光，以射灯等其他光源营造展馆氛围。

(4)游客服务中心建设　游客服务中心是为游客提供信息、咨询、游程安排、讲解、寄存、教育、休息、购物、餐饮等基本服务的专门场所，属于景区的公共服务场所。游客服务中心选址应与景区总体规划协调，不破坏景区景观，应设置在能直接进入主要景区、地质稳定、地势平坦、便于接入基础设施的区域。游客服务中心建筑可独立设置在景区主入口附近、方便醒目的位置，也可以根据经营与管理需要，划分出若干功能区与景区其他建筑合设，但应拥有独立的单元和出入口。游客服务中心的设计应符合景区主题，建筑外观(造型、色调、建材等)应突出景区特色，并与所在地域的自然、文化和历史环境相协调。

蝴蝶园的游客服务中心，除需设有常规的配套服务设施外，还需要建设与蝴蝶主题相关的功能服务区。

阅览室与影视厅　阅览室是向游客提供中国和世界其他各国各时期、各类型、各题材的蝴蝶图书、报刊、期刊论文等科研成果查找阅读的服务场所，同时也可以提供借阅等服务。根据经营情况，可在此区域同时为游客提供咖啡、茶饮等服务。影视厅是向游客提供国内外优秀的蝴蝶科普题材影视作品、纪录片的服务场所，也可以作为科普授课区域。

蝴蝶标本制作加工区　此区域是蝴蝶标本和蝴蝶工艺品的制作场所，主要用于向游客讲解、示范蝴蝶标本和蝴蝶工艺品的制作方法，并帮助他们学习和实际动手制作蝴蝶标本和蝴蝶工艺品。应配备实验台、供试蝴蝶标本、软化器、展翅板、昆虫针、透明塑料带、剪刀、镊子、胶水等设备和工具。

蝴蝶标本和工艺品展销厅　主要用于展示、销售与蝴蝶相关或用蝴蝶元素表达的工艺品和纪念品，包括蝴蝶标本、蝴蝶工艺品、蝴蝶饰品以及用蝴蝶图案装饰的各种生活用品等。

蝴蝶文化演艺　可以以蝴蝶文化为依托，结合当地和/或景区实情，编排演出蝴蝶主题演艺剧，以厚实的蝴蝶文化、浓郁的地方特色、奇幻的舞台灯光、时尚的舞美音乐、璀璨的演出服饰，让观众渐渐进入美轮美奂的蝴蝶梦境，同时让观众较多地与演员互动，提高游客的参与感和旅游体验。见图 8-20。

图 8-20　蝴蝶文化演艺

蝴蝶放飞区　印第安有个古老的传说：新人或者祝福的人把自己的心愿轻声告诉手中的

蝴蝶，然后将蝴蝶放飞，蝴蝶就会把你的心愿告诉天使，天使将见证你爱的信息和天长地久的承诺，让它恒久不变，实现你的愿望。蝴蝶也是中国传统的吉祥物，是忠贞爱情的代表，还是和平、自由、幸福生活、吉祥美好的象征，又因蝴蝶与“耄耋”似音，故蝴蝶又被作为长寿的借指。

在上述文化背景下，蝴蝶放飞成为一项在景区和庆典、婚礼等场合广受欢迎的文化活动。因此，蝴蝶园一般都有一个蝴蝶放飞区，专门从事蝴蝶放飞。

有关蝴蝶放飞，可以体现创意和需要注意的是：第一，要有很好的活动策划创意，包括将蝴蝶文化与活动巧妙结合、活动流程、音乐灯光等细节都要精心策划；第二，放飞场所一定要精心打造，包括放飞舞台、环境布置等；第三，放飞的器具要创新创意，包括形状、品质，还有就是要加入一些专业性的器具，让放飞效果更好；第四，放飞的时候要注意是特殊的合适的品种，最好还要有专业人士的指导，这样才能有好的效果。

蝴蝶摄影展示区　蝴蝶摄影展区是以多种形式和风格展示中国和世界其他各国摄影名家、摄影爱好者及游客拍摄的经典蝴蝶生态和蝴蝶艺术照片，并举办各种主题的摄影活动，并进行作品评选，以此拉动人气，传播蝴蝶文化。此处也可以拓展出蝴蝶婚纱拍摄区。

3.蝴蝶系列创意产品的研发

我国蝴蝶系列产品的制作水平普遍较低，缺乏自主知识产权和科技含量，且存在产品深度开发和创意不足的问题。目前，市场上生产销售的蝴蝶工艺品主要可以分为四大类：蝴蝶卡片书签，蝴蝶标本框(盒)，蝴蝶花草工艺框(盘)，蝶翅画。目前蝴蝶系列产品主要立足于蝴蝶标本类，制作和销售数量巨大的是蝴蝶书签、标本框、蝶艺画框等(图 8-21)，这些只是对蝴蝶最基础的利用，且多为一些小加工作坊生产，从业者水平参差不齐，技术含量较低，制作技术粗糙，而艺术和收藏价值较高的及实用的文创产品开发却很少，其他蝴蝶衍生的新科技产品开发脚步也非常缓慢。今后，蝴蝶系列文创产品的发掘应该按照以下思路进行。

(1)蝴蝶标本及工艺品新制作工艺的研发　以国内主要观赏蝴蝶为研究对象，选择其中部分蝶种对其翅面色彩的分布模式、形成机理及鳞片的超微结构进行深入研究。在此基础上，设计以蝶翅或鳞片为主要原材料的鳞片画、蝶翅画、彩绘蝴蝶等新型蝴蝶工艺品系列，并对其制作工艺进行研究。这样不仅可丰富人们对蝴蝶翅膀及鳞片结构的认识，也将进一步丰富蝴蝶工艺品的种类并提升其制作工艺、品质和价值，带动蝴蝶加工业更上一层楼，进而推动整个蝴蝶产业的发展。

新制作工艺的创新点分别为：①通过对不同蝴蝶鳞片超微结构的分析比较，研究探索其翅面色彩、斑纹的结构及分布规律，从而对蝴蝶进行工艺分类，筛选出适用于特定工艺品类型制作的蝴蝶种类。②通过化学处理或物理隔离的方法稳定蝴蝶翅膀色素的化学结构，延长色素色保存期，使制作的蝴蝶工艺品更具有观赏和保存价值。③用水晶、树脂等材料代替塑料，直接用于蝴蝶工艺品的制作，以提高蝴蝶工艺品的制作质量和审美价值。④通过对蝴蝶翅膀脱鳞处理，制作蝴蝶翅脉标本和蝶翅彩绘艺术品。⑤区别于传统的有具体形象的平面蝶翅画，制作浮雕或抽象派风格的蝶翅画。

包埋与封装式蝴蝶工艺品　为了达到延长蝴蝶翅膀色素色保存期的目的和提高蝴蝶工艺品的科技含量，可以使用树脂冷铸包埋或水晶封装的方法进行蝴蝶标本的处理。与传统工艺相比较，可以有效隔绝空气，既可有效保护蝴蝶翅膀的形状，又可有效保护蝴蝶翅膀的色彩。同时还可以加入一些巧妙的构思，制作成笔插、鼠标、时钟、镇纸、杯垫、首饰等居家或办公用品，可作为蝴蝶翅膀的陈列和欣赏，也可作为装饰品进入寻常百姓家庭，装饰人们的工作和生活环境。

蝴蝶翅脉标本及蝶翅彩绘工艺品　为了使蝴蝶翅脉清晰易见，必须将蝶翅制成透明程度较高的载体。通过乙醇、稀盐酸、二甲苯等不同试剂对蝶翅鳞片进行脱洗，使翅面上的鳞片部分或完全脱净，最后按照事先设计的图案用伊红等染液对蝶翅进行着色，目的是强化蝴蝶翅膀上斑纹的色差，增加蝴蝶自身斑纹的审美效果，也可以用颜料直接在蝴蝶翅膀上作画。如图 8-21 所示。

图 8-21　蝴蝶标本及蝶翅彩绘工艺品

蝶翅画　蝶翅画是以蝶翅组成块面，强调蝶翅原有外形和斑纹的表现，突出不同品种蝶翅的肌理、图案和金属光泽，利用蝶翅天生的图案纹理，经过精心构思和巧妙拼贴的画。一幅好的蝶翅画作品，往往能体现出作者的想象力、绘画功底和蝴蝶知识，每一幅成功的蝶画作品，都是不可多得的艺术精品。

(2)蝴蝶文创产品的开发　从蝴蝶文创产品设计的角度来说，蝴蝶元素不仅仅只是单纯的一个图案，更是具有内涵的一种文化。蝴蝶文创产品的设计应用需要与社会的发展相契合，既能传承历史文化，又应具有自身鲜明的艺术个性。设计团队应以蝴蝶文化挖掘、蝴蝶文创产品开发、产品空间营造为核心，以服务设计理念为引领，构建完整的协同创新体系。

蝴蝶文化挖掘：关于蝴蝶最早的文字记载，是出自中国战国时期的《庄子·齐物论》中的“庄周梦蝶”典故，距今有 2 300 多年的历史；中国最为凄美动人的民间故事“梁山伯与祝英台”，男女主人公化蝶双飞，以殉爱情的忠贞，感天动地；享誉世界的小提琴协奏曲《梁祝》，更是旋律的优美、细腻、如泣如诉，艺术的震撼让人情不自禁地深陷其中……因此，以蝴蝶文化挖掘为起点，通过深度的文化考古、创新的文化解读，准确把握市场需求，让传统蝴蝶文化以全新的姿态重回大众视野。

蝴蝶文创产品开发：以相应的蝴蝶文化特色，定义热点品类产品，开发符合当下大众品味的蝴蝶文化旅游产品，并通过开发创新衍生品，塑造蝴蝶文化品牌形象。

产品空间营造：立足于蝴蝶主题旅游景区的规划和设计，为文创衍生品打造专属的营销空间，结合文创 IP 独有的文化元素，多维度地跨界融合，协同创新，为文创产品提供最优良的空间展示体验。

(3)蝴蝶衍生新科技产品的研发　蝴蝶在花丛中飞舞采蜜是非常美丽的场景，但是每种蝴蝶只是在特定的蜜源植物上访花，且蜜源植物只在特定的季节开花。蝴蝶访花首先是花朵的颜色对其吸引，等蝴蝶近距离接近花朵时，花蜜才发挥作用。蜜源植物的花蜜只在一天中特定的时间分泌，且绝大部分蜜源植物花蜜量较少，蝴蝶需要多次访花才能满足自身的需要。盛开的花朵除了分泌花蜜外，还释放出一些挥发性的化学物质，这些化学物质在近距离引诱蝴蝶前来取食的过程中发挥了重要的作用。

蝴蝶观赏园内需要让游客随时见到蝴蝶访花的情景，而目前蝴蝶园的景观设置过于人工化，违背了“人与自然和谐相处”的原则。并且，蝴蝶有别于其他动物，难以驯服，游客的轻微举动都会惊扰到它们，不会与游人亲近。同时，部分游客出于对蝴蝶的好奇与喜爱，常常会去主动用手捕捉蝴蝶，想与蝴蝶零距离接触，这样会对蝴蝶美丽而脆弱的翅膀造成不可修复的损伤，甚至于还会造成蝴蝶的死亡。这与将蝴蝶产业应用在旅游业中的初衷“保护自然、敬畏生命”背道而驰。因此，研发一种对人与蝴蝶都无害的天然配方引诱剂，成为了解决此关键技术难题的主要方式。通过引诱剂的引诱，可以使蝴蝶在特定的区域飞行、活动，或将引诱剂喷洒在游客的衣服、手上，来吸引蝴蝶在游客身边聚集、飞舞，实现“蝶飞贵人”的互动效果；若将引诱剂喷洒在植物上，可以使得蝴蝶的活动范围维持在 20 米范围以内，从而让游客能够真正意义上欣赏到蝴蝶自由飞舞访花的自然景观。

为了确认颜色和气味在蝴蝶觅食过程中的引诱作用，首先需要研究蝴蝶的蜜源植物中部分挥发性化合物在蝴蝶觅食过程中的引诱作用，包括单种物质的作用、多种物质混合物的作用和有效剂量。通过长期研究与大量的试验，蝴蝶蜜源植物的挥发性成分主要为：α-蒎烯、1-辛醛、萜品醇、水杨酸甲酯、苯甲醛和桉叶油醇等，其他挥发物还有乙酸异戊酯、柠檬醛、乙酸异丁酯、己酸乙酯、乙酸正己酯等。不同种类的蝴蝶所对应的蜜源植物也不一样，因此引诱剂的配方也有所不同。将引诱剂及其引诱颜色有机结合，能有效引诱蝴蝶主动访花，这将使蝴蝶访花不再受蜜源植物种类和季节的限制，实现在一年中的大多时间都可吸引蝴蝶在固定种植的植物上主动访花，营造出蝴蝶在景区中访花、嬉戏、纷飞、栖息的美丽自然景观，让游客可以真正体验到“人在景中游，蝶在花中舞”的愉悦，尽情欣赏一场来自大自然的蝶舞。

4. 蝴蝶主题研学旅游的设计与实施

蝴蝶是研学游的绝好素材。用体验式学习引导学生了解蝴蝶的生态知识，进而引导学生正确认识生命，培养学生珍惜、尊重、热爱生命的态度，增强对生活的信心和社会责任感，树立正确的生命观，使学生善待生命，健康成长。

蝴蝶主题研学旅游与一般旅游不同，与学校课堂教学活动也不相类似，更不同于一般的夏令营、冬令营、春游或者秋游活动。在设计蝴蝶主题研学旅游计划时，应该考虑体验、教育价值、实践过程、真实场景、趣味性、安全性和学生认知能力等。

蝴蝶研学游的内容一般包括：蝴蝶在自然界中扮演益虫和害虫的角色介绍、昆虫与农林业的关联、蝴蝶系列创意产品的研发（比如蝴蝶翅贴画、花草与昆虫的创意装饰画、蝴蝶情景艺术作品等）、蝴蝶演艺和会展创意活动、以蝴蝶翅膀花纹为设计主题的时尚秀、以蝴蝶生命过程为主题的儿童话剧创作、以蝴蝶为主题的绘画、摄影以及探索发现蝴蝶与植物间的奇趣故事大赛等。

（1）蝴蝶主题研学旅游的课程体系设计理念　电子产品等因素使得中小学生接触自然的机会大大减少，现代都市里长大的孩子最可悲的就是失去了与大自然的深度接触。研究表明，亲近真实大自然有其不可替代的作用。除了常规的智商、情商外，人类还有自然商、天生的生物性需求，即人类与其他生命系统动物、植物或其他生物形式有天然的纽带联系。而亲近接触自然、认识自然环境、沉浸于自然之中，可以强化人们的“生物纽带”联系，更好地认知人与自然的联系或者理解自然现象，从而有利于促进个体发展、改善人际关系以及增强个体的社会责任感。真正名副其实的研学必须走出“有墙课堂”，走进校外的“无墙课堂”，在全地域、全要素中筛选、组合真情实景的优质课程资源，使每个主题课程、每个研学日程里的课程组合都是合理的、科学的、高质量的。

蝴蝶主题研学旅游的培养目标不是以知识信息传授为主，只有体验式教育才能更好地实现培养目标。例如，了解中国蝴蝶文化课程、讲解过多的蝴蝶生物学知识、强调爱护自然爱护环境等，远不如直接让学生参与蝴蝶人工养殖、蝴蝶自然栖息地调查、蝴蝶标本制作等体验活动。因此，课程的内容应该尽可能地设计对学生有感官刺激、要参与或经历、要动手操作的体验环节。一次精彩的体验，是一生的美好记忆，也可能让学生受益一生。研学旅游要避免“只旅不学、只学不旅、走马观花、被动听课”等现象，也就是说，研学旅游要有快乐、有趣味、有放松、有游玩的成分。只有站在儿童、少年的角度而不纯粹是从教育者、成人的角度来设计研学内容，才能让蝴蝶主题研学旅游具有价值和意义。

（2）蝴蝶主题研学旅游的课程体系实施框架　围绕蝴蝶生命科学搭建了一个系列的中小学生自然与生物研学框架，跨学科整合自然、生态、人文、历史、美术、音乐等每一个学科，与蝴蝶主题相关，但又应具有相对的独立性，从而提升学生对于事物的整体认知能力、探究能力与应用能力，最终提升综合学习能力。基于蝴蝶具有生态、观赏、人文、经济、科研等价值，初步构架有 6 个主题课程的蝴蝶主题研学旅游课程体系。

“蝴蝶历史文化艺术”主题　自古以来，蝴蝶就受到人们的喜爱，并被誉为“大自然的精灵”“动物王国里最娇艳的生命”，被赋予了和平、幸福与忠贞的象征意义。古往今来，作家、诗人、画家都把蝴蝶作为讴歌的对象，写下了许多脍炙人口的诗篇。认识了解世界上关于蝴蝶最早的文字记载“庄周梦蝶”，领悟其“天人合一”“天道无为”的重要哲学思想；欣赏古代关于蝴蝶的诗词及名画，如《曲江二首》《簪花仕女图》等，体会自古以来人们就以蝴蝶象征着自由自在、安静祥和；通过中国古代四大民间传说之一的《梁山伯与祝英台》及享誉世界的小提琴协奏曲《梁祝》，知道古人对思想解放与自由选择的渴望。

“蝴蝶成长记”主题　蝴蝶的一生需要经历很多的冒险最终才能破茧成蝶，用体验式学习的方法让孩子们跟随着蝴蝶成长的脚步一起旅行，通过短期参与蝴蝶的人工养殖学习，知道“毛毛虫变蝴蝶”并不是一个美丽的童话故事，而是它的自然生长规律。从蝴蝶的一生，卵期甘愿忍受不声不响的孤寂，幼虫期不惜历经炼狱之苦，蛹期不吃不动的考验，羽化时撕心裂肺的折磨和脱胎换骨的裂变，最终才能达到化蛹成蝶、变丑为美、化腐朽为神奇的整个生命过程，从蝴蝶的生存之道，感悟生命的神奇和奥妙，并且激励他们为追求梦想不惜卧薪尝胆、忍辱负重、百折不挠、奋勇前行。

“与蝴蝶捉迷藏”主题　许多蝴蝶在漫长的自然演化过程中，形成了各种保护自己和延续后代的方式方法，使自己在充满竞争、优胜劣汰的自然界里，躲避灾难、保全性命。带领孩子们走进大自然，和蝴蝶玩一场“捉迷藏”的游戏，从而认识学习“拟态”和“保护色”的生态适应现象。但是这场“捉迷藏”对于蝴蝶来说不仅仅是游戏，而是要保住性命不被天敌吃掉的生存本领。在生机盎然的大自然中，这些小生命用神奇的力量向我们证明着生命的智慧和可贵。见图 8-22。

图 8-22　“与蝴蝶捉迷藏”主题科普活动

“我爱大自然”主题　带领孩子们完成野外蝴蝶自然栖息地的调查，认识到蝴蝶在生态系统的物质循环和能量流动中扮演着十分重要的角色，为维持大自然的生态平衡起着十分重要的作用。通过观察蝴蝶访花、蝴蝶的天敌、共生共存的自然环境等，学习食物链及生态圈的相关知识，明白在地球上生存的任何生命都是有道理的。调查特定区域的蝴蝶种群数量、组成、结构、多样性及其动态、趋势，认识到蝴蝶是一种环境指示性昆虫，任何污染对蝴蝶这样弱小的生命来说，都可能是致命的。从生物多样性和环境保护的角度，强调蝴蝶的重要性和保护的迫切性。让每一位参与者都成为一名尊重生命热心环保的地球小卫士，对大自然有深切的情感，拥有丰富的想象力和创造力。

“我和蝴蝶有个约会”主题　组织开展蝴蝶生态摄影、绘画、写作、手工剪纸、泥塑陶塑、制作标本、放飞等活动，赴一场与蝴蝶的约会，近距离接触自然的美，呈现自己对于美学、文学、艺术的理解，激发参与者的创造力和动手能力。

“我爱科学”主题　全世界有 20 000 多种蝴蝶，中国就有 2 000 多种，引导孩子们化身成自然科学小侦探，学会辨识种类繁多的蝴蝶品种。蝴蝶喜欢在哪儿翩翩起舞？这些小精灵从何而来？它们与飞蛾有什么区别？纤薄的翅膀为什么会有多彩的颜色？通过设计游戏打开孩子们的五感，去感知蝴蝶物种的起源与进化，体会生命的律动。认识蝴蝶绚丽的外表带给我们的不仅仅是文艺的美感，还有更犀利的科技创新，从彩色显示屏、高效太阳能技术、新型制衣纤维到外太空中人造卫星的散热片，蝴蝶的生物学、形态学、行为学、分类学、生态学、仿生学效果令人大开眼界。启发孩子们畅想作为未来的科学家会产生什么令人意想不到的创新，了解自然之美对人类科技进步与发展的巨大作用。

5. 蝴蝶展览创意活动

从技术层面讲，蝴蝶园是以缤纷舞动的蝴蝶及其模拟自然环境为核心的蝴蝶景观与以大量花卉（尤其是蝴蝶蜜源植物）、观赏植物及其硬质环境空间为烘托的园林景观的巧妙结合，是对自然景观进行人工浓缩和经典提炼的有益尝试，是推动城市景观建设与时俱进、创新发展的时尚探索。蝴蝶园的内部蝶飞款款、流光溢彩、花团锦簇、喜气洋洋；蝴蝶园的外部生机勃勃、春意盎然、蓝天白云、鸟语花香。这样的动静结合、云裳互衬，对现代园林景观的内涵丰富和品质提升，无疑具有推波助澜的作用。蝴蝶园既能独立成章，又能与城市公园或风景区中的其他项目交相辉映、相得益彰，具有特别的神秘感和良好的参与性，成为身居闹市的居民节假日携子出游、休闲观光的好去处。见图 8-23、图 8-24、图 8-25。

现有的蝴蝶观赏园大多设置在旅游景区、市政公园或是独立的蝴蝶主题公园中，然而蝴蝶园的建设需要考虑环境气候、城市规划、投资规模、建设周期、建设目的、后续运营等因素，因此季节性蝴蝶展、城市商业圈蝴蝶屋等蝴蝶展览有效的弥补了以上不足。如果人们还存在着“只有风景旅游区里才有蝴蝶园”的概念，那么当你来到新加坡樟宜机场，必定会大为惊喜。樟宜机场是世界上第一个在航站楼离/过境大厅内设立蝴蝶生态园的国际机场。随着季节变换，约40种1 000只蝴蝶在这里繁衍生息，繁茂的棕榈树和被摆设成蝴蝶样式的花朵让你仿佛置身热带雨林之中，一条6米长的岩洞飞瀑不仅带来丝丝凉意，也为这些小精灵提供着最舒适的栖息环境。

图 8-23　蝴蝶展览(一)

中国澳门美高梅酒店每年都会在自己的前庭举行不同主题性的活动，展览包括翩蝶馆、巨型风车钢树、大型芦荟藤雕塑等，美高梅的天幕广场被打扮成了一个蝴蝶的童话世界。中央的翩蝶馆，圆顶建筑内地面以翠绿小麦草铺垫，拥有数千只不同种类的来自中国、马来西亚、非洲及南美洲等不同国家地区的蝴蝶。大家可以顺时针排队走进翩蝶馆，与蝴蝶近距离接触。翩蝶馆内共配备七朵大喇叭花造型的照明灯，以及60台iPad荧幕(蝴蝶的艺术录像)，可以全方位展现蝴蝶的舞影。

图 8-24　蝴蝶展览(二)

蝴蝶展览模块化，具有季节性、短期性、临时性等特点，将它引入城市活动场所中，如小区绿地、生态餐饮场所、购物场所、星级酒店、高速公路服务区、农家乐、商业展会等，不仅可以向公众展示蝴蝶的美丽，展示从毛毛虫到美丽蝴蝶蜕变的科普知识，还可以成为吸引人们关注的焦点，在城市诸多营销活动中非常具有特色，能有效地丰富营销活动内涵，推动营销活动创新，提升营销活动品质，实现营销活动影响最大化。

图 8-25 蝴蝶展览(三)

6. 蝴蝶园的盈利途径

(1)门票 根据当地经济情况，或参考周边景区门票，核定一个合理的门票价格。

(2)游园活动 组织学生参加蝴蝶科普春游、夏令营、自然研学实践基地等活动，举办各种具有互动性、科普性、娱乐性的活动项目。

(3)产品销售 蝴蝶工艺品、礼品、科普产品、蝴蝶宠物宝宝、昆虫主题家居软装。

(4)商业放飞 园区可承接当地及周边地区商业庆典、婚礼蝴蝶放飞活动。

(5)项目合作 当项目成熟以后，可与当地及周边地区景区、学校联合做蝴蝶相关的科普或商业活动，或推广蝴蝶文化项目的其他业务。

(6)蝴蝶养殖销售 可以在园区附近选择合适地块，进行规模养殖培育蝴蝶，充分利用入园淡季的空闲人工劳动力进行蝴蝶驯养繁殖。

(7)其他 随着昆虫创意产业的发展，还会出现更多未开发的项目和产品。

(二)萤火虫创意休闲旅游产业

作为一种经典的夜间发光昆虫，萤火虫被世界各地的人们熟知，具有广泛和良好的民众情感基础，稀有性、特殊性、文化性等特性使其成为知名的观赏旅游昆虫，可以在生物科普、生态康养、浪漫爱情、童年记忆、乡愁情愫等的领域发挥独特魅力，尤其是成为夜游经济的绝佳题材，被誉为“夜游神器、吸客利器”，在多地成为旅游爆点，若能发展冬季养殖和观赏萤火虫等活动，还能有助于打破很多景区的淡季困局。同时，由于萤火虫各虫态都不会产生任何污染源，甚至由于对环境的苛刻要求而成为优质环境的代言者；幼虫只吃荤(主要取食蜗牛、田螺等有害动物)不吃素，不会取食任何植物，不用担心对植被和庄稼等的破坏，还能成为生物防治、生态农业的素材；不仅成虫能发光，卵、幼虫、蛹都能发光，展示时间其实很长，若进行处理，白天也能发光(白日赏萤)；结合室内人工养殖、增加种类品种，可以实现一年四季每个月都可以有萤火虫成虫起飞，旅游观赏时间长；没有异味，没有噪音，不会咬人，对人没有毒性，对游客没有任何的危害，是一种综合得分很高的旅游昆虫。

1. 萤火虫旅游景观

(1)萤火虫旅游景观的分类 根据人工干预程度可以分为：①自然景观：如四川的天台山、峨眉山等都是野外本身就具有很多萤火虫；②复育景观：如四川的熊猫谷经过多年的努力，恢复与再造萤火虫的栖息地环境，使萤火虫逐步重返自然；③人造景观：各地在本无萤火虫资源的场所新建的各类景观。

根据空间开放程度可以分为：①敞开式的生态型景观，或纯野外景观：如四川的天台山、峨眉山等萤火虫景观；②野外封闭景观，或可控的半生态型景观：如某些萤火虫溶洞或萤火虫网棚景观等；③全封闭景观，或纯室内景观：尤其是各类人造的室内萤火虫景观或室内萤火虫展览等。

根据改造程度可以分为：①原创性景观：这种又分为两种情况，即在原景区改造时原创（比如有些景区的室内海洋馆等），或者“无中生有”地原创，直接在某处建设一个萤火虫景观；②提升改造：是指将原来就有萤火虫的基地在萤火虫资源量和景区质量等方面进行提升改造。

根据特色和功能定位可以分为：①科普型：侧重萤火虫研学游和科普等；②浪漫型：侧重大众对萤火虫浪漫特性的感受；③神秘型：设计萤火虫的故事，加入其他神秘旅游原色；④混杂型：上述几种类型的混杂等。

（2）萤火虫野外生态景观　萤火虫最佳的观赏场所是野外生态条件下，因此，萤火虫野外生态景观是萤火虫景观的主要产业形态。大概又包含以下景区类型：

萤火虫谷　“萤火虫谷”类型的萤火虫野外生态景观可能是最常见的形式，主要是因为萤火虫最喜欢“谷”状的生态环境，不仅适于其养殖，还适于其观赏。“萤火虫谷”是一种较为宽泛的概念，可以包含多种野外景观形态，比如，溪沟里（称之为“人间萤河”）和瀑布旁（称之为“疑是萤河落九天”）的萤火虫（多数都是半水生萤火虫，尤其是同步发光的穹宇萤）景观、山谷里的各类萤火虫景观（真正的“萤火虫谷”）等。

萤火虫溶洞　溶洞具有很多发展萤火虫景点的天然优势，比如，空间比较封闭、萤火虫难以逃逸，洞中欣赏萤火虫更神秘、更有感觉，白天洞内也可以黑暗从而发展“白日赏萤”等，所以，目前诞生了很多萤火虫溶洞景观，也成为改造提升溶洞景观的主要方式之一。但溶洞发展萤火虫景观也有很多需要注意的因素，比如，溶洞内如何打造出更适合萤火虫生存的环境，夜间如何技术处理萤火虫（白天发光），溶洞范围一般较小、如何有效组织游览，如何讲解和导游，如何设计更有文化内涵和意境的萤火虫景点，如何有效融入科普，如何设计路线和组织有序的游览，如何结合当地的文化特征开发出更有特色的萤火虫景观，如何加入更多的技术手段和器具呈现出更精彩的效果等。

萤火虫溶洞除了常规的旅游参观和科普之外，还可以拍溶洞婚纱、亲子照片，甚至溶洞婚礼、告白和求婚仪式等，还可以结合溶洞内丰富微量元素与矿物质进行推出萤火虫溶洞有机餐厅和健康饮食。萤火虫溶洞外围的景观设计和游玩项目的打造也要下功夫，如可以发展萤火虫养殖基地，推出草丛露营、萤光民宿、景观式湖中萤光亭、星萤共赏等项目。

萤火虫田园景观　可以在普通农田里养殖萤火虫，在发展“萤火虫农业”的同时，可以发展独特的萤火虫田园景观，带动乡村旅游和乡村房产。比如，成都稷耘农业发展有限公司在都江堰精华灌区发展“稻虫共生”等新型萤火虫农业形态，硬是在平坦而普通的农田里养殖出了萤火虫，从而打造“萤火虫田园景观”，促进一二三产融合。

萤光森林/园林　萤火虫早被公认为具有“点亮”园林景观功能的昆虫。萤火虫投放到森林或园林里面，会形成梦幻的“萤光森林”景观，也是森林旅游的一种丰富。但要注意的是：萤光森林景观要注意驱蛇，而且最好要加栈道（且以玻璃栈道最好），甚至还可以适度加入各类萤光秀或全息技术等，呈现出更绚烂的夜间景象。这对于很多森林旅游景区、城市植物园、大型园林，甚至竹林景观的提升改造都有启发。

萤火虫湿地　湿地很适合水生萤火虫和半水生萤火虫的生长发育，因此，在很多自然生态地区甚至城市的湿地公园里投放水生萤火虫（水中）和半水生萤火虫（驳岸上），会形成壮观的萤火虫湿地景观。

其他萤火虫景观　可以结合萤火虫的生活习性，打造更多各式的萤火虫景观。比如，将水生萤火虫投放到梯田里打造“萤火虫梯田”，结合小岛屿打造“萤光岛”，结合玻璃吊桥打造“萤光大道”，乘坐溜索和索道观赏萤火虫从而打造“萤火虫溜索/索道”等。

(3)萤火虫室内人工景观　野外萤火虫景观，会感觉很生态和自然，观赏效果很好，但却有易受天气影响、不好布置造型等缺点；室内萤火虫景观，不受天气影响，甚至可以白天赏萤，且可以布置各类造型，加入各类技术和装置，但观赏起来没野外那么自然，且萤火虫成虫的寿命等也受到影响，虫体损耗较大，成本较高。因此，野外和室内萤火虫景观各有优缺点，可以适当结合搭配，互为补充。

萤火虫室内人工景观一般有如下类型：①萤火虫馆（“萤里馆”）：需要注意的是，这类博物馆式的室内景观，不能纯粹以知识科普为主，办成传统的博物馆，而是应该打破传统思维，多加入互动体验的元素，把“博物馆”变成具有多种功能的“景区”；②萤火虫星空艺术馆：结合镜面反射和灯光艺术等打造绚烂的集灯光和萤光一体的城市室内艺术馆；③结合科技馆或商场等打造临时性的萤火虫乐园：这类景观多是临时性、流动性的，类似展览性的，形式和内容多种多样。

(4)萤火虫主题微景观　除上述较为大型的室内外萤火虫景观外，其实还有各类较为精致的萤火虫主题微景观，可以嵌入在各类产业或商务活动中，比如萤光大道、萤光假山、萤火虫墙壁、萤火虫万花筒、各类网红萤光小品、萤火虫拼图、萤火虫镜面屋、萤火虫主题厕所/酒店/餐厅/酒吧/咖啡厅、萤火虫文化造型、各类萤火虫形状的建筑，以及特殊技术和器具诱集萤火虫飞舞或“天女散萤”等表演。

(5)萤火虫与其他元素的叠加复合景观　萤火虫可以横向拓展，与其他元素结合，组成叠加复合景观。比如，与蝴蝶联合打造“萤飞蝶舞”景观，与大熊猫联合打造“大熊猫、小萤火”景观，与桃花联合打造“三生三世，十里桃花；一生点亮，万千萤火”景观，与油菜花联合推出“白日看花，夜晚赏萤”旅游活动，与动物园融合推出夜间动物园，与寺庙和禅修文化结合推出“禅意萤光”旅游项目等。

2.萤火虫旅游主题

(1)萤火虫科普教育游　很多人对萤火虫不熟悉，很多人想了解萤火虫的科普知识和相关文化，尤其是在青少年学生酷爱萤火虫和全国大力开展研学游的背景下，萤火虫的科普主题旅游如火如荼。萤火虫至少具有以下几种教育功能：科普教育、环境教育、乡土教育、励志教育、美学教育、传统文化教育、生命意识教育等，在开始萤火虫科普教育游的过程中，要充分挖掘上述功能和萤火虫的各种文化因子。

(2)萤火虫亲子游　将萤火虫景观的建设融入教育环境，有利于青少年成长，缓解成长压力,促进个体间的人际交往以及改善亲子之间关系。过去的童年是在自然环境中的追逐打闹中度过的,接触了各种奇异的生命形式,度过了无忧无虑的童年。现代社会儿童由于父母工作环境与工作压力通常较早就被送往托儿所或幼儿园,提前接受教育,过早地开始人际交往,缺乏自主对自然以及自我的探求。直接将儿童置于陌生的环境、人群之中容易引起焦虑、害怕、拒绝的情绪。合理地在幼儿园等儿童活动区设置萤火虫景观,构建栖息地展示生态景观,开展科普教育活动,借由儿童对神奇事物的好奇心,在欣赏萤火虫的融洽气氛中,通过幼师的引导,儿童更容易放下心中的防备,敞开心扉与共同赏景的小伙伴进行交流,更早地促进儿童形成良好的自然观,从根本上调节部分人群对昆虫的抗拒。此外,通过小小的萤火虫,与长辈之间建立一条生态纽带,维系亲子关系,或与子女共同赏萤,或共同饲育萤火虫,这都是十分容易和力所能及的事。

(3)萤火虫情侣游　萤火虫成虫的发光主要是为了求偶,再加上萤火虫光亮的浪漫性,使得萤火虫成为情侣浪漫爱情旅游的不二之选。萤火虫的情侣游,首先,要推出"一生只为你点亮"或"点亮为你"或"为爱发光"等主题;其次,要推出各类与浪漫爱情有关的产品,比如,萤光浪漫套餐(萤光晚宴＋萤光浴＋萤火虫套房等)、情侣亲密小屋,还可以按照下述营销语出售萤火虫"装 20 只,表示爱你;装 55 只,那是我爱你;装 99 只,是天长地久;装 199 只,那就是表示海枯石烂",举办"浪漫萤光,情定终身"主题情人节、七夕节、520 等节日以及订婚、蜜月、结婚纪念日等系列活动,甚至举办萤火虫求婚、婚礼等;再次,还要结合当地文化,推出更有文化融合性的旅游思路或模式,比如,四川一处叫西厢村的村落可以发展萤火虫浪漫情侣游,还可以结合蝴蝶等举办爱情文化节。

(4)萤火虫乡愁游　对于很多年长者来说,萤火虫都是儿时的回忆,是乡村的印记,是乡愁的载体。因此,在生态环境好的乡村,结合各类乡愁要素,发展以萤火虫为文化符号的乡愁游,会扣动很多中老年游客的心弦,从而增加萤火虫旅游的游客面。

丰富夜间旅游活动成为乡村旅游突破的关键点,夜间旅游产品逐步成为一个地区旅游发展的增长点。萤火虫非常适合夜间旅游,而且,在乡村发展萤火虫景观,更是得天独厚。因此,在乡村旅游中加入萤火虫景观,非常适宜,且具有多重效益,会成为乡村旅游的一个引爆点。萤火虫特色的乡村旅游,是乡村原始夜色的还原,不仅能丰富乡村旅游的内容,同时也是乡村生态农产品的活招牌。萤火虫主题的乡村旅游对于时时处于"光污染"包围中的都市游客来说正是其所追求的新奇体验。

(5)萤火虫主题露营　萤火虫观赏多数都是在天气晴朗的夏天,野外生态赏萤过后,很多人喜欢野外露营,再加上萤火虫有缓解焦虑和失眠等的作用,"与萤火虫共眠"将具有极大的营销诱惑力。因此,萤火虫主题露营具有很大的市场,同时,只要留宿客人,景区就会又增加不少的收入。

萤火虫露营最重要的就是营地的建造和体验感的设计。萤火虫露营的方式除了房车、树屋、玻璃屋、星空房等之外,最多的可能是帐篷露营,最好建在萤火虫景观附近,但又不能影响萤火虫生存,也不能随便捕捉萤火虫,抑或建在萤火虫栖息地的上方,悬空建设萤火虫营房;露营地的帐房里还可以适当散放或器具盛放萤火虫,真正实现"与萤火虫共眠",多种途径地增加体验感。

3. 萤火虫旅游营销

萤火虫产业的发展，有两只重要的“手”：一手要抓养殖，这是基础；一手要抓营销，这是关键，也就是所谓的“既要会养，也要会‘玩’”。萤火虫的营销最需要加入“创意”，也是“昆虫创意产业”最经典的代表。

萤火虫旅游的营销，一定要摒弃传统的“门票经济思维”，不能把门票看得很重，而是要把萤火虫旅游过程中的互动体验项目、二销项目尤其是文创产品的销售深入挖掘，这才是萤火虫旅游营销的重点。

除了常规的云旅游等旅游模式和直播（尤其是善用网红经济）、短视频、自媒体等宣传方式之外，萤火虫旅游的营销主要是“造事”和“造节”两种手段。

（1）造事——事件营销　与萤火虫旅游、产业有关的各种重要事件，都要积极地通过媒体等正面宣传，以此树立景区的形象，同时宣传萤火虫项目。比如，建立萤火虫研究院、人工繁育中心落成、全国萤火虫论坛召开、某项新颖的萤火虫项目落成或技术突破、某项大型新颖萤火虫活动的召开、冬季赏萤、“一起寻萤”、护萤行动（志愿者/小天使/基金）、一起来养殖/领养萤火虫、各类网红活动，等等。

（2）造节——活动策划　发展以“乡愁”为主题的中老年游和亲子游、以“浪漫”和“爱情”为主题的情侣游、以“教育”为主题的萤火虫研学游、以“养心”为主题的心理理疗和高档养生项目，还可以举办各类萤火虫主题节日，比如萤火虫文化/音乐节、暑期萤火虫嘉年华、森林萤光节、萤火虫祭、举办题为“禅意萤光，拜佛拜萤”的祈福许愿活动、“熠熠之光，生命之美”萤火虫生命教育和美学教育文化节、“囊萤夜读”萤火虫励志文化节、“暑期陪伴孩子最后一周”萤火虫亲子主题游、“为你点亮”萤火虫爱情文化节或“浪漫萤光，情定终身”主题情人节等。不同季节搞不同种类萤火虫的活动，冬季赏萤以及白天赏萤等，分别搞“卵—幼虫—蛹—成虫”4 个不同虫态的观赏活动，针对亲子、情侣、露营等举行不同主题和游客的活动，分别举行“爱情、亲子、科普、乡愁、美学、励志、生命、自然”等不同主题的活动，在七夕节、情人节等举办不同节日的活动，举办萤火虫求婚、结婚纪念日、主题派对、摄影比赛、动漫比赛等活动，还可以举行以萤火虫代言的各类与“环保、生态、节能”相关的社会主题活动。

4. 萤火虫与旅游附属产业的结合

（1）萤火虫文创　萤火虫文创是萤火虫产业链中的重要一环。狭义的萤火虫文创主要是指各类实体的萤火虫文创产品，包括萤火虫主题玩偶、钥匙扣、手机壳、服饰、包袋，萤火虫主题的各类照明设备（杯子/钟表等），萤火虫飞行模拟模型等，甚至还包括一些萤火虫活体宠物、景观小品等；广义的萤火虫文创主要是指萤火虫 IP 的策划设计运营、萤火虫主题影像作品和萤火虫主题文化教育产品的开发等。

（2）萤火虫宠物　由于萤火虫幼虫也能发光且寿命很长，水生萤火虫幼虫一直生活在水中等特性，很多种类和虫态的萤火虫都可以发展成家庭或办公室的宠物，同时还可以售卖幼虫的食物；若让萤火虫幼虫取食了鲜艳的食物则可能呈现的“彩色”的虫体，若让青蛙取食萤火虫后可以使得青蛙“发光”，这些都是很有市场吸引力的萤火虫宠物，同时也是青少年学生研学游的绝好素材。

（3）萤火虫主题演艺庆典　将萤火虫创意性地嫁接到很多传统演艺庆典活动中去，就可以产生很多新生事物。萤火虫田园文化艺术节、以萤火虫为背景的晚会节目、萤火虫主题婚礼和派对、萤火虫主题摄影、萤火虫酒吧、萤火虫会展(包括车展)等活动,以及配合上述所诞生的创新创意产品,比如,萤火虫主题婚庆小瓶用酒、萤火虫庆典释放器具等。

(4)萤火虫餐厅酒店　萤火虫是夜游经济吸客利器,与夜赏萤火虫直接相关的产业是赏萤之前就餐(催生了萤火虫主题餐厅),赏萤之后留宿(催生了萤火虫主题酒店)。

萤火虫主题餐厅和酒店的打造,不是简简单单地只是在餐厅或酒店里张贴一些萤火虫科普宣传材料就行了,而是应该包含了萤火虫养殖、文化、装饰等诸多要素,甚至连桌椅板凳和餐具及上菜程序等环节都加入萤火虫科普和文化,最终把餐厅和酒店打造成一个集就餐或住宿等基本功能、体验互动、科普教育、文化渗透等元素的萤火虫综合体或萤火虫微缩景区。同时,还可以在酒店内适度加入禅意萤光、萤火虫打坐、瑜伽、洗浴等特色服务项目,也可以同时销售一些萤火虫文创产品。

萤火虫景观亦可用于酒店、饭店、茶馆等内部花园,需要的场地小,营造方便,具有调节气氛、丰富夜间景观的效果。世界知名的日本椿山庄酒店就利用了这一点,用萤火虫、风铃木栈道、神社等因素的搭配让人仿佛置身于神话故事之中。它的做法是将驳岸坡度控制在10°以内,溪床表面则由自然冲刷形成。水体基本为浅流层,雨季也不会高于10厘米,两侧则通过蕨类植物与草本植物搭配丛生,空间上通过园桥的高差将人的活动与水体环境拉开,并严格控制照明,在后花园内部还设置了单独的饲养箱模拟其生态环境,向前来参观留宿的客人展示萤火虫的一生。

5.萤火虫康养业

萤火虫景观是自然景观中极为特殊的一种,借由萤火虫景观产生的美好景象,可以引起感官共鸣以及感官刺激来改善人们的压力、悲伤等消极情。日本的阿部宣男教授以及其研究生曾提出过萤火虫治愈空间的构想,借由萤火虫景观产生的明朗欢快的景观感受容易为人们带来快乐的情绪。其带来的景观感受在不同的心境下同样也会有着积极正向的改变,如面对情绪低落的人群有鼓舞陪伴作用或带来和谐安详的景观感受使其沉浸其中,放空身心。未来萤火虫景观会面向更多类型人群种类以及需要它们发光陪伴的地方。萤火虫景观在城市绿地空间的合理运用,依靠城市花园、城市生态园以及其他休闲设施的建设,有利于城市人口的减压。若大力开展萤火虫保育、欣赏、科普等活动,引导更多的人参与其中,还可以丰富个人生活,强化了人与人之间的联系,传播了社会正能量。

萤火虫不仅仅是一种受人喜欢的旅游素材,还是一种康养材料,成为“养心”的绝好题材,赏萤是心理理疗和高档养生的一种方式。因此,可以将萤火虫融入传统康养模式中,探索一种新型的“萤火虫养心康养”产业。萤火虫的康养产业的形式很多,比如,萤火虫森林康养、瑜伽康养、健康睡眠、康养地产/林盘、康养温泉等。

6.萤火虫创意产业的综合开发

萤火虫主题旅游不同于其他的旅游业态,它具有显著的综合性,会涉及和延伸出多种产业,所以,萤火虫创意产业要综合性地开发。

比如,打造“萤光之城”(萤火虫主题小镇):将萤火虫引发的夜游、夜宴、夜欢、夜遇、夜浴、夜眠等全部综合起来探索“萤火虫夜游模式”,以萤火虫代言小镇环境(水质、土壤、环境、空气等)的绝好质量,成为小镇高品质的代言和物种宣传,从而提升小镇品牌形象,最终促销房产。

比如，打造萤火虫主题文化村：借鉴鬼神文化主题村等的模式，打造展示包括萤火虫在内的所有发光生物的“发光村”或“萤光村”。

比如，打造萤火虫生态村落或乡愁村落：大力发展萤火虫乡村旅游吸引游客，同时发展萤火虫农业，生产萤火虫特色产品，以萤火虫为纽带，打通一、二、三产业，助力乡村振兴。

7. 萤火虫旅游的注意事项

作为一种新兴且特殊的业态，萤火虫旅游具有很多特点，一定要注意以下事项。

（1）要做好多产业融合　要特别注意将萤火虫引发的一二三产业紧密融合，尽量拉长产业链，用创意思维运作萤火虫旅游项目，要注意锤炼各类萤火虫品牌。

（2）要有项目品牌意识　萤火虫旅游项目要做精，不能泛滥，要有地域意识，而且要差异化发展，当然也可以根据实际情况组团发展萤火虫系列景观，另外，萤火虫农业产业项目可以连片发展，做成品牌。

（3）要有强大的技术团队支撑　否则无法做活做大萤火虫产业，因为不管是养殖还是营销还是产品开发，这都是一个强烈依赖技术的特殊项目。成虫的高效最佳展示和综合利用、幼虫的商业化开发、诱集成虫、虫体造型、虫体运输和储存等，都需要相当成熟的技术做支撑。

（4）要高度重视和花大力气做好萤火虫养殖　这是萤火虫旅游和系列产业的基础。养殖技术的最高水平是工厂化养殖、多品种养殖、错茬养殖、反季节养殖、高成活率和化蛹率的养殖，产业的最高水平是每天（包括白天和黑夜）都能看到萤火虫，不断变换花样，动用多种技术，巧妙多样化营销，渗透进多种产业，延伸出系列产业。做萤火虫养殖，还要注意不能乱引种而破坏生态，更要注意不能急功近利，要耐得住寂寞，慢慢养殖，逐步发展。

（5）项目的选址要考虑多方面的因素　比如，首选南方省份，最好是大型城市的城郊，交通条件要好，要有足够多的停车场和食宿资源，最好和溶洞、稻田、水沟、峡谷、森林等结合，最好有地势差而不是一马平川等。

（6）要善于结合当地的文化、产品等特色　打造具有特色的萤火虫景观和产品及营销模式等，一定要有差异化和高品质，最好是具有不可复制的特色。

（三）昆虫产业在景区环境治理中的作用

昆虫不仅可以丰富旅游业态和项目，还可以治理景区环境，尤其是景区有机垃圾处理和生态修复。

某景区每天游客近 2 000 人，每天产生的餐厨垃圾 200 千克左右；养殖鸡 10 万只，每天鸡粪 2 t 左右；每天的餐厨垃圾用来喂鱼，导致水源污染有臭味，环境受到破坏。中昆虫业湖北生物科技有限公司用黑水虻处理餐厨垃圾与鸡粪，然后黑水虻虫消毒后用来喂鱼喂鸡，黑水虻虫粪用来做有机肥种大棚水果采摘，同时设立游客观赏黑水虻昆虫处理有机垃圾科普基地。最终的效果是：有机垃圾处理达标；鱼鸡吃了昆虫后，肉质较好；新增一个科普基地，当游客看到全程后，对旅游区产品放心认可，鸡从原来 50 元一只卖到 200 元一只，鸡蛋从 5 毛一个卖到 2 元一个，还供不应求，鱼池水源清澈，可钓鱼，鱼的价格上涨 30%以上；每年鸡饲料、鱼饲料与有机肥料一共节约费用 180 万元左右。

某景区总面积1万多亩，核心区3 600亩，主要是传统山地与贫瘠农田，农产品产量较少，山地多岩石，生态环境较差。经过规划定位，以喜鹊与七仙女的故事为主题，打造农业观光文旅。中昆虫业湖北生物科技有限公司为该景区用昆虫链接相关产业与景点：用昆虫修复山岩地表，让原来不毛之地披上了绿色，并总结出一套土壤修复方法——昆虫菌砂立体循环修复法；用赤眼蜂、螳螂等发展"以虫治虫"的生物防治；用昆虫砂有机肥取代化肥；养殖放飞授粉昆虫为粮食、果蔬授粉，提高农作物产量；用昆虫为各种鸟类提供食物，特别是为喜鹊提供东亚飞蝗等，让喜鹊迅速繁殖，由最早的10多只发展到后来的550多只，真正实现了喜鹊湾的特色，为景区增加了不少喜庆色彩。

第四节　昆虫创意产业在康养产业中的应用

"康养产业"主要包含两大领域：一是康养旅游，二是康养保健。前者重点是"养心"，后者重点是"养身"。

近年来，日益增长的健康与养老需求和供不应求的市场现状，为康养产业带来了前所未有的发展机遇，诞生出无限的市场空间。"健康产业将发展为国民经济的重要支柱产业"，康养小镇已上升为国家战略。康养小镇是指以"健康"为小镇开发的出发点和归宿点，以健康产业为核心，将健康、养生、养老、休闲、旅游等多元化功能融为一体，形成的生态环境较好的特色小镇。国务院发布的《"健康中国2030"规划纲要》中指出，应积极促进健康与养老、旅游、互联网、健身休闲、食品融合，催生健康新产业、新业态、新模式，到2030年，健康产业的规模将达到16万亿元。康养应该是度假旅游的一个重要产品，而且很可能会成为一个核心产品，因为康养是物质生活已经满足的条件下而衍生出来的精神层面的深度体验，与休闲相比，康养已经不是生活质量提高的问题，而是生命质量提升的问题。包括养生旅游在内的一些细分领域还是一片蓝海，养生旅游作为大健康产业和旅游产业的复合型产业，值得投资者重点关注。

目前，中国是世界上应用药用昆虫最多的国家，主要是将昆虫干体入药或者深加工提取药用物质后作为药物治疗疾病，或者是作为某种保健品滋补身体。近期，随着人们对饮食营养和滋补的重视，药用昆虫又日益在"药膳"中广泛应用。所以，从上述应用领域和范围来看，"药用昆虫"的概念也不尽完善，其实"药用昆虫"里也包含了很多"保健昆虫""康养昆虫"等。

因此，本书建议把"药用昆虫"修订为"康养昆虫"，甚至进一步扩大，把所有"养生""养身"或"养心"（如可以用作心理医疗的萤火虫等）的昆虫都纳入进来，统称"康养昆虫"或者"大健康昆虫"。类似"资源昆虫"和"昆虫资源"两个词语的关系，专业术语概念的转变和完善就决定了思维和思路的转变和完善，这样就会从纵向和横向进一步拓展出更多更大的市场，从而让昆虫产业效益最大化。

康养昆虫目前在中国的使用还基本停留在传统昆虫产业思维模式上，最多是在产品研发和营销上有一些创新性的举措，但总体来看，没有深度加入创意产业的思维，在产业研发、业态拓展和市场营销等方面还有很大潜力可挖。

一、昆虫创意康养旅游

(一)昆虫创意康养旅游产业概述

1. 概述

在大健康时代,人们对于养生和大健康的需求已不单单是治疗,而是预防、治疗、修复、康养"四结合"。在康养的整个生态产业链条之中,昆虫对于康养产业质量提升、内容创新具有重要作用,两者有着微妙的联系。

康养旅游产业中的"三避(避霾、避暑、避寒)五养(养生、养心、养老、养颜、养疗)"首先需要优质的环境,那么,如何可视化地向受众传达项目所处的优质环境呢?如果从业者只是单纯地在宣传过程中强调这一点,必然是缺乏依据,但是当引入昆虫创意产业的概念时,通过昆虫对环境的高标准要求(如萤火虫作为环境质量监测的指标性昆虫)来验证,就有了相应的保障,这便是两者之间的高度和谐性。

从消费者的个体健康来看,一般把人群分为健康、亚健康和病患三类,健康群体重保养、亚健康群体重疗养、病患群体则重医养。

(1)健康状态的保养　健康人群的康养需求集中在对身心的保养上,即通过健康运动、休息睡眠以及其他心理和精神方面的康养行为等保持身心健康状态,重在预防和保持。昆虫创意康养产业基于健康状态的受众可以通过观赏型昆虫与田园、森林等康养综合体的配套来对人的身心健康进行疗愈,同时适当发展昆虫食疗。

(2)亚健康状态的疗养　亚健康人群是目前康养产业最关注的人群之一,对应的康养业主要集中在健康检测、疾病防治、保健康复等行业,重在疗养和解压。如中医养生、保健品、康复运动、心理咨询、休闲旅游等,都是亚健康人群疗养类康养产业的主要构成。相较于前者,亚健康的疗养受众也需要更深层次的昆虫创意产业(如昆虫食疗、昆虫观赏)的结合模式。

(3)临床状态的医养　病患人群医养是目前康养产业最成熟的构成,重在治疗和辅助治疗。涉及昆虫创意产业主要集中在三个层面:一是虫疗、虫补等医疗服务业,二是昆虫药物制造加工,三是昆虫仿生医疗设备制造业。

2. 昆虫创意康养产业的开发

(1)昆虫创意康养小镇基本特征　适宜创建发展昆虫创意康养小镇的地区,一般应有良好的生态环境和气候条件,以及拥有足够的文化昆虫资源、健康昆虫资源等,这是实现健康生活的一个重要基础条件。在这个基础条件上,根据当地不同资源,结合市场需求特点,可以发展融合不同产业体系的健康小镇,打造休闲昆虫农庄、养生蝴蝶谷、萤火虫温泉度假区、生态昆虫酒店/民宿等产品,形成生态养生产业体系。

昆虫创意康养小镇不同于一般的康养小镇,它的功能性与识别性更强。在这里并非必须将昆虫作为核心资源,将昆虫作为辅助及宣传亮点亦可以称为昆虫创意小镇。以体育产业为例,依托山地、峡谷、水体等地形地貌及资源,发展山地探秘、户外昆虫观赏、户外萤火虫露营、蝴蝶谷探险等户外健身养生产品,推动体育、旅游、度假、健身、赛事等业态的深度融合发展。

(2)昆虫创意康养产业开发路径　根据自身特色,确定小镇开发类型。若有食补昆虫资源基础,就倡导食养、药养等健康养生,适合做长寿文化康养小镇开发;若有温泉这一核心资源,就适合作温泉型萤火虫康体开发;若仅有良好的自然生态环境,应结合观赏型昆虫、食疗昆虫等,进行生态养生小镇开发;对于无明显特色资源的康养体,若要进行昆虫创意康养小镇开发,必须进行特色植入,这种类型一般仅适合生态养生型、医养结合型或养老昆虫创意康养小镇型开发。

昆虫创意康养产业小镇不应以短期投资的心态去建设,而应该以匠人心,精心打造。这是一个复杂的系统工程,要因地制宜,科学准确地早期定位和策划调研,准确把握客源市场以及未来几十年的市场变化,而做出领先的规划方案及产品。

(3)昆虫创意康养产业类型　包括三种类型。

第一种类型:优势资源依托型。主要依托当地丰富的具有一定康养价值且对旅游者有一定吸引力的优良自然昆虫资源,发展康养旅游产业。这种开发模式的核心优势在于项目地的资源具有不可替代性,一旦昆虫创意康养旅游发展到一定规模,便很容易形成核心竞争优势,难以被取代。

第二种类型:特色文化驱动型。主要依托项目地独特的文化资源,如昆虫古诗文化、神话文化、浪漫文化等,这些文化可以陶冶情操,有助于修身养性,放松身心,通过丰富多彩的文化体验活动,最终达到康养的目的,这种模式围绕某一种或几种文化资源进行开发,最终形成文化康养品牌。

第三类型:康疗保健植入型。昆虫文化和自然资源不突出的区域,可以适当引入其他资源,发展特色昆虫康疗保健。比如,中医药昆虫康疗类:依托昆虫中医药资源以及养生保健服务设施,以昆虫疗养中医药文化独具特色的理论体系和内容为基础,将现代科技和古代中医养生理论相结合,在环境适宜的旅游度假区实现中医养生。比如,昆虫仿生现代医学类:以医护疗养、康复休养为主题的旅游,结合昆虫仿生学的当代医疗卫生设备,依托适宜的气候资源和医药资源,将优质的医疗康复咨询服务与旅游度假结合,一般分为以保健养生为主的疗养旅游和以疾病疗愈为主的治愈旅游,在达到治疗目的的同时进行康复、疗养、观光、度假。

(二)昆虫创意田园康养产业

田园养生是以乡村田园为生活空间,以农作、农事、农活为生活内容,以农业生产和农村经济发展为生活目标,达到回归自然、修身养性、康体疗养等目的一种生活休闲方式。乡村田园本身就是昆虫的重要栖息地,所以两者的结合较为紧密,昆虫创意产业可以在田园康养产业中寻找到切入点和融合点。

休闲度假,“静”养:远离灯红酒绿,寻找一片净土,常常是旅游者选择田园休闲度假的主要动机。因此,农业休养项目的规划中要注重度假项目、空间、氛围以及建筑风格的“静”,同时在视觉上也不宜用太热烈的颜色。观赏型昆虫与之结合,可在庭院、房间等处放置蝴蝶、萤火虫等昆虫资源。

农业体验,“动”养:农耕体验是农业养生与近郊休闲旅游结合的主要形式。田园农耕不仅包含乡村农耕劳作活动,更重要的是挖掘一系列体现生命本源的生活方式和元素,结合出“以动养生”的概念，打造区别于周边景区的田园意象以及参与性高、趣味性强的休闲养生项目，例如爬沙虫、蝉、蝗虫等捕捉活动。

文化熏陶，“和”养：“与世无争、自给自足”是农业文化的精髓，相关项目的规划开发必须围绕田园文化这根主线，塑造完整的乡村文脉，凝聚本土昆虫文化个性，拓展昆虫文化空间，从乡村建筑、服务设施、服务项目、旅游商品等方面体现田园文化、乡土文化的精髓，使之与养生主题更好地融为一体。

（三）昆虫创意森林康养产业

对于森林康养工作，大部门林业人关注的是林业本身，但除此之外，其实森林康养对于五感的塑造也有非常重要的作用。沉浸式的森林康养模式中，昆虫的存在起着非常大的作用，可以开发丰富森林康养产业的元素：比如，部分昆虫的叫声属于白噪声，可以打破静态的环境，同时没有像鸟类一样过于破坏森林的静谧，有助于康养者的心态稳定；与森林、竹林等密切相关的蝉花及竹虫等众多食用昆虫是非常有市场潜力的保健昆虫，可以用于康养，侧重用来“养身”；森林里养殖萤火虫，可以发展“萤光森林”康养旅游，侧重用来“养心”，还可以结合温泉等推出“萤光养生泉”，举办萤光森林康养节等。

二、昆虫创意康养保健

（一）昆虫康养保健的创意性做法

1.创意性产品

昆虫康养保健创意性产品的研发，至少包括纵向和横向延伸两个方面：康养昆虫传统虫态系列产品的开发，属于纵向深度延伸，是较容易想到和做到的。比如，若开发爬沙虫产品，将其做成爬沙虫饼干、辣酱乃至胶囊、口含片等，都是有一定创意的产品纵向延伸。

康养昆虫创意性新型产品的研发，属于横向拓展延伸，很多时候被从业者忽视。这类产品又分为以下几种情况：

（1）不同虫态的产品　比如，爬沙虫的产品，不仅是做幼虫，还可以做蛹，卵做成卵酱，成虫整体或其翅膀做成标本等。

（2）不同产品之间的混杂　这种情况又分两种，一种是同类产品的混杂，包括简单的虫体混杂或初加工后的混杂等，比如，将几种不同的具有相似康养效果的昆虫混在一起组合成“康养昆虫套装”；另外一种情况是不同类产品之间的混杂，这种情况下又有两种情况，要么是具有相似康养效果的昆虫和其他保健品（动植物中药材等）混杂在一起组合成“康养套装”，要么就是关系不大的产品之间的有机混杂，比如，将美洲大蠊的提取物融入口香糖里，做成治疗口腔溃疡等的创意性康养产品，或者，把爬沙虫的粉剂和茶混在一起，做成新型的康养“虫茶”，爬沙虫泡在酒里做成康养泡酒等。

（3）康养昆虫的文化创意产品　比如，很多爬沙虫幼虫的前胸背板的花纹都像两个面对面的“龙头”，可以将其提炼做成 logo 式的各类精神文创产品；巨齿蛉的成虫被吉尼斯世界纪录评为“世界上现生的翅展最大的水生昆虫”，利用这个由头可以将其成虫或翅膀制作成各类文创产品，从而反向拉动爬沙虫其他产品的销售。再比如，人工培育虫草的过程中，菌丝体非常漂亮，稍加装饰，完全可以作为既有食用价值又有艺术价值的大众产品(家庭或办公室的观赏品和食品)。

2. 创意性业态

拓展了产品，还要创意性地拓展业态。上述产品的拓展会带来一些新业态的拓展，比如，美洲大蠊的提取物还可以做成口香糖、面膜、牙膏等，显著拉长了产业链。还可以不同产业之间交叉，产生一些新的业态或理念：比如，在稻田里养殖爬沙虫，发展一种新型的"稻虫共生"模式；在养殖盒里养殖爬沙虫的同时用器具养殖水生蔬菜和其他植物，发展一种新型的"虫菜共生"模式；在贫困山区的清澈小溪沟里或小型水电站的下游水域里发展爬沙虫生态养殖，在监测水质的同时发展"昆虫溪沟经济"这种新型产业形态，能带动百姓致富，促进乡村振兴，同时也是"绿水青山就是金山银山"的绝好注脚和生动体现。

除此之外，还可以将业态拓展到文化教育等产业领域。比如，基本所有的康养昆虫养殖基地都可以同时作为研学游基地，在普及宣传康养昆虫知识的同时，也对消费者进行了教育，为将来的市场开拓做了铺垫；很多的康养昆虫都可以做成文创产品，甚至开设博物馆，发展文创产业。

3. 创意性营销

在营销这些康养昆虫产品的时候，不能将其作为普通的药物或保健品，按照常规的套路去营销，要瞄准昆虫特性，加入创意思维，进行创意性营销。

比如，爬沙虫可以和萤火虫搭档销售，推出"养生·养心"康养套餐，在萤火虫景区、酒吧、迪厅等作为特色夜间小食出售；爬沙虫可以针对年轻人群打出"轻养身，朋克保健"等新颖概念，并在产品包装、营销渠道等方面更加体现创意；在专卖爬沙虫的高档餐厅包间里，悬挂很多寓意"展翅飞翔"的爬沙虫标本或文创产品(还可以售卖这些产品)，播放爬沙虫宣传片，提高消费者对爬沙虫的产品认知和文化认同；爬沙虫产品的名字也可以冠之以"虫参"等，以提升爬沙虫的档次、品味和价值；与日本的"孙太郎虫"(也是一种在日本使用了几百年的爬沙虫)文化融合推出爬沙虫国际化形象，还可以把爬沙虫按照品相和虫态等分成"黄金虫"等级别和品名，甚至还可以成立爬沙虫的文化馆、博物馆，全面普及爬沙虫等康养昆虫文化，从而提升大众对康养昆虫的认识度和接受度，最终促进产品销售和产业发展。

(二)美洲大蠊创意康养产业

以开发得很成功，且不断加入创意做法的好医生药业集团有限公司，几十年深度开发著名药用昆虫——美洲大蠊的一系列做法为例，从规模化养殖、产品开发、市场营销等方面阐述如何做好昆虫创意康养产业。

1. 美洲大蠊的药用价值

美洲大蠊(*Periplaneta americana* L.)属昆虫纲蜚蠊目蜚蠊科大蠊属昆虫，是我国传统中药材，早在《神农本草经》中就有蜚蠊入药的记载，此后历代本草如《名医别录》《吴晋本草》《新修本草》及《本草纲目》等均有入药记录。现代研究表明，美洲大蠊具有极高的药用价值，功能包括活血化瘀、清热解毒、消积、生肌，用于治疗症瘕积聚、小儿疳积、咽喉肿痛、虫蛇咬伤、疮痈肿痛及痔疮出血、口腔溃疡、胃十二指肠溃疡，外用消肿生肌，用于外伤、溃疡、烧伤、烫伤、褥疮之创面。目前,以美洲大蠊为原料生产的药品如康复新液及其系列产品、心脉隆注射液、肝龙胶囊和消症益肝片等药品,年经济效益达数十亿元,受到越来越多患者的认同。

2. 美洲大蠊的大规模人工繁育

近年来,随着美洲大蠊的药用价值被越来越多的人所认识,以美洲大蠊为原料生产的相关产品如康复新液、心脉隆注射液等在临床上也得到了广泛应用,随之开发出的美洲大蠊日化用品、食品等均受到了人们的追捧,美洲大蠊原料的需求快速增长。此外,由于美洲大蠊作为人类伴生的昆虫,极易携带细菌、病毒等有害物质,在室内捕捉及农户散养的美洲大蠊不应作为药品、食品等原料。因此,美洲大蠊急需大规模人工养殖以满足快速增长的需求。

目前,美洲大蠊大规模人工养殖已经非常成熟,并建立了相应的规模化养殖与管理技术流程。好医生药业集团有限公司自20世纪90年代开始了美洲大蠊的工厂化养殖研究及实践,经过20多年的研究,研发出了一套全球领先的养殖技术,其美洲大蠊养殖基地于2009年首次通过了国家《中药材生产质量管理规范》(简称GAP)认证,该基地成为国内第一家通过国家GAP认证的昆虫类中药材标准化养殖基地。

3. 美洲大蠊系列医药产品临床应用

目前以美洲大蠊药材为原料的有多个药品,如康复新液、心脉隆注射液、肝龙胶囊和消症益肝片已应用于临床,这些药品均具有重要的临床价值及巨大的经济价值。

(1)康复新液　康复新液为美洲大蠊干燥虫体提取物精制而成的溶液剂,具有消除炎症水肿、改善创面微循环、促进肉芽组织生长、加速机体病损组织修复、抗炎、调节免疫功能等多方面药理作用。康复新液在临床上能有效针对人体各种黏膜、皮肤创面相关疾病进行预防和治疗,尤其对一些难愈合的创面,能显著促进愈合。

(2)心脉隆注射液　心脉隆注射液有效成分为美洲大蠊相关多肽、核苷酸及结合氨基酸等,其功能为益气活血,通阳利水,用于治疗气阳两虚,瘀血内阻所致的心悸、气短、浮肿、面色晦暗、口唇发绀,以及慢性充血性心力衰竭见上述证候的辅助治疗。

(3)肝龙胶囊　肝龙胶囊有效成分是美洲大蠊黏多糖氨酸类化合物的混合物,具有抗乙肝病毒活性和增强机体免疫活性功能,是国内第一个获得国家食品药品监督管理局批准的昆虫类治疗慢性乙型肝炎药物。其功能为疏肝理脾,活血解毒,主治胁痛肝郁脾虚兼瘀血证,症见胁肋胀痛或刺痛,恶心嗳气,神疲乏力、食欲不振、食后腹胀、大便溏,舌色淡或紫,脉象细涩或脉弦等。临床上主要用于慢性乙型肝炎见上述症状者。

(4)消症益肝片　消症益肝片有效成分为蜚蠊提取物,其功能与主治为破瘀化积,消肿止痛,对原发性肝癌的症状有一定的缓解作用。

4. 美洲大蠊系列功能日化品的开发

好医生药业集团有限公司还立足美洲大蠊及其功效,融入其他产品,创意性地开发出一系列功能性日化品,显著延伸了产业链,拓展了产业业态和市场份额。

(1)康复新牙膏

成分:小分子活性肽(美洲大蠊提取物)。

功效:首创口腔、牙齿、牙龈同步护理;快速持久消炎抑菌,修复口腔黏膜溃疡;有效预防牙周疾病；不含氟；口感清新；采用国际标准的首款生物活性牙膏。

(2)康复馨漱口水

成分：小分子活性肽(美洲大蠊提取物)、葡萄糖酸氯己定、甘油、薄荷油。

功效：清新口气，修复受损的口腔黏膜，彻底清洁口腔，抑菌，杀菌，防治牙周病，改善口腔环境，预防龋齿。

(3)康复馨靓颜面膜

成分：水、丁二醇、玉米仁提取物、美洲大蠊提取物、咖啡黄葵果提取物、合欢树皮提取物、白薇提取物、糖类同分异构体、海藻糖、扭刺仙人掌茎提取物、海星枝管藻提取物、泛醇、神经酰胺3、透明质酸钠、谷胱甘肽、四氢甲基嘧啶羧酸、黄原胶、苯氧乙醇。

功效：富含美洲大蠊提取精华，与多种精粹营养修护成分，丝丝柔滑，浓萃深透，滋养修护，靓颜润肤，萌升初蕴，令肌肤水漾光泽，透明莹润，焕发年轻光彩。

(4)雨林新生系列护肤品　美无言雨林新生系列护肤品，以具有神奇修复功效的美洲大蠊生物活性成分为主，配以南美洲亚马孙河流域珍稀植物萃取而来的多种成分，深层滋养细胞，快速有效地促进受损细胞修复再生，令肌肤水润、紧致、弹力，全面改善肌肤多种老化问题，令肌肤呈现婴儿般的新生光彩。包括雨林新生润护洁面乳、雨林新生润护活肤水、雨林新生莹润修护精华乳、雨林新生莹润修护霜、雨林新生修护紧致眼霜等。

(5)长青洗护系列　长青洗护系列产品富含美洲大蠊提取物多种氨基酸精华，辅以侧柏叶提取物、地中海橄榄油、人参根提取物等有机草本成分，具有养护头皮、强健发根、滋养发丝等功效。经临床实践发现，其具有固发养发的显著效果。包括长青洗发水、长青护发素等。

(6)欣福馨长青凝胶　欣福馨长青凝胶以美洲大蠊提取物、库拉索芦荟提取物、松开蘑提取物为主要原料生产而成，能够对问题肌肤较好地舒缓和修护，为肌肤补充水分和营养，滋润舒缓肌肤，回复肌肤弹性。

5.美洲大蠊其他产业链的延伸

(1)以美洲大蠊为媒介打造中医药小镇，引领健康大时尚　随着大健康理念的普及，为了发扬传统中医药，让中医药得到更好的传承和发展，一批特色中医药小镇应运而生。

2016年，好医生药业集团有限公司立足于以美洲大蠊为原料的康复新液，延长其生产链和消费链，提升价值链，开始了占地450亩西昌中医药小镇建设项目。该小镇以医药工业和中药养生作为两条发展主线：医药工业主要以建立环境稳定可控的药材种植基地(是实现标准化生产的前提)，使中药质量可以在现有技术的操控下进行控制；中药养生是通过药膳预防疾病的发生，药膳中心又分为两大块：一块为传统药膳、普通药膳，大众群体能体验的，比如目前开发出来的天雄盛宴系列、大蠊营养液等产品；同时，针对个体差异，药膳中心还将推出处方药膳，即现场邀请中医专家把脉诊治，根据个人体质，量身定制特色药膳。在此基础上，中医药小镇还将建立一间类似于二级医院的国医诊所旗舰店，以中医为主，打造医、康、养基地。

好医生药业集团有限公司中医药小镇项目，计划投资30亿元，建设1个产业项目，新建生产规模扩能项目4个(康复新液药品智能生产线、抗感颗粒药品智能生产线、康复新牙膏日化智能生产线、活体动态生物原料基地），新建特色项目 7 个（凉山州中药民族医药中药材活体基因库、中医药传统饮片生产车间、特色药膳体验馆、国家级中药材现代物流基地、中医药民族医药文化博物馆、医药研发中心和培训中心、国医连锁诊所医康养旗舰店）。

（2）首创“文体旅游＋康养保健”的商业模式　随着国家“健康中国”战略的实施、国内体育产业相关政策的推动，以及全民运动健身热潮的掀起，国内体育产业发展已步入快车道。2019 年 11 月 8 日，好医生药业集团有限公司独家总冠名西昌邛海湿地马拉松赛，并携手云南全民体育运动管理有限公司共同签约，宣布成立好医生体育科技有限公司，并正式启动“奔跑 56 民族・健康中国行”系列活动，开启了国内首创的“文体旅游＋康养保健”的商业模式。

6. 美洲大蠊系列产品的创意性营销

【2016 年青铜奖参评案例】好医生“康复新液”品牌传播全覆盖案例——

好医生康复新液是以美洲大蠊为原料研制的现代中药，是好医生药业集团有限公司的品牌产品，广泛用于治疗胃、十二指肠溃疡，溃疡性结肠炎，口腔溃疡及烧烫伤等创面病症。好医生康复新液品牌传播采取全覆盖模式，即“企业文化＋培训＋品牌活动”相结合，构建企业、连锁药店、消费者三维体系，以线上线下双渠道联动组合，互为补充，为企业、连锁、消费者提供产品、服务、知识、专业培训等全方位支撑。好医生药业集团与全国各大连锁企业共建好医生康复新液合作平台，打造好医生康复新液大品牌黄金单品，传播好医生药业集团有限公司“关爱大众健康”企业文化，使得“企业、药店、消费者”受益，实现了三方共赢。

好医生康复新液品牌传播全覆盖包括以下四个方面：

（1）产品全覆盖：“爱胃爱健康”全过程产品疗效见证式公益传播

为帮助患者远离胃病复发的折磨，特别是低收入人群，好医生药业集团有限公司以“全过程产品疗效见证”的营销模式，联合知名连锁企业，开展“爱胃爱健康”系列公益活动。邀请专业药师指导，为胃病反复发作的患者提供合理的用药指导，治疗胃病，帮助患者远离胃病反复发作的折磨，活动获得了患者和药店的广泛赞誉。

（2）企业全覆盖：“百强连锁西昌行”全方位企业服务认知式体验传播

好医生药业集团有限公司通过“聚力前行，携手共赢”——走进好医生，了解神奇的好医生康复新液活动，邀请百强连锁西昌行，通过实地考察参观美洲大蠊基地、全自动化无菌生产线等了解康复新液全过程的质量体系、先进的生产工艺、严格的内控检测标准。

（3）科研全覆盖：“药用昆虫全基因组图谱”全智能研发创新成果传播

以创新驱动为发展战略，投入大量科研力量，围绕康复新液及美洲大蠊进行了一系列的科学研究，也取得了丰硕的科研成果。2016 年 12 月 10 日，“好医生康复新液——美洲大蠊全基因组研究成果发布会”召开，好医生药业集团有限公司和四川大学共同发布了药用美洲大蠊全基因组研究的阶段性成果，揭示了全球首个药用昆虫的全基因组图谱。这是国内外首次对美洲大蠊进行全基因组测序，有助于中药制剂产品疗效提升，具有国际意义。

(4)传播全覆盖:“互联网+新媒体创新”全覆盖知识普及教育传播

好医生药业集团有限公司打通线上线下双渠道,利用“互联网+新媒体创新”方式全面运用传统媒体、互联网媒体和新媒体进行医药知识普及教育和用药指导服务传播。开办“好医生康复新学院”,打造云端社区服务体系。好医生通过线上“文章推送+问答服务+活动”三方面完善好医生康复新学院的社会服务体系。围绕产品介绍、用药指导、病例分享、行业动态等方面为药店店员服务,也为消费者提供一个具有权威性、专业性的问答平台,第一时间帮助店员和消费者解决疑问;同时,举行“康复新挑战”知识竞答比赛、“重阳节为父母做顿饭”“康复新液最美评选”等数十项活动,活动共计吸引了数百万网友接力参与。

第五节　昆虫创意产业在食品产业中的应用

2013年,联合国粮食及农业组织(FAO)发布了一项名为《可食用昆虫:食物和饲料保障的未来前景》的报告,报告中提到,全世界可供人类食用的昆虫超过1900种,许多昆虫富含优质蛋白质、多种维生素、纤维和矿物质,可以作为人类食物的主要来源,有助于缓解当前全球粮食和饲料短缺问题。2015年,世界银行也发布了题为《昆虫:人类未来食物?》的专题报道,称全球人口增速、土地缺乏、海洋遭过度捕捞、气候变化给全球食物体系构成了额外压力,因此,养殖供人类或动物食用的昆虫,被视为满足全球食物需求和缓解环境负担的潜在替代方案。

目前,世界上许多国家都对昆虫食品进行了大量的开发研究,一些发达国家如美国、德国、法国、日本等的昆虫食品产业蓬勃发展。我国也在食用昆虫的研发和产业方面做了大量的工作,取得了较大的成绩,但整体来说,食用昆虫的开发种类、开发力度、产品丰富度和创意性、销售的高端性等方面都还有很大的潜力可以挖掘。

一、昆虫食品产业的现状和瓶颈

目前,昆虫食品产业的发展情况并不乐观,养殖的种类不多,开发的品类不多,昆虫食品企业不多,吃昆虫的人不多,研发力度不够,昆虫食品的市场占有量不大,营销手段单一,基本没有大型企业,整体还属于萌芽和起步阶段。造成这种局面的主要原因如下:

1. 人们对食用昆虫的接受度不高

昆虫的种类繁多,生活环境和取食环境多样,可取食垃圾、动物粪便、动植物腐败体等,因此,人们的担忧在所难免。与此同时,食用昆虫和其他肉类食品一样,在生产、加工、运输、销售等环节都可能受到污染,还可能存在食品添加剂的不正确使用等。昆虫还是一种过敏原,一部分人取食昆虫后会有过敏反应,另外也要关注部分食用昆虫会有寄生虫、异味等问题。这些问题导致很大一部分人接受不了食用昆虫。由于缺乏对食用昆虫的了解,绝大多数人都认为昆虫是不卫生的,甚至是有毒有害的,导致人们对食用昆虫存在抵触情绪。因此,对于食用昆虫的安全性和可食性宣传显得尤为重要。

2. 多数食用昆虫都没有入选食品资源名录

由于从事昆虫食品研发的专家和企业不多,昆虫食用的范围不广,影响力不大,各界人士重视不够，相关法律条款不够健全，导致迄今为止很多的食品昆虫都没有入选国家的食品资源名录，哪怕是食用历史悠久、食用范围广泛的一些食品昆虫都无法入选，致使很多食用昆虫生产企业游走在法律的边缘。即使所开发的食用昆虫没有什么危害，也可能会因该昆虫未入选食品资源名录而遭到查处，极大地挫伤了相关企业的积极性。而很多专家也对此无能为力，这成为当下制约中国食用昆虫产业的一个巨大瓶颈问题，需要政府出面破解。

3. 昆虫食品企业发展水平参差不齐

目前，多数企业开发的昆虫食品种类都是传统的、常规的，开发水平参差不齐，入行门槛低，昆虫食品的研究开发、知识产权保护远远不够，没有产业链长远的规划和思考，行业人才缺乏，产学研断层，缺乏行业组织，整个行业发展基本处于无序状态。

4. 昆虫食品的安全性还缺乏系统研究

目前，科学家对于昆虫的食品安全性还缺乏系统研究，某些突出问题仍然存在，例如野外捕获的昆虫可能会沾染污染物，而工业化饲养的昆虫也有自身的病原体，也可能会给人类或者牲畜带来危险。昆虫的高蛋白质含量也可能在食用过程中引发过敏反应，对原肌球蛋白过敏的人群不可以食用甲壳类（虾、蟹）食物，而昆虫和甲壳纲动物的原肌球蛋白序列类似，因此，对甲壳类过敏的人群也不能轻易尝试食用昆虫。

二、昆虫食品产业的未来和趋势

1. 昆虫或许将来会成为“救命稻草”

2014 年 5 月，全球首次以昆虫为主题的国际会议“昆虫喂饱世界（Insects to Feed the World）”在荷兰举行，会议主题为“推动昆虫作为人类食物和动物饲料的应用，以确保粮食安全”。除了直接食用，昆虫的“副产品”也逐渐受到关注。2004 年，美国艾奥瓦大学研究人员发现，一种蟑螂产的“奶”（蛋白结晶）的营养成分是牛奶的 3 倍，是热量和营养的绝佳来源，这种特殊的结晶中包含了脂肪、蛋白质和糖类。

越来越多的研究显示，食用昆虫正被视为一种低碳的饮食方式。食用昆虫有助于缓解温室气体的排放，因为高蛋白质含量的昆虫具备超高的饲料转化率。例如，1 千克饲料在蟋蟀体内产生的可食用蛋白比牛肉多 12 倍，并且，昆虫不像牲畜一样需要“巨大”的生长空间，其排放的温室气体量也比牲畜低。饲养常见的昆虫（如蟋蟀和蝗虫）排放的甲烷气体比饲养家畜要少近 10 倍，而排放的一氧化碳更是比家畜少 300 倍左右。

2. 加大宣传力度，巧妙消费教育

大力宣传食用昆虫的营养价值和安全性，让人们接受认可食用昆虫，先打开人们的“脑”，再打开人们的“嘴”，让人们充分正确全面地了解和接受昆虫食品，由被动吃变为主动吃，甚至抢着吃，这才是发展昆虫食品的治本之策。

具体措施有：一是要制定昆虫食品安全规范，在昆虫生产、加工、销售等环节加大监管力度，让人们吃得放心；二是要通过政企合作，重点培养若干龙头企业，建立龙头产业，扩大食用昆虫的影响力；三是要推动相关企业和科研单位的合作，联合研发高新技术，开发高端产品，生产能迅速打入市场的昆虫产品；四是社会加强昆虫知识的科学普及和食用昆虫消费教育，让消费者尽快关注和了解昆虫食品，从而促进昆虫食品产业的发展。

需要强调的是,此类特殊的消费宣传和教育,需要创意性的宣传方式,要深入、渗透和巧妙。比如,近年来,位于泰国东北部的孔敬大学启动了向年轻一代宣传食用昆虫的项目。一些当地小学甚至在校园内开办小型昆虫农场,不仅让学生了解到昆虫的食用价值,也用其所养殖的昆虫为学生们的饮食增添营养。现在,在不少泰国年轻人看来,昆虫已不再是穷人用来喂饱肚子的东西,而成为日常生活中的美味休闲零食。

需要提醒的是,在科普和消费教育过程中,要特别校正民众对昆虫食品的较大误会,比如,昆虫很恶心,昆虫有毒、很脏、不能吃,吃昆虫是很“low”的,只有贫困、不发达地区才吃昆虫,野生的昆虫比人工养殖的要好,等等。

3.加大研究力度,促进昆虫食品产业发展

研发是产业之根,昆虫食品是个新兴产业,必须要在养殖和加工等多个方面全面深度研发,才能为昆虫食品产业的健康发展奠定雄厚基础。

首先,是食用昆虫的养殖研究:包括产业开发综合得分很高的食用昆虫种类的筛选和发掘,以及这些昆虫成熟的规模化甚至自动化养殖和收集等技术;只有选择最佳的养殖种类,并能规模化低成本地高效养殖,才能谈得上后面的产业化开发。

其次,是昆虫食品全面深度且多样化的加工技术研究:有了原材料,还要有好的加工技术,才能最终变成有竞争力的产品。目前,一些发达国家如德国、日本、美国等,在昆虫食品加工技术方面较发达,开发的昆虫食品种类繁多,而相对于发展中国家如中国、墨西哥、泰国等国家,多以昆虫食品原型为主,开拓的市场较小,限制了昆虫食品产业的发展。有关昆虫的加工技术,一定要采用科学高端的技术开发消费者真正需要的产品,才能提高消费者进一步的购买需求,尤其是那些提高免疫力、抗老化的产品,更是市场紧急需产品。除了各类高科技的深加工技术,还要注重昆虫食品的烹饪技术研发。目前,昆虫的烹饪方式非常简单,无法提升品质和附加值,应当充分利用烹饪科技手段,邀请烹饪大师和科技人员会同营养、中医养生甚至食品药品监督等多领域的专家,设立昆虫食品烹饪技术研发专项课题,针对不同食用昆虫进行针对性的开发。不仅要结合中国传统饮食文化,还要着眼于中西餐、休闲食品、特色小吃,结合不同食用昆虫营养特点,涵盖不同人群消费特点,开发各类特色昆虫食品。在大力科普而有较多民众接受昆虫食品的情况下,针对民众对昆虫外观丑陋形象的抵触这一瓶颈问题,生产企业还要着力用各种技术改变昆虫原形,将昆虫原材料做成饼干、面包等诸多民众可以接受的食品形态,“润物细无声”地让消费者食用昆虫食品,既能让消费者享用昆虫食品,也不至于看到昆虫的丑陋外观而产生排斥。

最后,还要加强昆虫食品的营销策略研究:昆虫食品是一类相当特殊的产品,不能用传统的营销思维和路径,要根据昆虫食品的特性深入研究其最佳的销售模式,才能最终把产品卖出去,产业的最后一个“接力棒”才能最终完成。

4.国家和社会要对昆虫食品行业予以更大的支持

昆虫食品开发是国家政府、企业和科研机构三家要配合进行的课题,目前研发成果转化主要受限于国家食品原料注册相关法规,在2016年韩国就已经把黄粉虫注册到食品原料,且在那里不难找到昆虫咖啡店、蛋糕店、面包店及料理店,而我国绝大多数可开发成食品的昆虫只能被用于饲料,这需要引起相关部门的重视。

不管是昆虫食品行业的发展政策，还是科研支持力度，还是相关的科普教育，这些工作都不是某个单位、企业或个人能完成的，都需要国家和社会各界从粮食安全、健康饮食、资源开发、拉动经济、提升生活质量等高度去认知昆虫食品行业，进而主动给予各个领域的最大支持，再加上众多专家、企业和养殖户等从业者的集体发力，才能真正改变现状，打破僵局，迎来昆虫食品行业的春天和大发展。

不仅是国家支持，昆虫食品行业的从业者也要自发成立相关行业组织（包括养殖、科研、营销等），举办各类行业论坛和展会，形成合力，制定标准，规范市场，正确引领，才能真正促进昆虫食品行业健康快速发展。

5.要将昆虫食品产业融入乡村振兴

昆虫食品产业的前端就是昆虫养殖，这是一个很容易很适宜切入乡村振兴的产业项目，可以成立合作社等行业组织，将广大老百姓带入到昆虫养殖产业中来，既能降低昆虫食品企业的生产成本，也能带动农民增收。

在科普昆虫食品的时候，可以结合乡村昆虫科普旅游一起进行；在销售和推广昆虫食品的时候，可以和乡村旅游结合起来，开发昆虫食品原材料的采集、捕捉等体验活动，组织游客参与昆虫美食大赛，结合当地文化搞特色昆虫宴，开发特色昆虫食品作为旅游产品；在有条件的地方，还可以建立昆虫食品加工厂，与当地的特色乡村农产品一起打包销售，相互促销。

6.要把握好昆虫食品未来的发展形态

（1）昆虫绿色食品和有机食品　绿色食品和有机食品最大的共同点就是它们都是以环保、安全、健康为目的的可持续食品，代表着未来食品的发展方向。多数食用昆虫分布于生态环境好的偏远山区，若按照相关标准和要求推出昆虫绿色食品和有机食品，就能自然地将生态优势转化为经济优势，也可能提高昆虫食品的吸引力和附加值。

（2）昆虫功能食品　多数食用昆虫除了极高的营养价值，还兼有各种药用价值和其他保健功能，非常适合开发功能食品，而功能食品又是当前食品发展的一大趋势，因而开发功能食品是今后昆虫食品的发展方向之一。不同种类的昆虫具有不同的功能因子，而且，昆虫体内所含的功能因子都是纯天然因子，在人体内不会积累有害物质。

（3）昆虫医用食品　利用食用昆虫制成的医用食品有高蛋白、低脂肪、低胆固醇、肉质纤维少、营养结构合理和易于消化吸收等特点，可以为一些进食受限、代谢紊乱或吸收有障碍的人群以及需要饮食管理的病人提供帮助。开发更多的昆虫医用食品可以缓解我国当下医用食品市场供不应求的状况，提高人民的健康生活水平。

（4）昆虫纳米食品　纳米技术在食品和农业领域也有越来越多的应用，可用于改善食品的质量、健康特性、可持续性和安全性等。相关学者正考虑使用纳米技术，利用昆虫面粉制作焙烤产品。可溶性昆虫蛋白粉末是一款真正具有广阔应用前景的经济型产品，尤其是对那些执着追求身材、健康和营养的健美爱好者而言，这款产品将有助于他们接受全新来源的蛋白。

（5）昆虫创意食品　昆虫创意食品是生产者将一些创意设计添加到昆虫食品的加工工艺和外观设计中，制作出充满创意的更加吸引顾客的食品形态。昆虫创意食品的研发目的更多的是吸引客户和促进销售，侧重的是理念的改进而不是技术的提升，或许能对整个昆虫产业起到撬动作用。

三、昆虫创意食品产业的实施

昆虫创意食品产业的“创意”至少体现在以下两个方面:一是昆虫食品加工方式的创意,二是昆虫食品宣传推广方式的创意,这两个方面结合起来,才能形成真正意义上的昆虫创意食品产业,而且有别于传统的昆虫食品产业。

1. 昆虫食品加工方式的创意

昆虫食品的加工方式是基础性的重要一环,决定了昆虫食品的营养性和吸引力,至少包括两个方面:一是昆虫食品的烹饪方式,二是昆虫食品的外观形态,这两个方面都要有创意性,才能赢得消费者的青睐。

昆虫食品的食用方法分为“完整食用”和“配料食用”。完整食用是将昆虫以蒸、炸、生吃,或者烧烤的方式食用;配料食用是将昆虫以配料的形式加入饮料、昆虫糖果、零食、焙烤产品等食品中,这种方式最容易与创意结合。传统昆虫食品的主要制作方式是油炸,但是由于油炸过程中会损害昆虫的原味及形态,致使所有食用昆虫都具有相似的味道,没有发挥出昆虫自然的味道与原有的营养,该昆虫食品的诱惑力和市场价值也自然大打折扣。传统的昆虫食品一般都是原形制作,最多加点各类佐料,都是简单的加工制作。

配合四川省高校教改项目“基于昆虫产业的地方高校‘三创’人才培养研究”和教育部“新农科”教改项目“学科交叉融合和校企合作推动的昆虫创意产业人才培养探索实践”等课题而在乐山师范学院举行的“昆虫文化节”中,同学们结合川菜特点制作了各种具有创意性的昆虫食品:干煸、火锅、水煮、钵钵鸡等川菜做法,以及三明治、面包、意面、寿司、沙拉、饭团、薯片、柠檬等西餐做法或元素,甚至面条、水饺、煎饼等北方食品做法及汤、羹、小吃、土豆泥等全部应用于昆虫食品加工中,再加入各种文化造型和流行元素,诞生了五花八门的各类极具诱惑力的昆虫创意食品。

其实,昆虫创意食品的加工也需要具有一定的昆虫学知识,否则,若只是烹饪技术还是无法研发出真正具有创意和技巧的昆虫食品。比如,爬沙虫的制作方法不管是何种加工方式,一般都是将爬沙虫整体加工(最多就是去掉头部),但其实还有一种较有创意的加工方式:将爬沙虫在沸水中煮 3 min 左右,虫体内的蛋白质就会凝固,用剪刀可以轻易地把坚硬的外壳完整地脱掉,从而露出类似虾仁的鲜嫩白皙且令人有食欲的“爬沙虫仁”;将“爬沙虫仁”用类似虾仁的方法蘸稀面后油炸,或者滑熘,或者类似海参汤似的煲汤,或者采用其他多种烹饪方法;脱掉的爬沙虫壳由于含有大量的甲壳素等营养成分,也是良好的食材,除了烘干剁碎加入其他食品做成丸子、饼干等常规方式之外,还可以将糯米包入剪开的外壳中,然后捏住,似乎是还原了爬沙虫的原形,之后再在外表裹上一层稀面进行油炸等,从而做到“一虫两吃”,也让食客彻底改变爬沙虫硬壳难咬、不好下咽且有点丑陋恶心的印象,进而使广大食客更加广泛地接受爬沙虫食品。这是一个较为经典的结合昆虫学知识进行创意性昆虫食品加工的案例,可以为其他昆虫的创意性加工提供参考和借鉴。

对于昆虫作为未来食物的备选,人类的心理障碍也许是这一替代食物遇到的最大阻力。很多时候,人们从心理上拒绝食用这种“替代食物”。因此,昆虫创意食品首要的任务就是创意性地改变昆虫食品的外形,最简单的做法就是做成各类昆虫(辣椒)酱、粉、口含片、胶囊等,或者用各种创意将昆虫与普通食物混合在一起,制成面包、薯片、饼干等日常食物,从而规避掉昆虫形态令人产生的不适,让更多人可以接受昆虫食品。

世界各国都推出了各种创意性的昆虫食品。比如,昆虫饮品:丹麦 Syngja 公司推出了苹果/姜、甜菜根/沙棘、菠菜/胡萝卜 3 种不同口味的蟋蟀饮料,比利时 Beesect 公司推出了甲虫啤酒,BentSpoke 公司推出了黑水虻啤酒,日本 Antcicada 的蚕砂西米奶茶十分独特(蚕砂一般是指蚕的幼虫的干燥粪便,在一些传统医学中会将其视为药材,因为蚕的幼虫以桑叶为食,所以其粪便也具有新鲜桑叶的味道,进而奶茶会自带一丝芳香)。比如,昆虫零食:美国的 Chirps Chips"脆脆"玉米饼是用研磨成粉的蟋蟀制成的玉米饼,新西兰 Primal Future 生产的蟋蟀玉米片有干酪、墨西哥胡椒和马尔堡海盐 3 种口味,Bugsolutely 公司研制出世界首款蚕蛹粉零食——好馋(Bella Pupa),英国的 Bug Farm Foods 生产出了蟋蟀曲奇饼干,Essento 公司的昆虫零食则是将黄粉虫、蝗虫、蟋蟀混合花生、腰果和杏仁再加入美味的香料精制而成,美国的 EXO 公司研发了口味多样的昆虫蛋白棒,南非的 Gourmet Grubb 公司就是世界上第一家也是唯一一家使用昆虫制造冰激凌的供应商(他们大胆采用黑水虻的幼虫,以生蜂蜜作为甜味剂,用花生酱或香料进行调味,做出 EntoMilk,然后制成各种美味的冰淇淋,口感中带有淡淡蜂蜜的清香),瑞典甜品公司(Bitty)开发出蟋蟀的"小清新"吃法——把蟋蟀压成蟋蟀粉,将蟋蟀粉与其他的烘焙原料混合,制作出蟋蟀面粉饼干,泰国 Bugsolutely 公司用蟋蟀制作了 Cricket Pasta 蟋蟀意面,高含量的蟋蟀面粉使其颜色和口感媲美于全麦意面和烘焙杏仁。

在昆虫食品的外观形态创意方面,还要注意消费对象的心理需求。比如,若是针对孩童推出的昆虫食品,则在外观形态上可以按照孩子的心理进行研制,如用昆虫小夹具,把昆虫蛋白等做成昆虫外观卡通式或萌宠状的小饼干与糕点等产品,会深受小朋友们的欢迎。以爬沙虫功能性食品的研发为例,若开发针对小儿夜尿的爬沙虫产品,则可以将爬沙虫粉碎后加入饼干或各类口含糖果等产品形态;若是针对中老年的商务人士推出爬沙虫药食两用食品,则最好是做成口含片或胶囊等方便携带和食用的产品形态。

除此之外,还要特别注意优化昆虫食品的包装方式。如果昆虫食品能包装精美而且找到优雅的食用方式,那么被市场接受也不是不可能的。调查发现,对于吃昆虫,消费者态度两极分化严重:要么大爱,要么厌恶。对于"大爱"昆虫食品的一类消费者而言,可以考虑在包装上展示完整昆虫外形,因为他们"想看清楚吃下去的是什么"。消费者的饮食习惯都是从小养成的,对于"怪异"食物的抗拒大多是心理障碍造成的。虽然中国人在吃的方面很大胆,但不可否认的是,很多年轻的消费者不愿意吃这种小动物,无法接受将这些"怪异"食物放入口中。为消除此障碍,产品包装上可以不出现昆虫的具体造型,然而完全不使用昆虫的造型也会有负面作用,会削弱昆虫比牛肉蛋白质含量更高、比牛奶钙含量更高、比菠菜铁含量更高的核心优势。毕竟,包装最重要的作用就是在品牌与消费者之前构建桥梁。因此,可以通过创意包装"将怪异的东西变为正常的东西",比如通过卡通的形式进行设计,就像"米老鼠"的形象改变了老鼠"人人喊打、令人厌恶"的固有印象,如果昆虫食品品牌能通过视觉拟人化创造其食材的"亲切感",至少能够减轻某些消费者的反感情绪。

2. 昆虫食品宣传推广方式的创意

优质的昆虫创意食品制作只是产业的基础和第一步,要想取得市场的认可和可观的销售业绩，还要在宣传推广方式上加入创意，巧妙地营销推广，才能最终取得昆虫创意食品产业的胜利。

如何说服消费者食用昆虫是个很大的挑战。如果可以证明昆虫其他方面强大的健康益处，说服消费者在他们的饮食中加上昆虫可能会更加简单。虽然我们不会很快看到麦当劳里出售“昆虫汉堡”，但是如果对昆虫“蛋白质含量高而热量很低”的优点加以宣传，竭力想要瘦身的人以及健身爱好者都可能愿意消费更多的钱购买特别的昆虫食品。

昆虫食品创意宣传推广包含的内容很多，比如：产品的包装、产品的宣传、营销的手段，等等，各个环节都需要融入创意。先举两个蝗虫创意食品宣传推广较为成功和值得借鉴的案例：

案例一：

贵州小蝗人生态农业有限公司起步之初，鉴于“小蝗人”的品牌度、知名度不是很高，公司主要精力投入集中在营销推广上面，开始在包括抖音、报社、电视台、当地自媒体、微信公众账号等各营销渠道进行布局和推广，3 个月时间内线下赞助各种相关的活动达到几十场，积极参加省内省外的展会，制定渠道、代理经销政策，并根据渠道情况进行及时调整。因为蝗虫食品虽然也属于食品行业，但是不能用其他食品行业的成功经验和方法直接套用，这也是由蝗虫食品高于其他普通食品的价格以及独有的小众市场所决定的，所以在产品营销和销售管理等方面必须要有独特的创意创新模式。另外一个重要营销思路就是让更多人免费吃到和接触到蝗虫产品，多去普及蝗虫食品的知识和抓住精准人群。“小蝗人”的品牌的定位之一为“地道下酒佳品”，做了大量精美的宣传海报，赢得了消费者的好感，提高了蝗虫食品的品位，并围绕酒文化开展蝗虫食品销售，紧紧围绕喝酒人士做品牌传播；定位之二为“休闲食品”，将蝗虫做成开袋即食的休闲食品，又因为蝗虫食品绿色健康，其甲壳素具有排毒养颜功效，故又围绕女性话题进行深入挖掘和品牌营销推广，让蝗虫食品快速得到大众的认可和接受。目前，“小蝗人”已经在大润发、合力超市等线下渠道进行了合作销售，同时在电商方面，除了自有淘宝，还积极授权于第三方本土或外省多个电商平台，挖掘一切可以合作的相关群体进行推广销售“小蝗人”产品。见图 8-26。

图 8-26　蝗虫产品之“小蝗人”

案例二：

山东省乐陵市孟氏渔业有限公司推出的蝗虫食品除了在产品名称、加工(原形产品去掉了翅和足，保留完整虫体，做得很精致；还制作了蝗虫烧烤串，与烧烤店合作销售；还制作了包

装精美的蚂蚱酱)、形态、定位、包装(几只一盒,单盒包装,方便食用且显高档)、海报等多个方面与“小蝗人”不同之外,还在产品的销售宣传上创意性地采用了“讲故事”的方式,将很多情感元素加入宣传,将产品讲出故事来,从而深度地宣传营销了蝗虫产品,比传统的浅薄且单一的销售方式要好很多。比如,“凡佳·吃个蚂蚱”产品的宣传资料中写道:“价值点:高蛋白|含甲壳素|入口爽脆;广告语:回忆儿时、童年的味道;产品故事:要拥有一只满口留香的蚂蚱,就必须先拥有一座草场。蚂蚱吃得好,肉质才有香头;蚂蚱吃得健康,蛋白成分才越优质。孟氏集团,拥有世界最大的东亚飞蝗养殖基地。充足的阳光、优质的土壤,为草场的生长提供了绝好的空间,也为蚂蚱的品质提供了保障。孟氏的蚂蚱系列产品,体内不含有野生蚂蚱的重金属。在烘烤、油炸、制酱等烹饪过程中,不破坏口感,营养成分更利于释放。”比如,“凡佳·一惊一蚱”产品的宣传资料中写道:“价值点:纯净养殖|层层净料|肉质紧实;广告语:彪悍的食物,才值得咀嚼;产品故事:产品收获越嚼越香的美誉,之所以口碑如潮,源于食材从源头上的品质追求。严控周期与繁殖,一次放苗,循环产籽,形成自然成长生态。选料拒绝三茬四茬,只选个大肥美的蚂蚱。层层净料,再用上好香辛料调味,蚂蚱肉质紧实有韧劲。饱满肉质,越嚼越香。”见图 8-27。

图 8-27　蝗虫产品之“吃个蚂蚱”和“一惊一蚱”

昆虫食品的形态(比如蝗虫产品到底去掉腿还是不去掉腿)和包装是营销的第一步,非常重要,要多下功夫,切忌简单化、普通化地包装,否则会一下被划入低品质低附加值的产品中去。昆虫食品的包装除了要创意性地包装以显示其品质和文化等之外,还可以将外包装做成一种具有昆虫文化元素且有实用功能的器具。比如,在日本,很多昆虫食品甚至普通食品的外包装就是有精美昆虫图案的硬铁盒,即使吃完了食品,外面的包装也是一件精美且实用的容器。

昆虫食品及其企业还要注意起个好品牌名字,比如,“小蝗人”(案例一)和“吃个蚂蚱”“一惊一蚱”(案例二)等都是较有创意、较为成功的品牌或产品名称。再比如,若要开发爬沙虫食品,就不能简单地用“爬沙虫”作为产品或品牌名称,最起码要用“虫参”类似的名称,并随即推出广告语“你吃的不是虫,是参”,如此,则会极大地提升爬沙虫产品的品质、附加值及市场认可度。还比如,蝗虫食品的烹饪或产品菜名可以借鉴“飞黄(蝗)腾达”,黄粉虫一旦油炸后体节分节特别明显,故可为其起名“节节高”,诸如此类,一定要根据昆虫的中文名称或相关习性或有关文化等因素而起一个很有创意的名字,才能显著推动该产品的销售。

昆虫食品作为一种特殊的食品形态，其宣传和营销手段一定要具有创意性。比如，在抖音、快手等平台推出的“吃播”等活动，美丽的女主播们吃着各类食用昆虫，让人大感恐怖又跃跃欲试，是一种传播昆虫食品文化的快捷手段；在一些乡村旅游景区结合当地文化和资源推出“昆虫宴”，融入昆虫科普和昆虫体验活动，让游客在前期的娱乐游戏中先接受昆虫食用文化，最后顺理成章地在昆虫宴中取食昆虫美食；抑或举办一些由孩童参加的各类科普亲子活动，先让孩子们自己捕捉各类食用昆虫，然后科普和体验，最后一起动手制作各类昆虫食品，在体验中制作和取食昆虫食品；开发昆虫食品，还要注意结合当地的文化，比如，爬沙虫是攀西地区的特色食品，具有上百年的食用历史，再加上攀西地区的阳光康养旅游思路，可以适度将爬沙虫打造成特别适合中老年人治疗夜尿等疾病的特色康养昆虫食品，甚至可以开发成当地特色的旅游食品。所以，要“跳出食品看食品”“跳出昆虫看昆虫”，不能孤立地宣传和营销昆虫食品，可以将昆虫食品融入昆虫科普和体验活动甚至乡村康养中，“润物细无声”地教育和引导消费者正确地积极地消费昆虫食品，尤其是结合一些亲子活动或研学游活动，会使得昆虫食品教育“从娃娃抓起”，引导他们终生消费昆虫食品，这才是昆虫食品产业兴旺发达的治本之策。

第六节　昆虫创意产业在文化产业中的应用

昆虫具有丰富的文化底蕴和积淀。昆虫文化是指所有与昆虫相联系的文化，尤其指表现在与人文学科相联系的文化。昆虫文化是昆虫在自然生态中与人类社会交互产生的特殊文化，古代有以昆虫为题的古诗词等各类文化题材，当代亦有昆虫动漫、昆虫舞蹈、昆虫音乐等多种多样的文化艺术创新形式。

昆虫文化创意是指以昆虫文化为元素，利用不同载体而构建和再造与创新的文化现象。昆虫文化创意的经济价值自从被发掘以来，与实体经济的结合越来越紧密，其物化价值的创造力也在不断拓展，多种以昆虫文化元素为开发对象的产业形式对区域经济的贡献不容忽视。

目前，昆虫文化的产业化发展状况并不乐观，大多是以昆虫资源最浅层的食用、药用、观赏等价值为卖点，简单、粗放式的商业运作模式为途径迎合消费者需求，其产业类型也不过是利用昆虫的躯体、外形进行的手工艺品制造和销售。“产业”作为经济学意义上的术语，总体上是以盈利为导向的，对文化资源的开发和利用基本上按照市场喜好来甄选和加工，只有那些有产业化价值和容易被产业化的文化资源才可能进入“生产线”，昆虫资源具有丰富的审美价值、艺术价值或者更为宽泛意义上的文化价值，昆虫文化创意产业链的打造必须对其审美、艺术、文化价值进行充分的优化与归纳，进一步去探究其在不同产业模式中的最佳融合和应用方式。

一、昆虫文化创意产业概述

昆虫文化创意产业发展不能脱离文化资源、社会资本和市场需求这三个基本要素，昆虫文化资源是产业存在和发展的基础，资金和市场是任何产业发展不可或缺的条件。

昆虫文化创意产业组织系统是运用创意方法对文化资源、昆虫产品、社会资本的有序排列和融合，其构成的两个主导因素是文化和创意。文化是基础，它为昆虫文化产品提供精神内涵，并在产业化进程中形成产业组织文化；创意不仅仅是精神层面的思维活动，而且能够催生新产品、新市场、新机会。见图 8-28。

昆虫文化创意产业组织系统非常庞大，但应以昆虫文化创意IP的打造作为组织核心，再延伸到各个产业中去。在文化、艺术产业方面，昆虫可以赋能融合文化旅游、文化创意、艺术品行业；在工艺美术方面，昆虫工艺品创新具备高回报率和高附加值的特性，同时也为相关非遗工艺美术技法的传承提供了新的生命力；在节庆会展行业，昆虫展示效果与氛围营造的能力强，特定属性的昆虫与其相关联节庆活动结合能够起到事半功倍的结果，昆虫主题商业综合体、购物街区、博物馆的设计也能够让消费者身临其境，呈现浸入式的游览模式；在创意设计产业方面，互联网时代通过新技术、新创意、新材料对设计进行了颠覆式的革新，同时通过设备能够对昆虫进行更细致入微的观察，从而获得更精准的模拟效果，昆虫主题创意时装、产品、广告、建筑等也会是未来炙手可热的素材；电影、演艺行业中，随着人们精神生活的充足与审美能力的提升，近年来，诞生了许多昆虫主题电影作品，演艺行业中专业剧场可以创作相关的昆虫创意话剧、儿童剧、舞蹈、杂技；演唱会、音乐节的氛围打造与主题设计也可以与昆虫创意相互结合，网络直播可以更灵活地与昆虫产业进行结合；在动漫游戏行业中可以打造昆虫影视动画、漫画平台、主题公园、漫展、动漫衍生品，融合VR、AR等技术。

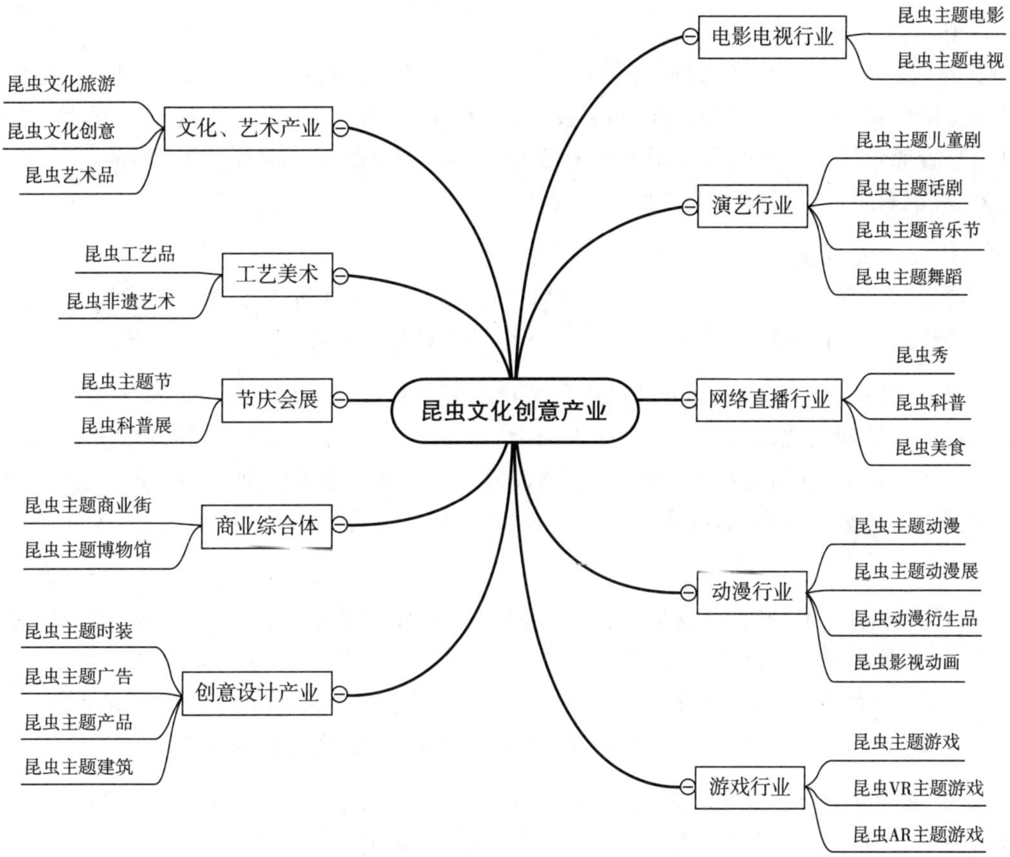

图8-28　昆虫文化创意产业组织系统

昆虫文化创意产业在国内外都基本属于空白状态，尚未形成体系化与系统化的理论基础，但是在目前国家大力发展文化创意产业的宏观政策背景下，特色型的昆虫文化创意产业将会极大推动经济与文化的发展。

二、昆虫文化创意IP的打造

(一) 昆虫文化创意IP概论

作为昆虫文化创意产业组织系统的核心，昆虫文化创意IP的打造思路、创造新的消费场景、与新消费商业模式的完美结合都是需要思考和探索的问题。

1. IP的定义

IP是指权利人对其智力劳动所创作的成果和经营活动中的标记、信誉所依法享有的专有权利，各种智力创造，比如发明、外观设计、文学和艺术作品，以及在商业中使用的标志、名称、图像，都可被认为是某一个人或组织所拥有的知识产权。品牌IP大概可以分为三类：自有自产、集合展示、转化孵化。迪士尼属于自有自产，通过影视化的方式打造IP形象，并拥有版权；故宫属于集合展示，因为故宫内的展品属于国家收藏，且无法售卖，故宫的IP类型因为其独一无二，所以是无法被复制的。

2. IP的九个维度

IP的维度大概分为9个方面，包括：认知度、深度、宽度、长度、广度、高度、厚度、温度、强度。要打造爆款IP需要从其本身的知名度、宣传频率、存在时间、区域人群覆盖程度、文化内涵以及是否能带给顾客共鸣等多个方面来考量，同时，在当前互联网环境下，如何给顾客直观的刺激、对消费者产生影响也十分重要。

3. IP的打造逻辑

即便爆款出现，昆虫IP也会存在生命周期过短、受众人群过于小众、产品种类受限等问题。一个爆款且生命力持久的文创IP的打造逻辑要具备以下要素：

(1)形式特色化　目前大部分的昆虫创意产品都是将特色昆虫文化全部推销给受众，这样可能导致的直接问题就是昆虫文创商品大而全，却十分平庸化，游客的选择性太多，自然认知度和转化率就过低，同时也出现投资过大、商品滞销等一系列问题。所以，昆虫文创产品要把自身的特色与优势展现出来，与商业相结合，而不局限于文创产品本身，做到“人无我有、人有我优”。

(2)IP人格化　IP形象化只是外在的形式，而IP的人格化才是核心，人格化才具有连接粉丝、集聚流量的能力。IP开发并不是简单的形象衍生，而是要一方面塑造具有强视觉辨识力标志，另一方面还要注重IP背后人格化的塑造。外在标志性符号并融入人格化才能构建真正的超级IP，逐步构建具有长久市场生命力和自主独立的IP文创品牌资产。

(3)运营专业化　一个世界级超强IP的落地推广，不只是一个简单的宣传，它需要360°的总体运营。IP运营就是完成人与IP的连接。国产IP赚的是前端经济，衍生经济是短板，没有足够的市场认知、没有形成广泛的粉丝群和产业链、没有知识产权的IP只能是一个形象符号而已。IP是需要运营出来的，并且要以人为中心，而不是传统的“以产品为中心”，应以“IP内容为中心”的经营逻辑，才能在受众心中产生情感共鸣，并乐于分享这种共鸣，才是一个好的IP。只有经过精细的策划包装和商业化经营、产业化运作等，并实现了一定的社会认知和较成熟的变现模式，才能慢慢形成好的IP。

(二)打造昆虫文创 IP 的路径

"品牌"这个词本身就给人一种冰冷的距离感,而软萌可爱的昆虫形象与生俱来的亲近感会让人忍不住产生互动的兴趣,软化品牌。这种表现形式更加人性化,当然也就更容易拉近IP与人之间的亲密度。再者,消费市场年轻化,昆虫IP有较大的延展性,可以形成呆萌、酷帅、治愈、潮流等各种风格,更容易"出圈"被年轻人所接受。而且,人类自古就有用昆虫作为"图腾"的传统,用昆虫的形象、性格代表某一种精神,便于理解和传播。用时下流行的说法就是,"人设"会倒,但是昆虫的设定不会倒,这也利于IP的可持续性发展。

昆虫IP不只是一个虫子的形象,还是品牌的精神表达,同时也是用户的精神所在,能够让用户得到除商品之外的情感满足,而这一切需要品牌具备创造内容和传播内容的能力,因为内容是建立消费者与品牌关系纽带的关键要素。

下面以四川虫生生物科技有限公司和广西涵洲文化传播有限公司联合推出的萤火虫IP(萤仔和萤小乖)为例来剖析昆虫文创IP的打造过程(图8-29)。

A. 萤仔

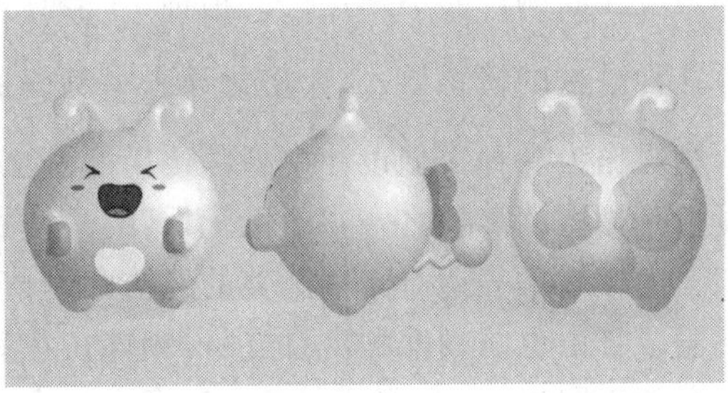

B. 萤小乖

图 8-29 萤火虫卡通形象

上述萤火虫IP的符号原型——萤仔(图8-29A)与萤小乖(图8-29B)的形象设计弱化了萤火虫本身的外形丑陋的特征,采用柔软的材质进行再造,另外保留了萤火虫核心特征如触角、萤光、翅膀等;角色定位:萤仔与萤小乖是一对兄妹,选自两种不同类型的萤火虫;情感定位:一个成功的IP首先一定要有与人的情感共振点,萤仔形象代表温柔、浪漫,受众为情侣,萤小乖的形象代表着童真、好奇,受众为儿童;故事原型:不同于一般品牌打造的卡通IP角色,萤仔与萤小乖背后与萤火虫本身的文化有着契合点。首先萤火虫本身就代表着童趣、浪漫两大属性。在形象性格赋予时,将萤小乖定位成一个对世界充满好奇的孩子的角色,充满童真童趣,它的尾巴可以发光,可以去碰触世间万物,当它开心时胸前的灯就会亮起,但是它在长大的过程中,却失去了会发光的尾巴,变成了萤仔的形象。萤仔代表浪漫,但也像多数的成年人一样对世界失去了好奇心,它的心形发光器也不再因为开心而亮起来,而是只有遇到喜欢的人时候才会发光,当发光到一定次数,萤仔就会死亡。

萤仔与萤小乖的IP特色如下。特征选择:设计师将萤火虫的负面特征进行了弱化,只保留了发光、翅膀、触角的正面特征;颜色选择:萤仔与萤小乖只采用了粉、白、黄这三种颜色简单地配色更容易获得受众的注意力,产生深刻的印象;表情选择:乐观开朗的表情是IP中的另一个成功之处,微笑的表情降低了人类的心理防线,使之更易被人接受,同时简化的表情为受众提供更多想象和再创造空间;动作设计精心设计的眨眼、张嘴等动作,一招一式,尽显萌态万千，萌化众人心。

（三）昆虫文化创意元素的提炼

优质内容能让IP形成热点，引发受众参与、互动和传播，甚至通过用户对IP内容的二次编辑，衍生新的内容，从而反哺IP，让IP得以自带关注并持续发展。

IP是对用户大脑的一场长期投资，如果说品牌致力于占领用户心智，那么IP则更加强调影响用户情志。IP的建立就是一个情感导入的过程，最终目的是要与用户产生强关联。相比品牌的主动引导，IP更多的是被动连接，用户往往出于各种精神需求主动地去与IP“发生关系”。因此IP的连接成本相对品牌来说很低，而IP连接成本的高低最终一定是取决于IP本身内容的强度和持久度。

对于一个成功的IP而言，最基本的就是拥有持续的生命力，而能够不断创新的内容正是维持IP持续生命力最好的形式。但要注意的是，任何IP的火爆都是经过了多次迭代和优化的，所以，企业与政府打造昆虫文化创意IP，不要指望一经推出就是爆款，一定要有足够的耐心和适应互联网产品不断迭代的精神，才能真正把昆虫创意IP化做好。

几种昆虫的情感导入、人格化导入举例分析如下：

蝴蝶作为一种文创设计中高频使用的昆虫元素，本身有着许多人格化的发掘特征。真挚的爱情是蝴蝶的寓意之一，“梁祝化蝶”的爱情故事早以深入人心，所以蝴蝶文创会借用一对双宿双飞的蝴蝶来表达对至真至美的纯洁的爱情的歌颂，适合送给爱人，来表达自己对爱情的忠贞不渝。自由也是蝴蝶的寓意之一，蝴蝶在花间翩翩起舞，自由自在，无拘无束，象征着一种令人羡慕的田园生活，这也是在现代高压力的社会中人人都向往的生活，“庄生晓梦迷蝴蝶”表达的也是这样的情感。蜕变也是蝴蝶的寓意之一，破茧成蝶的过程是痛苦的，只有经过难熬的岁月才能变成翩翩飞舞的蝴蝶，而人同样也是，只要勇于突破束缚，在艰苦的环境下茁壮成长也会像蝴蝶一样展翅翱翔。

萤火虫的寓意是希望、团结：在漆黑的夜晚，一只萤火虫闪着淡绿色的荧光，就像是人生道路上的指路灯，给人希望，在夜晚一群萤火虫可以照亮一切，寓意着团结就是力量；萤火虫的寓意是童真、美好：许多成年人对于萤火虫的认知还在小时候田野之中看到的萤火虫，所以萤火虫代表着多数人的浪漫童真回忆，通过这点进行深入挖掘可以将萤火虫与回忆相结合进行文化创意产品的开发与设计；萤火虫的寓意是浪漫、真爱：有人说，当你有幸看到萤火虫时，就说明你在思念的人也在思念你，萤火虫为爱发光，一生点亮只为你，寓意着伟大的爱情。

在中国的传统文化中甲虫有着富甲天下、名列三甲的美好寓意；在日本文化中，独角仙是力量的象征，性情直厚，力大无比，头顶长角坚如磐石，一身铁甲刀枪不入，传说泰山都不能将其压碎。

蜻蜓的第一个寓意是“情投意合”：蜻蜓的“蜻”与“情”读音相近，有情投意合的意思，寓意着百年好合，万事如意；第二个寓意是“亭亭玉立”：小蜻蜓俏立在枝头之上的样子让很多文人雅客为之心动，因而才创作出了“小荷才露尖尖角，早有蜻蜓立上头”这样的千古名句，小蜻蜓的样子与女性的柔美轻盈的形象相契合，所以蜻蜓还寓意着女性之美；第三个寓意是“清正廉洁”：蜻蜓的“蜻”与“清”字相近，寓意着清正廉洁，蜻蜓虽然时常在淤泥水池之上飞行，但是本身却不被污泥所沾染，另外，小蜻蜓主要以害虫蚊子为食，是为民除害的小英雄，寓意着为官清廉、为民除害。

蝉的第一个寓意是“清廉、君子”：玉蝉常常被人们用来做佩饰和冠饰，这是由于古人认为蝉性高洁，出淤泥而不染，不食杂物仅饮露水为生，《屈原列传》中就有这样的记载“蝉蜕于浊秽，以浮游尘埃之外，不获世之滋垢”，由此可见古人对蝉的评价；第二个寓意是“一鸣惊人”：现在有一种说法认为玉蝉可以使人在学习时文思敏捷，又能促使人发奋学习，因此对读书人或小孩子佩戴非常好，寓意希望小孩子能够发奋读书，学业蝉联第一，希望读书人能够有朝一日一鸣惊人。

三、昆虫创意工艺美术产业

昆虫创意工艺品既是一种物质生产，又是一种精神生产，具有物质和精神双重属性，为相关非遗工艺美术技法的传承提供了新的生命力，同时，昆虫工艺美术品的生产直接为人民生活服务，提升了大众生活舒适度与审美情趣。

图 8-30 中的昆虫创意工艺美术作品采用了纸、木、草等传统材料进行了创意设计，所打造的昆虫栩栩如生，具有特殊的消费市场和较高的商业价值。这类产品的优势在于就地取材，能够节省大量的材料成本，同时还能带动就业，促进脱贫，将秸秆、木材、树叶等材料进行手工制作，使得农业垃圾得到再生利用。

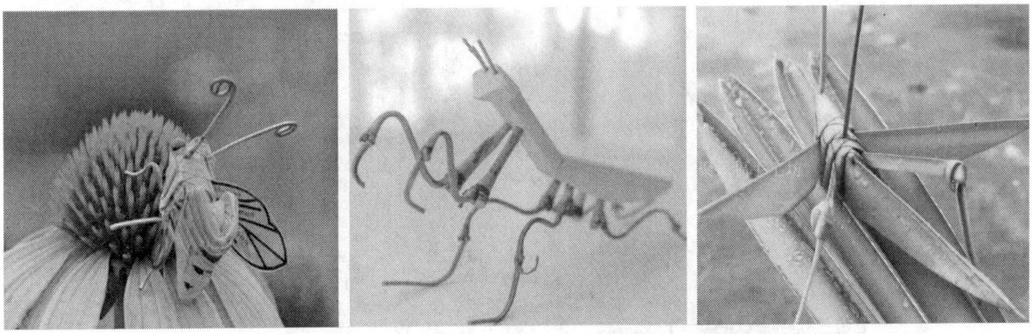

图 8-30　纸、木、草等材料制作的昆虫创意工艺美术品

如图 8-31 所示的作品对于工艺美术制作人技能水平的要求相对就会高一些。通过一定的艺术设计审美与材料的结合，对昆虫进行艺术化呈现。这类工艺美术作品的商业价值会更强，产品的附加值很高，能够让人记住。这类作品需聘请美术设计者或工艺美术大师组建工作室或培训班进行教学，或通过新的智造工具，如 3D 打印机、丝网印刷技术进行批量化的生产。

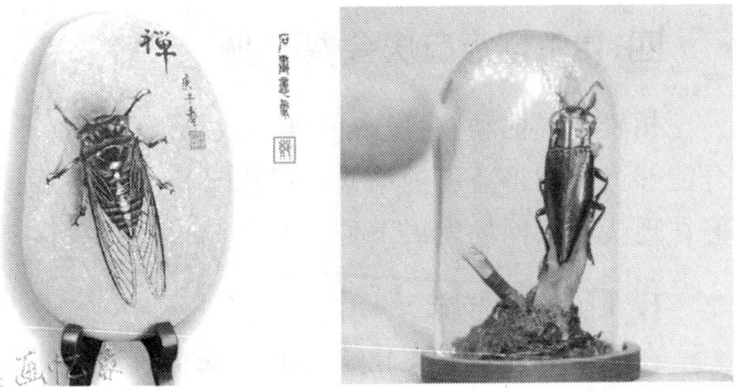

图 8-31　昆虫创意工艺美术品

图 8-32　深加工的昆虫创意工艺美术品

图 8-32 中所示的产品系列属于工艺美术作品的深度加工与商业化。这类产品特征是需要一定的研发周期与成本，需要建模或量产，但是此类产品的商业价值最大，同时可以形成特色的品牌集聚价值。

除了上述的几种常见的昆虫工艺美术作品外，还有许多趣味与创意结合的模式值得探索。例如在山东济南地区非常出名的一种昆虫工艺美术作品，创意性地将蝉蜕融入“毛猴”的设计制作中，并赋予它人格化的趣味动作，甚是有趣（图 8-33）。“毛猴”在当时那个年代的出现也侧面说明了其实进行昆虫文化的创意并不会受到时代太大的束缚，主要是灵感、创意的整合与执行。该模式需要从业者进充分的社会调查与头脑风暴，并充分考虑产品的运输成本、加工成本等因素。

图 8-33　蝉蜕制作的工艺品

四、昆虫创意节庆会展产业

相较于其他动物，昆虫的展示效果与氛围营造的能力更强，特定属性的昆虫与节庆活动结合能够产生相得益彰的结果。昆虫节庆文化在我国以及东南亚的部分国家具有悠久的历史，但在现代互联网的发展下处于断层与没落的阶段。

1. 昆虫创意节庆活动

在国家大力发展文化旅游的宏观背景下，多数的地区同质化节庆活动竞争十分严重，在此基础上，可以充分利用昆虫的创意节日进行文化内涵的提升，寻找到自己的特殊性，从而获得最大的效益。

在中国，与昆虫有关的节日就有 40 多个，且多有寓意。昆虫与人类的关系无非就是害和益的关系，因此虫节的内容也必然围绕这两个主题。如广西山区仫佬族人一年一度的“吃虫节”（农历六月初二）是他们的传统节日，防虫灾获丰收，户户设宴，吃油炸蝗虫、腌酸蚂蚱、甜炒蝶蛹等。如过“送百虫节”是南通一带乡间的风俗，“清明送百虫，一走定无踪”的红纸条贴在墙上，同时在地头田边燃火灭虫。浙江地区蚕农清明期间多有祭蚕神保丰收的活动，用豆腐干等素食品祭供，山东蚕农则在每年卧蚕之日杀鸡设宴祭蚕神。

昆虫的传统节庆活动分为专性虫节、兼性虫节、连性虫节三种类型。

(1)专性虫节　是指节日的起源或祭庆对象仅为昆虫的节日，如蚂螂节、吃虫节、捉蚂蚱节等。这类节日属于代表性的昆虫节庆类型，一般区域拥有此类节日也证明了此区域目前或者曾经有着起源及祭庆的昆虫资源。这种情况下，发展昆虫文化创意节庆活动的落脚点就应该以此为核心，将昆虫的元素及文化内涵在整个节庆活动中融会贯通。例如，捉蚂蚱节（南方少数民族地区存在的一种节日，每年年中全寨的男女老少都去稻田捕捉蚂蚱），这个节日充满了互动与竞技娱乐性，在进行文化旅游项目开发时，可以将“捉蚂蚱”作为特色活动吸引游客。

(2)兼性虫节　是指节日的起源或祭庆对象部分为昆虫的节日。中国很多大型传统节日都有与昆虫相关的内容，如春节、元宵节、清明节、端午节等其实都是兼性虫节。此类节日的主体与昆虫并没有太大的联系，所以无法硬性改变节日的意识，但是仍然可以将相关昆虫内容进行放大，做成典型性的特色代表，成为整个节庆活动中重要的一个环节，从而产生更大的社会效益与经济效益。

(3)连性虫节　是指节日的起源或祭庆对象虽不为昆虫，但多少与昆虫有关的节日。比如，贵州省东南部苗族人举行的翻鼓节，其主题与昆虫无关，但节日起源故事中有蝉飞到天上报信的情节。再比如，苗族人的芦笙会的主题与昆虫无关，但在苗人的传说中芦笙是通过观察蟋蟀振翅发音而发明的。连性虫节作为间接性产生联系的节庆活动，只能通过挖掘连性虫节中的昆虫文化元素进行包装与提炼，最终筛选具有商业价值与传承能力的昆虫文化契合点进行相关产品与服务的挖掘。

2. 昆虫传说故事的创意性节庆

昆虫的文化传说在中国历史中层出不穷，每一种故事都具备完善和合理逻辑的故事线，这样也就勾勒出来了一个个活灵活现的昆虫人格化的形象。

在我国的神话传说中，蚕神主要有嫘祖、马头娘娘、菀窳（wǎn yǔ）夫人、寓氏公主、蚕丛等；蝉有高洁、再生的文化意义；云南的白族人把蜜蜂称为“金蜂王子”，视为部落的保护神；云南的怒江和澜沧江两岸，生活着一个自称是蜜蜂后代的古老民族——怒族；燕宝版《苗族古歌》中的妹榜妹留，“妹”是苗语妈妈的意思，“榜留”是苗语蝴蝶的意思，合起来就是蝴蝶妈妈；雪顿节的由来可以追溯到 17 世纪以前，那时雪顿节是一种纯宗教活动，藏传佛教格鲁派（黄教）祖师宗喀巴为僧徒制定了一条夏安居制度，即僧徒在夏季只准在室内修习，不许到户外活动，因为夏季是高原上各种生物最活跃的季节，以免无意中踏伤或踩死小虫；面茧是一种蚕茧状的烤饼，这便是元宵的前身，实际上，面茧的出现可能源于蚕乡，蚕农们为了祈求蚕茧丰收，用糯米粉做成蚕茧之状，蒸煮煎炸后食之，他们以为这样便可以“招财进宝”，当年养的蚕便能结出肥大如元宵的茧；梁山伯与祝英台双双化蝶更是一则流传极广的神化传说故事，具有强烈的浪漫色彩，寄托了人们对自由的爱情婚姻的向往。上述神话与传说故事，表明了古代人们对昆虫的崇敬之情。

以上各种以动态化的方式来赋予昆虫人格化的形象，可以树立一个个有血有肉的IP。以蝴蝶妈妈的故事为例，我们可以将蝴蝶妈妈的形象进行IP化的再设计，可以在前期宣传的过程中打开消费者心智，宣传“母亲节应该送蝴蝶，一辈子应该带妈妈来一次蝴蝶谷”等概念，这样的营销意识就会大力盘活濒危灭绝的昆虫文化故事。不仅如此，蝴蝶妈妈的传说也可以打破人们一提到蝴蝶就想到浪漫、恋人的定势思维，从而扩大受众群体，加大消费力度。

3.昆虫创意会展产业

充分抓住顾客的猎奇心理，联合各类明星昆虫及来自国外的珍稀物种，打造奇幻昆虫展览，让游客感受大自然的多彩和谐及昆虫世界的神奇奥妙，将生态昆虫与当代艺术融为一体，也是一种另类会展产业。

昆虫会展主要是对昆虫奇妙的外形进行展示或通过打造相应的拟态环境让大家近距离地观赏昆虫认识昆虫，但其形式和载体却可以多种多样。比如，奇妙昆虫展、酷虫嘉年华，尤其是萤火虫和蝴蝶等经典的观赏昆虫展览活动可以与科技馆、商场、房地产、电影院甚至车展等广泛结合，用于商场或房地产的开业、促销，增加电影院的人气和吸引力，增加车展等各类会展的特色和吸引力。

五、昆虫创意艺术设计产业

1.昆虫创意设计概述

在互联网时代，通过新技术、新创意、新材料对设计进行颠覆式的革新，昆虫主题创意时装、产品、广告、建筑等也会是未来炙手可热的素材。昆虫创意设计留给设计者充分的想象空间，例如日本的设计团队将气球与昆虫进行结合设计，利用气球的可塑性打造昆虫创意产品。

在进行昆虫创意设计时，设计与创意者应该不限于昆虫本身，将昆虫元素进行充分地提炼与优化，对其深度的文化进行理解与重塑，并且结合当下年轻人的喜好与接受程度进行打造。国内知名的“盲盒”玩具品牌“泡泡玛特”的设计者便将玩偶与昆虫元素进行结合，打造昆虫“盲盒”系列，在市场上广受消费者的青睐。

2.昆虫创意艺术设计案例

(1)泰萨-法默的“邪恶精灵之战” 泰萨-法默设计的邪恶精灵高1厘米，是长着翅膀的骷髅体。这些造型奇特的微型人体骷髅采用树根、嫩枝和其他自然材料制成，在邪恶精灵身体上用胶水黏附着苍蝇的翅膀，这些制作过程都是泰萨使用钳子非常认真地完成，并采用了高性能显微镜。这些微型人体骷髅仍保留着人类的“邪恶本性”，在这些微型设计中体现了邪恶精灵如何控制自然界的其他昆虫。这位英国艺术家称，这一设计源自科幻小说中的“小精灵”。见图8-34。

图8-34 泰萨-法默的“邪恶精灵之战”

(2)迈克尔-柯克的宝石甲虫翅膀刺绣　早在公元650年,具有彩色金属绿色翅膀的甲虫曾用于装饰圣殿,并且这种美丽的甲虫翅膀可用于装饰手持的扇子、小雕像、珠宝、书本封面和织物。它可以代替美丽的宝石,这些甲虫翅膀可以很轻易地用针线缝在织布上,但这种甲虫翅膀刺绣使用起来却并不长久。见图 8-35。

图 8-35　迈克尔一柯克的宝石甲虫翅膀刺绣

(3)马格纳斯-穆尔的"苍蝇喜剧生活"　瑞典摄影师马格纳斯-穆尔喜好在家中收集死亡苍蝇尸体,之后再赋予它们新的生命,把它们装扮成滑稽可爱的样子,并在特定的情景中扮演着搞笑的动作。穆尔将苍蝇尸体装扮在宁静的生活氛围或者让它们穿着模拟人类的靴子,并演示着人类生活中的某些情景。比如:跳集体跳舞、跳台上跳水、拔河等。目前,他制作的"苍蝇喜剧生活"每版售价 40 欧元。见图 8-36。

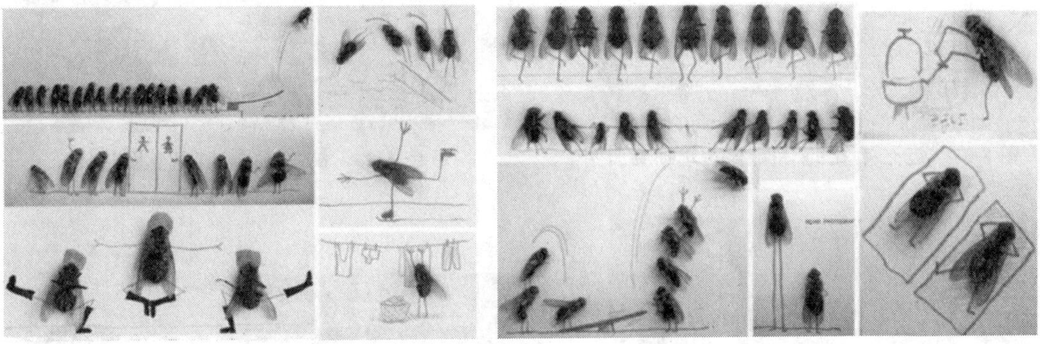

图 8-36　马格纳斯-穆尔的"苍蝇喜剧生活"

(4)迈克-利比的"机械昆虫小动物园"　儿童天生地喜欢肢解昆虫,这完全出自儿童们的好奇心,而成年人却不会像儿童这样无聊。但迈克-利比却并不这样想,他认为完全可以给这些小小的昆虫赋予机械生命。他所设计的这些奇特机械昆虫看上去就像机械昆虫,将机械零部件与昆虫完美地结合在一起,目前每个机械昆虫模型售价 1 000 美元。利比将手表的机械齿轮等零部件安装在昆虫身体中,使它们变成"老式手表",此外他还给昆虫身体安装了打字机的零部件。见图 8-37。

(5)简一法伯瑞的"昆虫拼贴"　在过去 10 年里,比利时艺术家简-法伯瑞设计了许多美丽奇特的昆虫拼贴,他将昆虫的尸体镶嵌在匣子、座位、陶器缸的中心位置。2002 年,他将 140 万个宝石甲虫外壳装饰在布鲁塞尔皇家宫殿的天花板上。见图 8-38。

(6)富宾恩-佩纳的"蟑螂镶嵌拼图"　古巴艺术家富宾恩-佩纳突发奇想,收集数百只死亡蟑螂,然后依据它们的尺寸进行分类,佩纳利用蟑螂的翅膀制作手工镶嵌图案,然后将蟑螂的肢体制作成各种拼图,比如人类骷髅头骨。见图 8-39。

(7)史蒂文-库彻的"毕加索昆虫艺术"　昆虫学家史蒂文-库彻擅长利用昆虫绘制出"毕加索风格"的艺术作品,这些昆虫包括蟑螂、蝗虫、蛾子、蝴蝶、蚂蚁、蚱蜢、苍蝇、黄蜂、蝎子和蜜蜂等。多年来，他曾在美国好莱坞拍摄了许多大制作电影，但是他最热衷的艺术创作却在这些昆虫身上。库彻不同于其他的艺术家，他并未伤害任何一只昆虫，在制作彩色绘图中他非常细心地使用无毒颜料，让昆虫的四肢蘸上各种颜料，随意地在画布上涂染。见图 8-40。

图 8-37　迈克-利比的“机械昆虫小动物园”

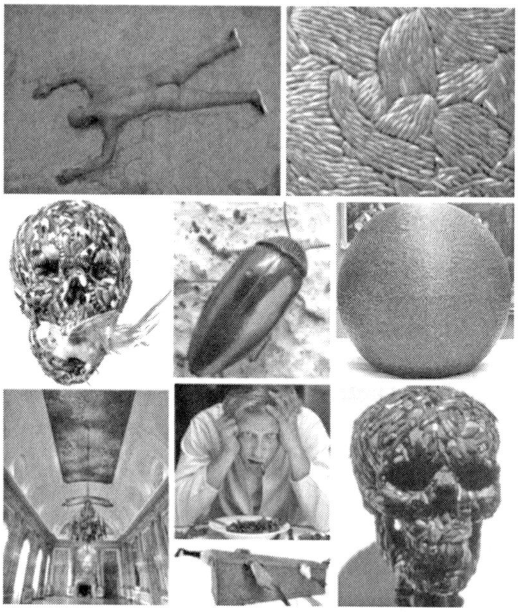
图 8-38　简-法伯瑞的“昆虫拼贴”

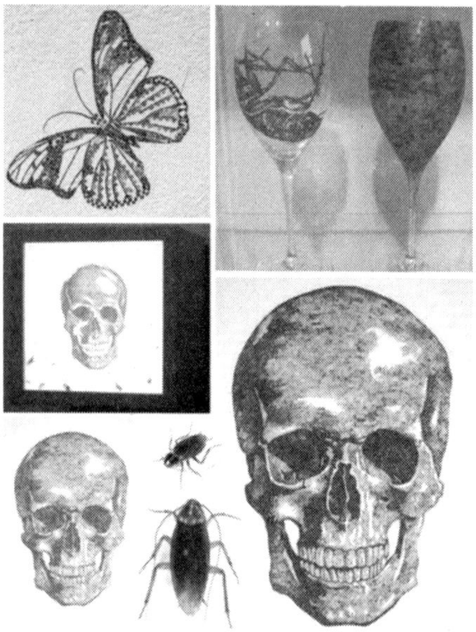
图 8-39　富宾恩-佩纳的“蟑螂镶嵌拼图”

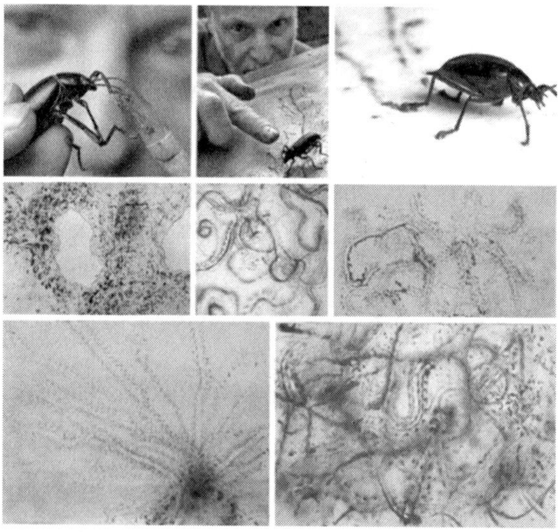
图 8-40　史蒂文-库彻的“毕加索昆虫艺术”

(8)克里斯多弗-马利的精致宝石昆虫排列　艺术家克里斯多弗-马利制作的艺术品并没有使用颜料，却可获得万花筒般绚丽色彩，让人们看了之后感到眼花缭乱。原来马利擅长利用宝石昆虫的尸体作为点缀，制成美丽的图案。见图 8-41。

(9)卡蒂-詹宁斯的“昆虫国际象棋”　经过卡蒂-詹宁斯的巧妙处理,那些看似平常的昆虫尸体便成为美丽逼真的艺术品,当他制作的昆虫标本悬挂在墙壁上,人们甚至会认为这些昆虫仍处于存活状态。詹宁斯将昆虫制作成各种形式的标本样板悬挂在墙壁上,他将不同种类的昆虫进行分类,制作成一副国际象棋,而棋子正是不同类型的昆虫。见图8-42。

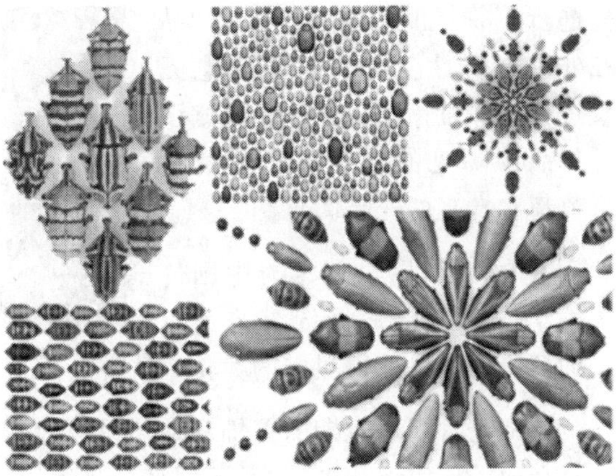

图8-41　克里斯多弗-马利的精致宝石昆虫排列

(10)詹尼弗-安格斯的“恐怖墙壁拼贴画”　艺术家詹尼弗-安格斯使用昆虫的尸体制作成不同质地、外形和色彩的墙壁拼贴,虽然装饰之后的墙壁具有时尚的鲜艳色彩,但人们仔细看后会感到毛骨悚然,原来这是安格斯收集了数以千计从热带雨林和地面上发现的昆虫尸体,将它们用胶水黏和图钉固定在墙壁上形成独特风格的拼贴图案。见图8-43。

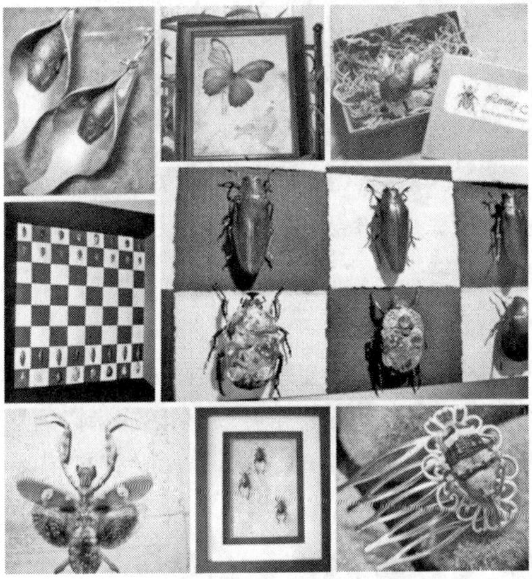

图8-42　卡蒂-詹宁斯的“昆虫国际象棋”

图8-43　詹尼弗-安格斯的“恐怖墙壁拼贴画”

六、昆虫创意服饰设计

服饰是创意设计中一个重要的板块,昆虫的外形元素、行为理念都可以与服饰文化相结合碰撞出火花。昆虫创意服饰可以分为饰品类和服装类。

(一)昆虫创意饰品设计

市面上绝大多数昆虫创意饰品的设计种类基本就是头饰与佩戴品。在创意行业中有一个理念,即在这个信息爆炸的时代一个优秀的具有特点的产品并不容易被人记住,所以昆虫创意饰品的设计要遵循“1+1>2”的效应,即在模拟昆虫外形的基础上还要具有其他的创意特征。例如,右图饰品的设计借鉴了萤火虫的外观,但是设计师巧妙地将具备夜光的玉与萤火虫的光亮进行了深入的结合，这样，产品在外形与属性上都与昆虫创意元素进行了深度融合，是昆虫创意设计作品中少见的艺术美学与商业价值都非常高的产品。见图 8-44。

除此之外，昆虫创意与中国传统美学的结合也是将传统艺术审美的商业价值发挥得很好的案例。

图 8-44　昆虫创意饰品

装饰艺术运动时期的首饰和玻璃设计师雷乃·拉利克的早期作品反映出新艺术风格的影响。在他的珠宝设计中，大量运用来自自然的图案装饰，其中植物和昆虫图案最为常见，并且被处理成怪异的形式。见图 8-45。

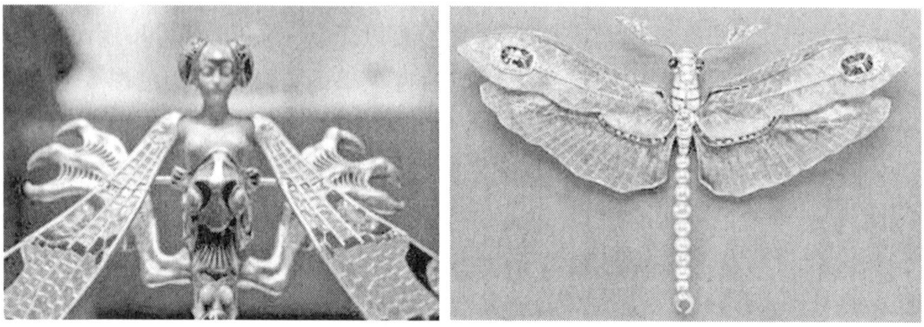

图 8-45　雷乃·拉利克含昆虫元素的作品

（二）昆虫创意服装设计

昆虫创意、文化与服装设计的结合，可以体现在多个方面：最初级的是昆虫的色泽和图案等对服装的设计有很大的启发和借鉴；其次，整个昆虫的外形色彩等可以直接“复制”到服装上；再次，昆虫体表的一些特殊结构可以对服装的材质带来仿生学的启发，提高服装的“内涵”。见图 8-46。

图 8-46　昆虫创意服装

2018 年春夏高级定制时装周上，夏帕瑞丽高级定制秀中用 3D 打印技术打印出来的蝴蝶纹样，使蝴蝶看起来更加栩栩如生，尽显服装灵动。

七、昆虫创意演艺游戏产业

昆虫的种类、行为和文化等都是多种多样、精彩纷呈的，若将这些元素深度挖掘，进而与各类演艺业态和游戏产业相融合，可能会找到一条蓝海之路，开发出特色的具有鲜活生命力的产品或产业。

近年来，市场上相继诞生了许多的昆虫主题电影作品，比如《昆虫总动员》等，以及昆虫创意话剧、儿童剧、舞蹈、杂技，演唱会、音乐节等多类艺术形式，它们的氛围打造与主题设计都可以与昆虫创意相互结合。我国的演艺事业起步晚，发展慢，主要原因便是因为创作者没有生产优秀的剧本进行演绎，究其原因便是创作素材的匮乏与舞台表演的匮乏，但是不妨换个思路去想，昆虫灵活多变的体态与五彩斑斓的色彩会在舞台上带给大家较强的冲击力与观赏性。著名的昆虫创意作品《爆笑虫子》舞台剧在国内外都受到了广泛好评。见图 8-47。

图 8-47　《爆笑虫子》舞台剧

多种多样的昆虫类群、形态和行为，尤其是社会性昆虫，为创作丰富多彩的昆虫题材或昆虫演绎的游戏提供了难得的素材，可以为游戏产业开辟一片蓝海市场，尤其是将昆虫专业知识和各类由昆虫延伸的素质教育内容都渗透到游戏内容中去，这些游戏将会成为“很有营养”的益智游戏，若再加上 VR、AR、AI 等高新技术，大力提升游戏的呈现方式、体验感、舒适性，则会更加提高游戏的质量和魅力。

八、昆虫创意建筑艺术产业

将昆虫的生态习性和环境象征融合到城市规划建设，打造各类昆虫主题建筑，尤其是打造形态别致的昆虫仿生建筑、有丰厚文化底蕴的昆虫主题房地产、适宜养老休憩的昆虫主题康养房、具有昆虫有趣外形的特色民宿建筑、城市昆虫主题绿道等，使昆虫外形和文化等元素深度融入各类建筑产业，还可以发展某种或某类昆虫(如萤火虫)养殖与生产融为一体的主题公园，为游客提供浸入式体验。新西兰红树林树屋是在蝶蛹的灵感上开发的：它固定在 40 米高的红杉树上，可以拥有良好的自然采光，能够容纳 25～30 位客人，真正体现了远离城市的理念。

20 世纪 60 年代流行的有机设计风格，同样体现了昆虫创意产业在艺术领域的发展潜能。“有机设计”一词来源于莱特的有机建筑，是指造型上展示曲线或生物形态。有机设计的灵感通常来源于昆虫和其他动物植物等，在其基础上融合文化与情感，通过对不同形态和线条的提取，最终获得理想设计。这样的设计在增加趣味感的同时，也增添了对于不同用户的情感关怀。见图 8-48。

除上述思路外，还可以打造昆虫文化创意主题综合体。以强大的 IP 运营能力，导入昆虫艺术、电影、动漫等文化要素，从无到有打造昆虫文化创意主题综合体。作为昆虫文创打卡地，昆虫元素应该遍布各个地方，标识牌、井盖甚至字体，让综合体处处可见鲜明的文创主题。根据昆虫文创综合体的特色昆虫进行元素提炼与再造，研发系列化的昆虫文创主题纪念品、商品。赋予综合体对外窗口以鲜明的主题印象，让游客一到综合体就如同走进了昆虫文创世界，楼梯、售票处、候车室、储存柜等到处可以看到昆虫文创的形象。策划以核心昆虫文创为主题的文化展馆，根据确立的昆虫文创主题形象进行设计与收集，打造核心主题展馆。综合体的建造者应该将昆虫文创的元素充分与生活相结合，例如推行特定的节庆活动与习俗等，将文创文化融入社区生活。

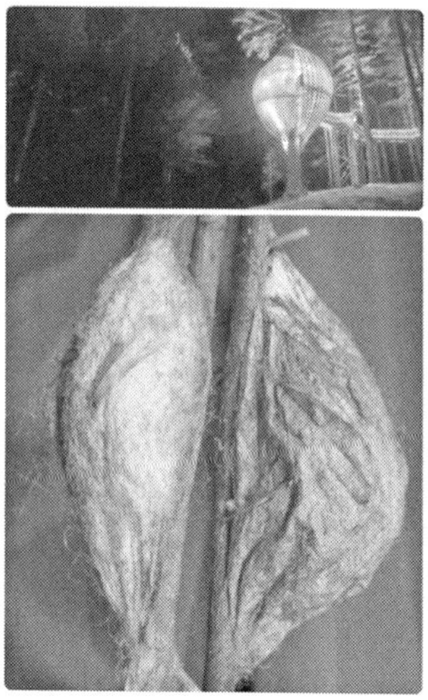

图 8-48　昆虫建筑艺术产业

第七节　昆虫创意产业在仿生行业中的应用

说起“昆虫产业”，一般都不会想到“昆虫仿生产业”，更不会想到“昆虫创意仿生产业”。昆虫在仿生产业中的应用，一直没有得到很好的重视和应用，其实，一旦研发和挖掘出来，这是个很新的朝阳产业。昆虫产业一直以来都与仿生产业有很多的交叉重叠，也产生了很多与昆虫密切相关的仿生产品和产业，若在此过程中加入创意思维，则会激发出更大的火花，我们称之为“昆虫创意仿生产业”。

实际上，“昆虫仿生产业”本身就是一个极高蕴含“创意”的产业，若再加入“创意”二字而名为“昆虫创意仿生产业”，其实会有重复之嫌。但作者仍如此称之且单列一节的主要原因除了突出和强调“昆虫仿生产业”之外，是想特别提醒，传统的“昆虫仿生产业”还可以或仍可以深度地融入“创意”思维，进一步地拓展其内涵和外延，进而产生更多的新业态，放大原有产业，最后还有个意图，就是借此小节启发从业者进一步重视昆虫的“仿生”价值，把“仿生”的精髓渗透入更多的产业领域。

一、昆虫创意仿生产业概述

仿生学是一门既古老又年轻的学科。自古以来，自然界就是人类各种技术思想、工程原理及重大发明的源泉。人们研究生物体的结构与功能工作的原理，并根据这些原理发明出新的设备、工具和科技，创造出适用于生产、学习和生活的先进技术。某些生物具有的功能迄今比任何人工制造的机械都优越得多，仿生学就是要在工程上实现并有效地应用生物功能的一门学科。

生物学家和工程师们积极合作，开始将从生物界获得的知识用来改善旧的或创造新的工程技术设备。生物学开始跨入各行各业技术革新和技术革命的行列，而且首先在自动控制、航空、航海等军事部门取得了成功。于是生物学和工程技术学科结合在一起，互相渗透孕育出一门新生的科学——仿生学。作为一门独立的学科，仿生学正式诞生于 1960 年 9 月。

仿生学是研究生物系统各种优异特征（如结构、性状、能量转换、控制、信息传递等），并把它们应用到工程技术系统中，改善现代技术工程设备与工艺技术手段，探究生物对象的某些过程和影响因素与规律，为工程技术提供新的设计思想、工作原理和系统构成的技术科学。

昆虫，已经命名的就有 100 万～120 万种，实际存在的可能约有 1 000 万种，是自然界中最大的生物类群，在几亿年的适应环境过程中进化出令人眼花缭乱的特殊功能与器官系统，昆虫及其蛹室、巢穴等附属产物的形态和行为特征表现出令人匪夷所思的多样性，成为仿生产业不可多得的素材。凭空创造一件新产品与新理念的难度之大是可以想象的，而依据现有产品与理念，通过借鉴昆虫本身就存在的生物学特征或现象再对其进行改良，不仅难度会相对降低，实际功能的匹配也会更加符合人类与自然的发展与使用。

昆虫创意产业在仿生领域的应用，就是以昆虫及其附属产物为本体，以仿生学研究为基础，以创意产业为衔接手段，以仿生设计为呈现方式，充分挖掘昆虫及其附属产物的形态结构和行为习性等在机械、建筑、管理和文化等各个领域的产业化应用。创意的衔接让更多自然现象转化成科技生产力，设计呈现的过程通过艺术审美、人文关怀等手段赋予其温度与美感，最终使整个产业链具有持续性与合理性。

“昆虫创意仿生产业”则使得“仿生”具有更宽泛的概念：只要模仿或借鉴了昆虫本身及其附属产物（如蛹室、巢穴等）的形态结构特征，或者昆虫的某种行为等，而诞生的各种实体性或创意性的产物，都可以归为“昆虫创意仿生产业”的范畴。大概包括对昆虫虫体或其附属产物的整体结构仿生，或单个器官仿生，或某个部位特殊结构的仿生，或某个特殊行为的仿生；可以是实体性的产品、建筑、服饰等，也可以是创意性的活动、游戏、文化等。

由此可见，传统的“仿生”或“昆虫仿生”概念侧重于生物或昆虫在机械制造工程领域的结合应用，而“昆虫创意仿生产业”则将昆虫的仿生融入创意思维后应用到了包括文化产业和建筑行业在内的诸多领域，明显扩大了其内涵和外延，从而扩大了产业范围。所以，严格说来，应用在机械工程领域的传统的“昆虫仿生产品和产业”不在“昆虫创意仿生产业”的讨论范围之内，但由于严格符合“昆虫创意仿生产业”定义的现实产业非常少，为了阐述之便，个别地方仍举了比较传统的昆虫仿生产品的例子。

这里要强调的是：在昆虫仿生领域，模仿的不仅是昆虫虫体本身的形态结构，有些时候还可以借鉴昆虫的各类附属产物（如蛹室、巢穴等），所以，准确的阐述中仿生的对象不仅是昆虫，还应该包括其各类附属产物；但为了简化行文，下述内容中不再赘述为“昆虫本身及其附属产物（如蛹室、巢穴等）”，而是简称为“昆虫”。

昆虫创意仿生产业在“中国制造”向“中国智造”迈进的过程中扮演着重要的角色。昆虫创意仿生产业本身将昆虫美学及其蕴含的设计艺术性与科学性相结合，创造性与人文情怀相融合，现代化与自然性相契合，利用创意产业作为引导的仿生设计理念，会将人类社会与自然环境更加紧密地联系在一起，指引设计者与使用者体会理解人与自然和谐共生的理念。

二、昆虫创意仿生产业的结合特性

（一）昆虫创意仿生产业结合特性概论

昆虫创意在仿生领域设计类型可以分为物质现象层面与文化内核层面。

物质现象层面是指昆虫的形、色、音、功能、结构、行为等具体特征，结合仿生学研究成果，透过特征启发设计，为设计提供新的思想、原理、方法和途径。根据借鉴昆虫的特征，可以具体分为：昆虫造型仿生模式、昆虫形态仿生模式、昆虫结构仿生模式、昆虫材料仿生模式、昆虫行为仿生模式、昆虫色彩仿生模式、昆虫文化仿生模式等。物质形象层面的昆虫仿生设计需要对昆虫客观认知有较高要求。

文化内核层面是指以主体的感官感受来直观昆虫，发现昆虫所蕴含的本质。设计者的主观体验是文化层面昆虫仿生设计的关键，而应用领域也要结合接收者的审美需求与价值观念。文化内核层面的昆虫仿生设计的使用与传播，可激发人们内心的自然情感、人性敏感度和审美趣味，也是人类在精神内核层面追求自然精神的自由体现。

昆虫创意仿生产业要求从业者首先要精准细致全面地观察和熟悉昆虫的各种形态和行为特征，然后充分利用发散思维、聚合思维、逆向思维、联想思维、灵感思维、模糊思维与概念思维等思维方式，将这些特征与仿生产业和创意产业在外形和文化等方面巧妙结合，最大限度地扩展昆虫创意产业的应用方向与应用深度。

昆虫与其他生物体一样，存在两种表象：常态与非常态。常态是指昆虫经常性表现或常被熟知与感知的概念与形态；常态的昆虫认知，就是从昆虫的个体到群体建立特定印象，有较强的认同感，成为昆虫创意产业应用的基本素材、共识资源和联想基础。而非常态是指昆虫对象个体或群体表现的独特形态、个性特征、专有功能、变化意境等；非常态的昆虫认知，可以增强对昆虫在各种环境中的有机变化与昆虫动态规律的了解，超越传统观念对昆虫的固定看法与感性认识，避免片段化、选择性与概括性的认知误差，从了解昆虫不同视角的形态认知、宏观、微观、纳观形态与概念认知、昆虫整体与部分构成关系的形态与概念认知、昆虫动态变化的形态与概念认知等角度，获得昆虫创意产业所需的灵感与全面知识体系。

生物的客观认知，是昆虫创意产业研究的基础；生物的主观意识，是昆虫创意产业应用的关键。客观认知生物，是指理性客观地认识与把握昆虫真实的生存状态与机能；主观的生物认知是基于认知主体自身的情感特性、情绪规律、心理基础的主观性、变化性，从而带来对自然生物知情意的改造性接受。昆虫的主观认知分为昆虫的美感认知、意象认知与人工化认知，其中，个人的主观意愿、文化传统与意识形态等方面均能影响对昆虫的主观认知。

昆虫创意仿生产业的设计程序可以分为概念阶段、设计阶段与实现阶段。从对昆虫的观察、积累、研究和发现中得到启示，然后产生扩展的创意意识与思路，进而生成昆虫仿生概念，最终在昆虫仿生概念主导下寻求对应的应用概念或相关理念进行行业应用。在确定仿生对象后，通过对其各方面特征进行单纯的设计研究与创新的思考和探究，确定应用领域，根据应用领域的特征来提出设计方案，具有一定的主动性与无目的性。具体程序如下：确定仿生目标→确定生物概念→根据应用领域提取生物特征→简化生物特征→应用特征进行设计或意象化转换→设计转换细化及应用。

（二）昆虫创意仿生产业结合特性分类

1. 昆虫造型仿生特征

昆虫造型仿生模式是通过对昆虫造型概念的认知进行惯性的联想、常识的辨别和拟人化处理，将存在于生活常识、经验和习惯中的昆虫常态进行常识化的凝练，在产品中塑造与对象相似的形态，逐步满足人类需要和改善人类生活。昆虫造型仿生模式从具体的造型产生感觉出发，将昆虫外在形象的印象转化为仿生的心理基础，以形似为目标，转化到设计产品的造型创意中。所以产品与昆虫原型在形态上要有一定的关联性，在造型的呈现上要有相通的含义。

2. 昆虫形态仿生特性

昆虫形态仿生特性，就是通过相似类比模拟昆虫的表观形态，经过整理研究，应用到相关产品中，以实现一定的功能。在单元仿生中，形态仿生特别是非光滑形态仿生，是国际工程仿生领域的研究热点。

20 世纪 80 年代初期，吉林大学（原吉林工业大学）工程仿生教育部重点实验室系统地展开了土壤动物体表非光滑形态的减黏、降阻系统的专项研究，从界面黏附角度对昆虫非光滑表面进行了定义和分类，将其分成几何非光滑表面、力学非光滑表面、数学非光滑表面、化学非光滑表面和动态非光滑表面 5 种表面形态，将昆虫几何非光滑体表形态分为 6 类，分别是鳞片形、凸包形、凹坑形、波纹形、刚毛形和综合类（表 8-1）。

表 8-1　昆虫几何非光滑体表形态分类

类型		特点	典型昆虫
鳞片形	穿山甲形	与穿山甲体表鳞片类似，鳞片为典型的双向等强度几何曲面结构，类似钢锹	步甲腹部、步甲鞘翅
	多边形	鳞片边界清晰，有多边形结构	蚂蚁腿部、蚂蚁头部 蜣螂腹部、蠼螋体表
	波纹形	鳞片连在一起，分界不明显，整体看像水波纹	蚂蚱翅膀、蟋蟀足部
凸包形	抛物线形	凸包向一侧倾斜 ，似抛物面体	大蜣螂爪部
	锥体	上部很尖如同锥体	紫蜣螂头部
	多边形	凸包为密集排布的正五边体	蚂蚁尾部
	碟形	像多个碟子反扣在平面上	蜣螂头部
	刚毛包	在每一刚毛处存在一凸包	小步甲鞘翅
凹坑形	蝶形	体表分布无数碟形坑	蜣螂胸节背板
	旋转正弦曲线形	由正弦曲线旋转而成	步甲头胸节背板、紫蜣螂胸节背板
波纹形	连续拱形波纹	与运动方向平行或垂直形成连续拱形波纹	蜣螂翅、蟋蟀腹部
	间断拱形波纹	似在表面上安放多个拱形	步甲大颚、骷髅爪
	阶梯形	波纹按某一方向存在高度差	蜣螂、步甲腹部
刚毛形		体表均布密纤毛或较粗刚毛	蝼蛄、蟋蟀体表

注：表中所列几种不同非光滑形状在同一表面可共存，归为综合类。

非洲纳米比亚的雾姥甲虫生活在沙漠中，它的背部有很多凸起。该表面为雾姥甲虫提供了更大的表面积，一种蜡状外衣的微小球状物覆盖在这些凸起上面，形成防水层，遇到大雾来临时，甲虫便充分利用自己独特的背部，从雾中获取水分，它们让身体倒立，雾中的微小水珠就会凝聚在凸起处，然后顺着突起之间的缝隙流下。科学家鲍伦和其他两个科学家从雾姥甲虫身上获得了灵感，提出了“撒哈拉森林计划”，即在撒哈拉建造大量的温室和发电厂，生产食物、能源和淡水。这个案例其实是思维或思路上的“仿生”——一种模仿和借鉴。见图 8-49、图 8-50。

图 8-49　雾姥甲虫

图 8-50　撒哈拉森林计划

3. 昆虫色彩仿生特性

很多昆虫为了生存都有着斑斓的色彩，昆虫色彩有着吸引异性注意、警示其他物种与隐藏自己等作用。根据昆虫在自然环境中对色彩的应用，利用仿生设计的思想与思路，总结色彩在仿生对象中的作用，充分探索发现昆虫的色彩仿生特性，优化色彩设计，积累配色经验，将昆虫色彩带来的仿生启发应用在人类的生活实际中。

黄蜂身上的黄黑配色与瓢虫的红黑配色是为了警示其他物种，属于警戒色。人类借鉴这种昆虫色彩原理，将其引用到相关产品操作界面中，可以起到警戒作用。例如，黄蜂的长螯针与电钻钻头大体形状相似，并在特定情况下会对人类造成伤害，所以，电钻的色彩搭配采用黄黑相间，可以用来警示其产品在使用过程中存在危险性，提示用户操作安全。见图 8-51。

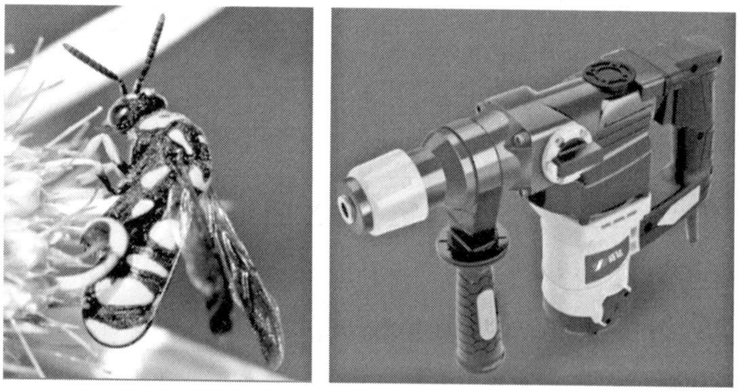

图 8-51　黄蜂色彩仿生运用

4. 昆虫结构仿生特性

结构是指物质系统内部各组成要素之间相互联系、相互作用的方式。结构是实现一件产品具有功能的重要基础，产品功能一定要借助某种结构形式才能实现。昆虫结构仿生主要通过研究昆虫经过亿万年进化而拥有的神奇、实用、合理且独特的结构特点、构效关系，进而对人造物的结构、系统进行仿生模拟，提高工程结构效率。

从汽车诞生之日起，钢就成为首选金属，但是高密度的钢也意味着相对高的重量。宝马汽车的专家发现，昆虫中有很多高度复杂的中空结构，重量很轻，却有出色的韧性和强度。受此启发，一种内部高压造型技术由此诞生。将金属管置于模具中，高压状态下将液压液体或气体注入金属管两端，使金属高压下形成模具的形状。这一技术保证了零件精准的尺寸和形状，在充分利用空间、赢得更多轴力度和硬度的同时减轻了重量。

根据飞蛾复眼结构，专家采用旋涂法将有序的 SiO_2 六角柱颗粒组装在了硅基和玻璃的基底上，然后以此结构为模板，使用 RIE 刻蚀制备出了有序的微凸体阵列结构。经刻蚀后的表面大大提高了太阳光的入射率，同时可通过控制刻蚀时间的长短，有效提高表面的接触角。该工艺可以应用于太阳能电池表面结构，提高光电转换效率。

昆虫对于体表感受器性能的需求与人类对传感器性能的需求具有惊人的一致性。在亿万年的进化过程中，昆虫体表感受器早已实现了不同优异性能的完美集成，其完美的综合性能恰恰也是人类传感器所迫切需求的。因此，昆虫体表感受器为新一代高性能传感器的研发提供了无限的创新资源。受甲虫的启发，人们研发了基于热响应水凝胶共聚物纳米粒的仿生热传感器。

蜂巢的构造用料科学经济，质量轻，空间大且坚固，隔热隔音性能好，根据蜂巢设计的蜂窝复合板具有隔音、隔热、阻燃、防潮、无污染等优点，航天器设计师们在研制时，先用金属制造成蜂窝，然后再用两块金属板把它夹起来就成了蜂窝结构，强度很高，重量又很轻，还有益于隔音和隔热，这些航天器又统称为蜂窝式航天器。一家美国公司发明了一款无需充气的蜂巢轮胎，它将原来的充气部分用蜂巢结构来代替，可以起到与传统轮胎类似的减震作用。

5. 昆虫材料仿生特性

昆虫材料仿生是指研究昆虫材料的结构特点、构效关系，进而研发出类似或优于原生物的材料。天然昆虫材料经过长期的选择和演化，其结构和特性适应了恶劣的自然环境，进化程度相当完善。

经过漫长的生物演化过程，甲虫的前鞘翅结构已进化成为一种具有特殊功能的生物结构。甲虫的甲壳表皮是由藏在胶质中的蛋白质纤维组成，而且成对地呈螺旋组合重叠，都不对称，具有极大的抗冲击性。而甲虫的鞘翅板三维结构便是一个伪装与防护相结合的微观结构，它是一个高度进化、质量轻、强度高的生物结构。国内有学者利用秸秆等农业副产物，仿照甲虫的鞘翅结构，研制了一种新型仿生夹层混凝土夹芯板 SCBEPs。该结构夹芯板具有极高的刚度、更密实的表面密度和更好的耐久性，相比传统建筑行业的普通夹芯板，不仅可以节省能源，还可做到绿色环保。见图 8-52。

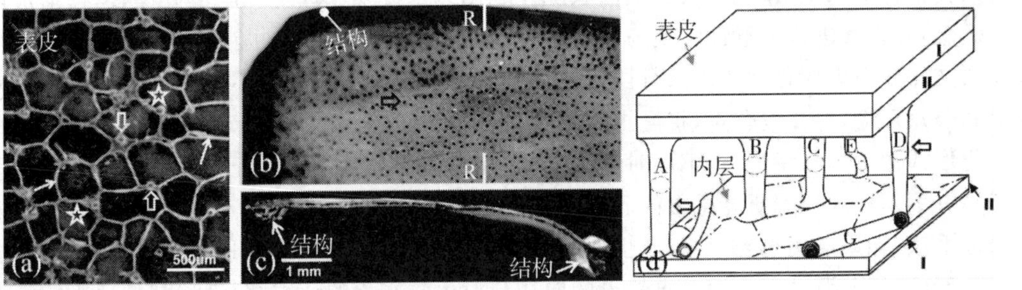

图 8-52　甲虫鞘翅板的生物原型

6. 昆虫文化仿生特性

昆虫文化仿生特性大多是指昆虫的精神内核层面，提炼昆虫所蕴含精神层面的情感与哲学，或将昆虫特征意象化，以影响人们意识形态与认知观念的方式发挥应用价值。现代科技不仅要满足人类各种物质需要，也要注重人类精神层面的需求。昆虫文化元素的融入可以缓解现代科技与大自然互不相关的现状，应用昆虫在精神层面的影响，为人们在现代科技与大自然之间搭建桥梁，促进人类社会与大自然的平衡。

很多艺术流派与运动的主旨意识与思想都折射着仿生思想或类似仿生思想的观念，昆虫创意产业就是有方向、有目标、有意识地探索昆虫中所蕴含的美学与艺术特征，进一步丰富人类艺术。我国古人在诸多产品、建筑设计与文化成果中也蕴含着昆虫的众多元素，例如：在中国古代服装中会出现各种昆虫元素的图案，尤其以蝴蝶最为常见，其原因是"蝴蝶"的"蝴"与"福"谐音，代表"多子多福"的美好寓意。昆虫创意产业在艺术设计领域的仿生应用，通过对昆虫尤其是其文化层面的借用，展示人与环境的古典生态关系，模拟与自然环境的再造，重新唤起我国目前正在流失或已经流失的文化内涵与情感，并将其与当今社会文化相交融，为我国现代国家文化体系增添新的元素。

三、昆虫创意仿生产业商业价值分类

（一）昆虫创意仿生产业商业价值概述

昆虫创意仿生产业的主要商业价值可以表现在自然科学领域、社会科学领域和文化艺术领域等。

在自然科学领域的主要价值体现在具体产品中。一个产品复杂的结构与无用的功能将使得产品的使用价值大大降低，通过对昆虫的深入挖掘与分析便可以为现有的工业设计思路提供更为清晰的设计方案与改进方法，这样在创新周期与革新力度上均会有很大的提升。

在社会科学领域中，昆虫自然形态的构成方式与产生模式往往比人类设计得更为方便与合理。若将企业或产业视为生命体，以昆虫的各种特征为模拟对象，从昆虫中获取相关灵感，来认识企业或产业中的各种现象，以此可以来思考企业生存、持续成长与产业链的体系优化。如果应用合理，可以优化企业或产业整体运行体系，并创造良好的商业生态环境，在管理运行层面将利润最大化。

而在文化艺术领域中，昆虫创意理念广泛应用，可以进一步丰富人类思想，提高审美水平，丰富人类精神情感生活，改善人类生活状况。利用艺术设计原理凝练昆虫设计素材，形成昆虫设计概念，并将其进行创意性转换与创新性发展，制作出相应的昆虫创意文化产品或方案，实现昆虫文化知识现代化阐述。结合昆虫文化创意产品或方案初期在不同区域的社会体验实际效果和公众反馈，寻找契合点，将昆虫文化产品、区域特色与相关文化元素结合于一体，结合其他文化形式的优势与特色，将不同时间、不同空间与不同场景相互搭配，创造出高质量、有蕴意的产品方案。深入挖掘研究昆虫内涵的文化属性与价值，探寻昆虫仿生文化产品的个性形式与表现手法，如果应用得当，会将昆虫所蕴含的丰富的自然精神与文化体现出来，为人们展示一种全新的文化，调动起人们对自然界的向往与对生物文化的认同感，潜移默化地影响消费者的思想观念与价值观念。

我国自古就有"道法自然"的传统思想观念，根据自然界中很多生物行为进行模拟，创造出自己独有的文化体系。例如:古代先民对自然界生物动作仿生解析与我国传统中医理论相结合,对养生机理进行延伸与解剖,衍生出独特的仿生体育文化,诸如“螳螂拳”的传统武术。

现代社会生活压力过大,很多人都将自己过多的精力放在了事业上,而忽略了家庭成员之间关系的维护与孩子成长,导致人与人之间的沟通减少,关系淡漠。如果在亲子活动中,根据雄性负子蝽能背负着卵直至孵化的习性,创造出“父背子”之类的亲子游戏,或者根据蚂蚁社群的社会功能,创造出团体间互相沟通交流与配合的活动或者其他相关的文创产品,或许可以在加强家庭关系、关注孩子成长与团队建设等方面有启发。

(二)昆虫创意仿生产业领域应用分类

在学习自然、改造社会的过程中,人类把长期向昆虫学习的经验与体悟提升到理论的高度,把原始的昆虫仿生模拟发展到科学和艺术的高度,将自然科学、工程技术、人文科学和社会科学与昆虫紧密地联系起来,可以造就不同大领域内多个小领域的昆虫创意产业的应用。

为了方便叙述昆虫创意仿生产业的应用情况,初步按照应用的大致领域分为自然科学领域应用、工程技术领域应用、社会科学领域应用和人文科学领域应用,其中,前两者倾向于传统的昆虫仿生产业,不做重点介绍,后两者更倾向于昆虫创意仿生产业,做重点介绍。

一些学科领域可能包含于多个科学领域当中,例如:在建筑领域中,其结构设计属于工程技术领域,但在建筑设计风格、特色等艺术元素的体现则更倾向于文化艺术领域,诸如此类的领域应用会根据应用昆虫的具体特征在各领域中说明,而有一些应用实例属于多领域内的昆虫创意仿生产品,这种情况就只在其中某一领域中说明。

1. 自然科学领域应用

自然科学领域的应用可以分为物理昆虫创意仿生、化学昆虫创意仿生等,研究模拟昆虫运动规律与物质基本结构,模拟体内的化学反应过程、物质输送过程、能量转换过程等。

2. 工程技术领域应用

在工程技术领域的应用可以分为在能源、交通、机械、材料、信息与军事等方面的昆虫创意仿生。

3. 社会科学领域应用

在社会科学领域中的应用包括经济昆虫创意仿生、管理昆虫创意仿生、企业昆虫创意仿生等。

管理昆虫创意仿生是模拟昆虫资源管理体系及其运行机制和管理规律,为改进或建立人为管理系统的管理层次、结构、目标、策略与多样性提供方法与原理。大体可分为4个领域:关于管理的昆虫群体行为研究、关于管理的昆虫个体行为研究、关于管理的现象效应研究、关于管理的实现法则研究。

从蜂群和蚁群的严密组织可以看出,在生存斗争过程中,它们内部实现着“各尽所能,按需分配”的原则,蚁后、雄蚁、工蚁、兵蚁,分工明确,各司其职,研究人员由此得出“家族式”经济发展模式。日本经济学家把这种机制带到经济体系中,采用种种“感情的纽带”,把企业人员捆绑到“群体”之中,采用集体主义工作方式,以驻场工程师为主的分工合作模式,创造了日本经济发展奇迹。见图8-53。

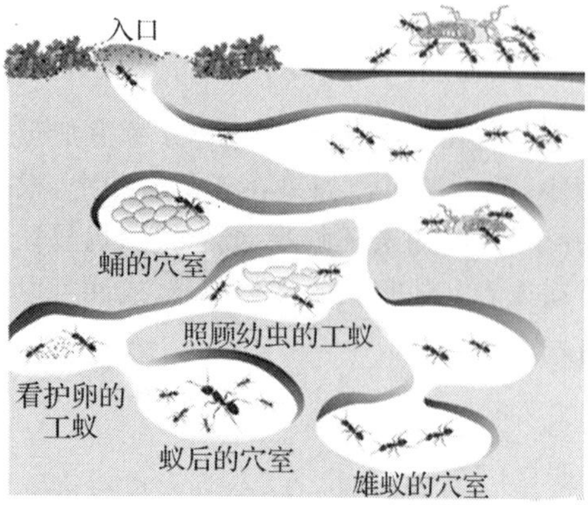

图 8-53 蚁穴分工示意图

图 8-54 仿蜂巢建筑

4. 人文科学领域应用

昆虫创意仿生设计在人文科学尤其是文化艺术领域中的应用体现在建筑行业、艺术行业、服装行业、游戏行业、日用品行业等方面。建筑师从蜂巢身上获得灵感，为低收入家庭设计出下图中展示的住宅，既可在大程度上做到保护隐私，同时又极具美感。见图 8-54。

文森特·卡勒博为纽约设计了一座外形像展翅的蝴蝶的巨大垂直温室，长着金属和玻璃的“翅膀”，设计灵感直接来源于蜻蜓的外骨骼。这座供养动植物的农场能够利用充足的阳光和高空的空气流动，同时，这座建筑的内部还建造了住宅和办公室。见图 8-55。

图 8-55 仿蜻蜓垂直概念农场

其实，人们还可以借鉴模仿很多昆虫的成虫或幼虫等外型，或者蛹室/茧室而建造更有意思的民宿或其他建筑体，尤其是在昆虫主题乐园或景区中，更是合时宜，也是一种很好的创意。比如，可以模拟某些萤火虫的蛹室在萤火虫景区建造萤火虫“蛹室民宿”，会让游客更强烈地感悟萤火虫知识和文化；也可以借鉴毛翅目幼虫（石蚕）和广翅目幼虫（爬沙虫）等水生昆虫的特殊蛹室而在水上建造特色建筑，这种建筑在拥有一些建筑结构优势的同时，也非常符合相关主题，该方式可以进一步强化主题乐园与景区的主题，并让游客更强烈地感知相应昆虫知识和文化，给人们留下深刻印象。

模拟萤火虫的发光特性，并结合“囊萤夜读”的文化典故，而研发出“囊萤夜读”新型台灯。该台灯外形可以酷似“囊萤夜读”的场景，尤其是灯罩制作成“囊”状，发光模拟萤火虫习性，整个产品的打造和营销则全部融入“囊萤夜读”的励志精神元素，从而使得整个产品充满创意性和叠加性。这样的作品其实是昆虫创意仿生思想与自然科学、工程技术、文化艺术等多个层面相融合的产物。

本章彩图